我国有超过70%的城市和50%以上的人口分布在气象和地质灾害较严重的地区。近年来，在全球气候变暖和天气气候事件增多的趋势下，农业巨灾发生频率不断上升，强度不断增大，损失也越来越严重，因此研究农业巨灾风险管理很有必要。

农业巨灾风险管理制度研究

NONGYE JUZAI FENGXIAN GUANLI ZHIDU YANJIU

本书以农业巨灾风险的"准公共风险"特殊属性作为研究的逻辑起点，对我国农业巨灾风险的现状、特点、走势进行总结和判断，对农户的风险管理需求和意愿进行调查统计和实证分析，对我国农业巨灾风险管理的现状和问题进行全面总结，对国外先进的农业巨灾风险管理经验进行充分借鉴，为我国农业巨灾风险管理制度的完善提供总体思路和对策。

冯文丽 苏晓鹏◎著

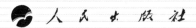

人民出版社

总　　序

　　时光荏苒，岁月如梭，河北经贸大学已历经60年岁月的洗礼。回首她的发展历程，深深感受到经贸学人秉承"严谨为师、诚信为人、勤奋为学"的校训，孜孜不倦地致力于书山学海的勤奋作风，而"河北经贸大学学术文库"的出版正是经贸师生对她的历史底蕴和学术精神的总结、传承与发展。为其作序，我感到十分骄傲和欣慰。

　　60年来特别是改革开放以来的三十多年，河北经贸人抓住发展机遇，拼搏进取，一步一个脚印，学校整体办学水平和社会声誉不断提升，1995年学校成为河北省重点建设的10所骨干大学之一，1998年获得硕士学位授予权，2004年在教育部本科教学工作水平评估中获得优秀，已成为一所以经济学、管理学、法学为主，兼有文学、理学和工学的多学科性财经类大学。

　　进入新世纪以来，我国社会经济的快速发展，社会各届对高等教育提出了更高的要求，高等教育进入了提升教育质量、注重内涵发展的新时期，不论是从国内还是从国际看，高校间的竞争日趋激烈。面对机遇和挑战，河北经贸人提出了以学科建设为龙头，走内涵发展、特色发展之路，不断提高人才培养质量，不断提升服务社会经济发展的能力和知识创新的能力，把我校建设成高水平大学的奋斗目标和工作思路。

　　高水平的科研成果是学科建设水平的体现。出版"河北经贸大学学术文库"的主要目的是进一步凝练学科方向、推进学科建设。近年来,我校产业经济学、会计学、经济法学、理论经济学、企业管理、财政学、金融学、行政管理、马克思主义中国化研究等重点学科在各自的学科领域不断进取,积累了丰富的研究成果。收入文库的著作有的是教授们长期研究的结晶,有的则是刚刚完成不久的博士学位论文,其作者有的是在本学科具有较大影响力的知名专家,更多的则是年富力强、立志为学的年轻学者,文库的出版对学科梯队的培养、学科特色的加强将起到非常积极的作用。

感谢人民出版社为"河北经贸大学学术文库"的出版所付出的辛勤劳动,人民出版社在出版界的影响力及其严谨务实的工作作风,与河北经贸大学积极推进学科建设的决心相结合,成就了这样一个平台。我相信,借此平台我们的研究将有更多的机会得到来自社会各界特别是研究同行们的关注和指教,这将成为我们学术生涯中的宝贵财富;我也希望我们河北经贸学人能够抓住机会,保持锲而不舍的钻研精神、追求真理的科学精神、勇于探索的创新精神和忧国忧民的人文精神,在河北经贸大学这块学术土壤中勤于耕耘、善于耕耘,不断结出丰硕的果实。

河北经贸大学校长　纪良纲

·目　录·

第一章 绪 论

一、为什么要研究农业巨灾风险管理

我国是世界上受巨灾影响最为严重的少数几个国家之一,全国有超过 70%的城市和 50%以上的人口分布在气象和地质灾害较严重的地区。近年来,在全球气候变暖和天气气候事件增多的趋势下,农业巨灾发生频率不断上升,强度不断增大,损失也越来越严重。2008 年,我国南方低温雨雪冰冻灾害造成农作物直接经济损失 1516.5 亿元;汶川地震造成的 10000 亿元直接经济损失中,农业损失达 60 亿元;2016 年,农作物受灾面积为 2622 万公顷,其中绝收 290 万公顷,直接经济损失 5032.9 亿元。

长期以来,我国国民已经习惯了行政化的灾害救助手段,在灾害发生后总是习惯等待国家救灾补偿,这不仅使政府承受了巨大的灾害救助财政压力,也弱化了民众自觉防灾减灾的主观能动性。

由于农业巨灾对我国粮食安全、经济和社会发展造成了很多不利影响,近年来中央政府对农业巨灾风险管理问题非常关注。从 2007 年至 2017 年中央发布的 11 个一号文件中,均涉及农业巨灾风险管理问题,提出要健全农业再保险体系,建立财政支持的农业保险大灾风险分散机制。2016 年保监会发布的《保险业发展"十三五"规划纲要》提出,争取各级政府支持,将保险纳入灾害事故防范救助体系和特大型城市公共安全管理体系,逐步形成财政

1

支持下的多层次巨灾风险分散机制。

目前,国内对农业巨灾风险管理问题进行全面、系统研究的成果还较少。本书以农业巨灾风险的"准公共风险"特殊属性作为研究的逻辑起点,从农业巨灾损失补偿的视角出发,研究如何完善我国农业巨灾风险管理制度。本书对我国农业巨灾风险的现状、特点、走势进行总结和判断,对农户的风险管理需求和意愿进行调查统计和实证分析,对我国农业巨灾风险管理的现状和问题进行全面总结,对国外先进的农业巨灾风险管理经验进行充分借鉴,提出核心观点:农业巨灾风险管理要充分体现"社会性"特征,不应仅由政府"唱独角戏",而应由农业生产者、保险公司、政府和资本市场投资者等多方社会主体参与。在此基础上,形成了完善我国农业巨灾风险管理制度的总体思路,并对其中的核心制度和关键技术进行深入研究和实证测算,以期为我国农业巨灾风险管理制度改革提供些许参考。

二、研究现状

(一)国外研究现状

国外农业巨灾风险管理研究主要集中在农业巨灾风险概念界定、农业巨灾风险管理困境、农业巨灾风险管理工具选择及农业巨灾风险管理中政府职责界定等方面。

1. 关于农业巨灾风险概念界定的研究

G.Chichilnisky(2000)[1]和 D.Vose(2001)[2]提出,巨灾风险是

---

[1]　G.Chichilnisky,"An Axiomatic Approach to Choice under Uncertainty with Catastrophic Risks",*Resource and Energy Economics*,2000(22),pp.221-231.

[2]　D.Vose,"Risk Analysis",*A Quantitative Guide*,New York:Wiley & Sons,2001.

一种导致大规模不可逆损失、对经营业绩产生不良影响的小概率(罕见)事件。

J.Antón,S.Kimura 和 R.Martini(2011)①指出,加拿大农业保险计划对农业巨灾的定义为:每年发生一次的概率为 7%或每 15 年复发的灾害。除此之外,加拿大政府还将值得政府作出政策反应的、较大的市场事件也归为巨灾范围。

Stefan Tangermann(2011)②认为,可以根据风险损失的可能性和严重程度将风险分为三个层次:正常风险、市场风险和巨灾风险。正常风险是指发生频繁、但造成损失有限且农户可以管理控制的风险,被称为风险保持层;市场风险是指超出农户承受能力、但农户可通过市场工具(如保险或衍生工具)来解决,被称为市场保险层;巨灾风险是指损失巨大、危及农户生存的灾难性风险,市场一般不提供转移或分散工具,被称为市场失灵层。

2. 关于农业巨灾风险管理困境的研究

Syed M.A.G.Ahsan,Ali 和 N.John Kurian(1982)③认为,农业保险与其他分散农业风险的手段相比具有无可比拟的优势,但是正外部性、信息不完全和交易成本较高等原因,市场主体自发提供的农业保险很难成功:保险公司为了避免投保人的道德风险和逆选择,通常会尽可能精确划分费率档次和费率分区,这导致保险公司

---

① J.Antón,S.Kimura & R.Martini,"Risk Management in Agriculture in Canada. OECD Food",*Agriculture and Fisheries Papers*,2011(40),OECD Publishing.

② Stefan Tangermann,"Risk Management in Agriculture and the Future of the EU's Common Agricultural Policy",*ICTSD Programme on Agricultural Trade and Sustainable Development*,2011(6).

③ Syed M.Ahsan,A.G.Ali & N.John Kurian,"Toward a Theory of Agricultural Insurance",*American Journal of Agriculture Economics*,1982(3),pp.510-529.

的成本必然增加。他们认为上述问题可以通过政府提供农业保险和补贴来解决。

Mario J. Miranda 和 Joseph W. Miranda(1997)的统计模拟研究结果显示,农业保险人面临的系统性风险非常大,其保单组合风险是经营一般业务保险人的 10 倍左右。[1]

Thomas O. Knight 和 Keith H. Coble(1997)[2]认为,保险人和被保险人之间的信息不对称所产生的道德风险和逆向选择使私人部门经营一切险和多重险出现市场失灵。

Weaver 和 Kim(2001)[3]提出,系统性风险使单个产量之间产生很强的相关性,通过单个产量组合降低风险变得没有意义,从而提高了承保系统性风险的保险公司的经营成本。

3. 关于农业巨灾风险管理工具选择的研究

Robert Goshay 和 Richard Sandor(1973)[4]提出,针对再保险市场承保能力不足,可以考虑将再保险风险转移至资本市场,通过证券或衍生性金融商品进行分散。

---

[1] Miranda Mario J. & Joseph W. Glauber, "Systemic Risk, Reinsurance and the Failure of Crop Insurance Markets", *American Journal of Agriculture Economics*, 1997(2), pp.209−212.

[2] T. O. Knight & K. H. Coble, "Survey of U. S. Multiple Peril Crop Insurace Literature Since 1980", *Review of Agricultural Economics*, 1997(19), pp. 128−156.

[3] R. D. Weaver & Taeho Kim, "Crop Insurance Contracting: Moral Hazard Cost through Simulation", *selected paper of American Agriculture Economics Association Annual Meeting*, 2001, pp.6−7.

[4] Robert Goshay & Riehard Sandor, "An Inquiry into the Feasibility of a Reinsurance Futures Market", *Journal of Business Finance*, 1973(2), pp.56−66.

Osama Ahmed 和 Teresa Serra(2013)①利用蒙特卡罗模拟方法研究了西班牙引入农业收入保险后,保险成本可能比现阶段的产量保险的要低,农业保险计划可能更受欢迎。

Joanne Linnerooth Bayer 和 Stefan Hochrainer Stigler(2015)②建议,在传统的灾后融资安排(如政府补偿)的基础上,充分利用非传统的灾前融资工具(如指数保险)来管理风险,并对灾后融资和灾前融资金融工具的好处进行了比较分析。

Million A.Tadesse,Bekele A.Shiferaw 和 Olaf Erenstein.(2015)③研究了如何利用天气指数保险管理撒哈拉以南非洲地区小农户的干旱风险,对于天气指数保险基差风险较高的问题,他们认为可以采取一些技术方法来解决,同时建议将天气指数保险与信贷安全网联系起来,降低借贷成本,使小农更容易获得贷款。

S.Ryan Isakson(2015)④提出,指数型农业保险将发挥越来越突出的作用,创建指数型农业保险市场需要大量工作,包括技术干预、国家广泛支持以及在小规模生产者之间建立包容的"保险文化"。

---

① Osama Ahmed & Teresa Serra, "Economic Analysis of the Introduction of Agricultural Revenue Insurance Contracts in Spain using Statistical Copulas", *Agricultural Economics*, 2015(46), pp.69-79.

② Joanne Linnerooth Bayer & Stefan Hochrainer Stigler, "Financial Instruments for Disaster Risk Management and Climate Change Adaptation", *Climatic Change*, 2015(133), pp.85-100.

③ Million A.Tadesse, Bekele A.Shiferaw & Olaf Erenstein, "Weather Index Insurance for Managing Drought Risk in Smallholder Agriculture:Lessons and Policy Implications for Sub-Saharan Africa", *Agricultural and Food Economics*, 2015(3), pp.1-21.

④ S.Ryan Isakson, "Derivatives for Development? Small-Farmer Vulnerability and the Financialization of Climate Risk Management", *Journal of Agrarian Change*, 2015(4), pp.569-580.

Giuseppe Dari Mattiacci 和 Michael G.Faure（2015）①区分了预防、救灾和恢复这三种自然灾害减灾措施。他们认为恢复措施和预防措施是相互替代的,政府过度参与恢复行动,容易降低潜在受灾者和政府的预防动机,使受灾者过度依赖政府恢复,而事先预防措施匮乏会使受灾者更容易受灾,更强化和凸显了事后恢复措施的重要性。救灾措施和预防措施是互相补充的,救灾措施对预防措施的挤出程度比对恢复措施的小。

4.关于政府农业巨灾风险管理职责的研究

B.D.Wright 和 J.D.Hewitt（1994）②认为,农业保险具有市场失灵特性,没有政府补贴、商业化经营的农业保险尝试均以失败告终,因此已实行农业保险的世界各国都对农业保险提供保费补贴。

P.K.Mishra（1996）③认为,农业保险是准公共物品,具有正外部性特征,市场处于无效状态,需求和供给不会自动达到均衡,需要公共财政补贴以促进需求曲线和供给曲线得以相交,从而达到市场"出清"。

Dwight M.Jaffe 和 Thomas Russell（1997）④认为,如果市场不能很好地发挥风险分散作用,则必须考虑由政府发挥作用,让纳税

① Giuseppe Dari Mattiacci & Michael G Faure,"The Economics of Disaster Relief",*Law & Policy*,2015 The University of Denver/Colorado Seminary.

② B.D.Wright & J.D.Hewitt,*All Risk Crop Insurance:Lessons from Theory and Experience*,Giannini Foundation,Berkeley:California Agricultural Experiment Station,1994.

③ P.K.Mishra,*Agricultural Risk,Insurance and Income:A Study of the Impact and Design of Indian's Comprehensive Crop Insurance Scheme*,Aldershot:Avebury Publishing,1996.

④ Dwight M.Jaffe & Thomas Russell,"Catastrophe Insurance,Capital Markets and Uninsurable Risks",*The Journal of Risk and Insurance*,1997（164）,pp.2205-2230.

人承担巨灾损失的最后风险也具有合理性。

Stefan Tangermann(2011)①指出,政府通常不能使风险消失,而是将风险重新分散到系统的不同部分,一般是从私人部门到公共部门。根据损失的可能性和严重程度可以将风险分为农户可以承受的"风险保持层"、农户可以通过市场而分散的"市场保险层"及市场不提供分散工具的"市场失灵层"。其中,"市场失灵层"是政府发挥巨灾风险管理作用的层面。

S.Kimura 和 J.Antón(2011)②对澳大利亚政府管理农业自然灾害风险的两个政策框架——全国救灾和恢复安排(the National Disaster Relief and Recovery Arrangement,简称 NDRRA)及国家干旱政策(the National Drought Policy,简称 NDP)进行了介绍。(1)全国救灾和恢复安排。联邦、州和地方政府对发生各种灾害性天气(不含旱灾)的社区和个人提供灾后援助。当州或领地一次风险事件的损失超过 24000 澳元时,NDRRA 就会自动触发。联邦政府每年为州政府拨出巨灾援助资金,对符合条件的州政府提供 50% — 75% 的损失补偿。但如果保险可以弥补损失,NDRRA 不为损失提供补偿,农民一般不获支持。(2)国家干旱政策。由于澳大利亚旱灾频发、破坏性强且有长期性,所以对干旱设立了专门的干旱政策框架。干旱政策框架启动的条件是:必须是罕见的旱灾,平均每 20 年至 25 年发生一次;导致农民收入在较长时间内(如 12 个月)有罕见而严重的衰退;必须是单一事件,不是

---

① Stefan Tangermann, "Risk Management in Agriculture and the Future of the EU's Common Agricultural Policy", *ICTSD Programme on Agricultural Trade and Sustainable Development*, 2011(6).

② S.Kimura & J.Antón , "Risk Management in Agriculture in Australia", *OECD Food, Agriculture and Fisheries Papers*, 2011(39), OECD Publishing.

长期结构性调整的一部分或者商品价格的正常波动。

J.Antón 和 S.Kimura（2011）[1]认为农业保险是西班牙农业风险管理系统的核心。政府对农业保险提供补贴,创造了风险管理治理结构,对所有层次的风险及风险管理策略产生了很大影响;开发了广覆盖的农业保险政策,积累了所有保险人多年的历史数据,有效减少了信息不对称和潜在市场失灵的现象;设立了农业巨灾风险的事后特设措施:一是中央政府提供特设直接补偿金,二是中央政府提供利息和担保的优惠贷款及财政支持措施,三是地区政府提供临时援助,包括直接补偿金或利息优惠。

J.Antón,S.Kimura 和 R.Martini（2011）[2]对加拿大个人、企业和政府三个主体采取的巨灾风险管理措施进行了总结:个人主要通过私人保险、增加非农收入和增加债务融资等方式应对巨灾风险;企业主要是通过游说、宣传和媒体的广泛关注等方式迫使政府对巨灾损失给予直接付款救助等公共支持;政府一般通过临时贷款或者特设等临时性措施为农民提供收入或其他支持,以帮助农民应对巨灾风险。

Youbaraj Paudel（2012）[3]对公私合营巨灾保险制度政策制定者提出了九个方面建议:(1)应有强制参与机制保证较高的市场渗透率;(2)要有到位的监督和执行机制保证符合相关要求;(3)政府承担部分损失责任以保证巨灾保险制度的财务可行性和可

---

①　J.Antón & S.Kimura,"Risk Management in Agriculture in Spain",*OECD Food, Agriculture and Fisheries Papers*,2011(43),OECD Publishing.

②　J.Antón,S.Kimura & R.Martini,"Risk Management in Agriculture in Canada", *OECD Food,Agriculture and Fisheries Papers*,2011(40),OECD Publishing.

③　Youbaraj Paudel,"A Comparative Study of Public-Private Catastrophe Insurance Systems:Lessons from Current Practices",*The Geneva Papers*,2012 (37),pp.257-285.

负担性;(4)私营保险公司发挥销售和管理保单的作用并承担中度损失责任;(5)形成风险转嫁机制的整合系统;(6)政府通过税收优惠激励保险人建立巨灾准备金;(7)在自然灾害保险制度中嵌入风险缓释政策;(8)高效的风险缓释政策离不开详细的风险评估和测绘支持;(9)保单应为投保人的风险缓释措施提供财务激励。

(二)国内研究现状

目前,国内很多学者开始对农业巨灾风险管理问题进行广泛研究,成果主要集中在农业巨灾风险的概念界定、农业巨灾风险的不利影响、农业巨灾风险管理现状及原因、农业巨灾风险管理工具选择、政府在农业巨灾风险管理中的职能界定及农业巨灾风险分担体系构建等方面。

1. 关于农业巨灾风险概念界定的研究

刘磊(2007)[①]认为,使农业遭受重大灾害、导致农业经济损失金额和生命伤亡相当巨大的风险即为农业巨灾风险。

韩绵绵和马晓强(2008)[②]认为,农业巨灾风险是指由洪水、地震、台风和雪灾等自然灾害及其他因素造成一定范围内大量农业保险标的受损、给承受主体带来巨大损失影响的风险。农业巨灾风险的特点有:第一,发生概率小但损失巨大,不完全具备风险大量和风险同质等可保风险条件,从而不具备保险经营的"大数法则"基础;第二,具有突发性和强大的破坏性;第三,与自然风险和地域密切相关。

---

① 刘磊:《农业巨灾风险管理工具创新的研究》,西南大学学位论文,2007年。
② 韩绵绵、马晓强:《农业巨灾风险管理的国际经验及其借鉴》,《改革》2008年第8期,第85—89页。

袁明(2009)①认为,农业巨灾是指小概率且一次损失大于预期、累计损失超过承受主体(主要有农户、农业保险公司或政府)承受能力的事件,根据国际上目前流行的划分标准,把单项灾害一次经济损失总额大于当年 GDP 的 0.01% 的灾害定性为巨灾。

范丽萍和张鹏(2014)②认为,农业巨灾风险应从定性和定量两个角度来界定,至少满足一个条件:从农户角度,农业巨灾风险是指能够严重破坏农业生产、影响大量农户、阻碍农业生产恢复,且造成农村平均家庭经济损失超过家庭年预期纯收入 50% 的风险事件;从保险行业角度来看,农业巨灾风险是赔付率超过 150% — 200% 的风险事件;从政府角度来看,农业巨灾风险是一次性灾害经济损失额超过当年生产总值(GDP)0.01% 的风险事件。

2. 关于农业巨灾风险不利影响的研究

刘磊(2007)③将农业巨灾产生的综合效应分为初级损失、次级损失、短期经济效应、长期经济效应和社会效应。初级损失指农业巨灾造成的农业固定投资、农产品存货和农业基础设施等农业直接损失;次级损失是灾后经济资源的重新分配及对整个国民经济的不利影响;短期经济效应是指巨灾发生后造成农业 GDP 下降,短期很难恢复;长期经济效应是指农业巨灾使幸存的资本和劳动力生产效率下降,对整个国民经济造成负面影响;社会效应是指农业巨灾发生,可能引起民心躁动、社会秩序混乱甚至引发危机和瘫痪。

---

① 袁明:《我国农业巨灾风险管理机制创新研究》,西南大学学位论文,2009 年。
② 范丽萍、张朋:《农业巨灾风险的概念、特征及属性分析》,《世界农业》2014 年第 11 期,第 105 — 108 页。
③ 刘磊:《农业巨灾风险管理工具创新的研究》,西南大学学位论文,2007 年。

陈利和谢家智(2012)[1]认为农业巨灾风险容易引发综合经济效应、时差经济效应、社会生产效应、价值转移效应、消费效应、连锁经济效应、价格双重波动效应、进出口效应和金融效应。

3. 关于农业巨灾风险管理落后及原因的研究

(1)农业巨灾风险管理落后的现状

周振和边耀平(2009)[2]提出,我国目前对农业风险没有分类,将农业巨灾风险和一般农业风险混在一起,而农业保险只承保一般风险不承保巨灾风险,农业巨灾损失无法得以补偿。

张靖霞(2009)[3]认为,我国农户和政府的农业巨灾风险管理方式存在有效性不足的问题,农业巨灾保险和再保险等市场化管理方式在公平性与效率性方面相比前两者有了较大改进,但是在供给方面存在有效激励不足的问题。

黄英君(2010)[4]指出,长期以来,我国农业风险管理被忽视,农业巨灾风险管理更为匮乏,发展滞后,时断时续。

冯文丽和奚丹慧(2011)[5]认为,我国农业保险在承保品种和巨灾保障等方面与发达国家相比存在较大差距,进行农业巨灾损

---

① 陈利、谢家智:《我国农业巨灾的生态经济影响与应对策略》,《生态经济》2012年第12期,第30—35页。

② 周振、边耀平:《农业巨灾风险管理模式——国际比较、借鉴及思考》,《农村金融研究》2009年第7期,第18—23页。

③ 张靖霞:《基于有效性的我国农业巨灾风险管理方式演进路径探析》,《北方经济》2009年第4期,第11—13页。

④ 黄英君:《政府与我国农业巨灾风险管理职责界定、理论依据与政策反思》,中国防灾减灾与经济社会发展论坛论文集,2010年。

⑤ 冯文丽、奚丹慧:《我国农业巨灾风险管理模式选择及构建对策》,《上海保险》2011年第6期,第52—55页。

失补偿的机制还比较滞后。

程悠旸(2011)①、黄小敏(2011)②、闻岳春和王小青(2012)③都认为,目前我国农业巨灾损失主要由政府承担,依靠财政支出补偿,保险补偿比例很小,财政支出补偿相对于农业巨灾损失也是杯水车薪。

蔡梦阳(2012)④指出,巨灾发生后,中央和地方政府重点保障受灾人员的基本生活,对巨灾造成的农业损失部分,却很少给予经济补偿,农业再生产不能得到及时恢复。

张宁(2013)⑤认为,目前我国政府主导的农业巨灾风险管理更关注灾后重建和灾民生产生活方面,防灾减灾预防应急机制、保险保障机制、资本市场弥补机制以及慈善救济机制等系统性解决方案发展还严重滞后。

(2)农业巨灾风险管理落后的原因

万开亮和龙文军(2008)⑥认为,我国政府财力有限,这决定了政府救济和农业保险之间存在替代性,以灾害救济为主的政府灾害管理行为不利于农业保险的发展。

---

① 程悠旸:《国外巨灾风险管理及对我国的启示》,《情报杂志》2011 年第 6 期,第 103—106 页。
② 黄小敏:《论农业巨灾风险管理中的政府责任》,《农业经济》2011 年第 5 期,第 64—65 页。
③ 闻岳春、王小青:《我国农业巨灾风险管理的现状及模式选择》,《金融改革》2012 年第 1 期,第 16—21 页。
④ 蔡梦阳:《我国农业巨灾风险管理中政府与市场的定位探讨》,《农业灾害研究》2012 年第 2 期,第 87—91 页。
⑤ 张宁:《中国巨灾风险管理现状及模式设计》,《郑州师范教育》2013 年第 11 期,第 53—57 页。
⑥ 万开亮、龙文军:《农业保险主体风险管理行为分析》,《江西财经大学学报》2008 年第 3 期,第 42—46 页。

祝健和洪宗华(2009)①认为,农业巨灾保险是农业巨灾风险管理的重要方式之一,但目前我国农业巨灾保险发展水平较低,主要原因有:第一,地方政府由于农业保险短期很难见效不愿投入大量资金;第二,商业保险公司不愿经营利润率较低的农业巨灾保险;第三,农户由于收入限制和可以"搭便车"不愿购买农业巨灾保险;第四,发展农业巨灾保险的外部环境缺失。

周振和边耀平(2009)②认为,政府危机应急管理能力是制约我国提高农业巨灾风险管理水平的关键所在。

周振和谢家智(2010)③的问卷调查结果显示,农民对农业巨灾风险认知能力较低及政府在农业巨灾风险管理方面的职能缺位,是影响我国农业巨灾风险管理水平的关键因素。

黄英君(2010)④指出,当前我国农业巨灾风险管理水平落后与政府职能发挥有重要关系,一是政府在农业巨灾风险管理中职责界定模糊,二是中央政府和地方政府职责分配失衡,三是政府职责实现的监督机制不完善。

李小勃和高伟(2010)⑤认为,制约我国农业巨灾保险体系建立的一般性原因包括大数法则失效、损失额度与发生几率难以估

---

① 祝健、洪宗华:《反思农业巨灾保险改革60年:困境与思路》,《经济参考研究》2009年第63期,第26—31页。

② 周振、边耀平:《农业巨灾风险管理模式国际比较、借鉴及思考》,《农村金融研究》2009年第7期,第18—23页。

③ 周振、谢家智:《农业巨灾风险、农民行为与意愿:一个调查分析》,《农村金融研究》2010年第6期,第23—28页。

④ 黄英君:《政府与我国农业巨灾风险管理职责界定、理论依据与政策反思》,2010中国防灾减灾与经济社会发展论坛论文集,2010年。

⑤ 李小勃、高伟:《制约我国农业巨灾保险体系建立的原因探析》,《农村金融研究》2010年第6期,第19—22页。

计、产险承保公司能力有限;特殊性原因则有我国法律和政策基础薄弱、对农业保险的政策支持力度有限、农业巨灾保险技术层面薄弱和社会基础薄弱等。

程悠旸(2011)①认为,农户的风险意识薄弱且严重依赖政府救济和社会捐赠的心态,导致农业巨灾风险管理需求不足。

曹倩和权锡鉴(2011)②认为,我国农民收入较低,同时由于巨灾损失容易被替代性收益和政府救济所补偿,这两方面原因弱化了对农业巨灾风险管理的需求。

黄英君和史才智(2012)③认为,私人保险出于经营稳定性和盈利性要求,对不符合"大数法则"基本假定的农业巨灾风险一般不愿承保,同时高昂的保费也使投保农户望而却步。

4. 关于农业巨灾风险管理工具选择的研究

国内对农业巨灾风险管理工具选择的研究主要集中在以下四个方面:传统的农业巨灾保险和再保险、财政救济和社会捐助、农业巨灾风险基金和新型农业巨灾风险管理工具。

(1)传统的农业巨灾保险和再保险

邓国取和罗剑朝(2006)④提出,农业巨灾保险是农业巨灾风险管理的重要途径,政府可以把有限资源用在关系国计民生且风险巨大的大宗作物和畜牧业保险上,其他风险较小的特殊农产品

① 程悠旸:《国外巨灾风险管理及对我国的启示》,《情报杂志》2011 年第 6 期,第 102—106 页。

② 曹倩、权锡鉴:《论政府在农业巨灾保险体系中的角色定位》,《金融发展研究》2011 年第 12 期,第 75—79 页。

③ 黄英君、史才智:《农业巨灾保险机制研究评述》,《经济学动态》2012 年第 3 期,第 135—140 页。

④ 邓国取、罗剑朝:《美国农业巨灾保险管理及其启示》,《中国地质大学学报》2006 年第 9 期,第 21—24 页。

则采取商业保险。

沈蕾(2006)①、韩绵绵和马晓强(2008)②认为,再保险是保险公司转移农业巨灾风险的最主要手段,但目前再保险在我国农业巨灾风险管理中还没有发挥出应有的作用。

何小伟、刘佳琪和肖宇澄(2016)③对我国"农供体"成立以后,我国农业再保险的发展现状、发展成绩、存在问题和发展对策进行了系统研究,是目前农业再保险方面较新的研究成果。

(2)财政救济和社会捐助

韩绵绵和马晓强(2008)指出,政府的巨灾风险补偿财政救济"挤出"了其他方面的财政支出,使得国民的防灾减灾意识薄弱,认为巨灾损失补偿都是政府的事,形成对政府财政救灾的依赖心理。

李大垒和仲伟周(2009)④认为,社会捐助受捐助方的经济实力、思想觉悟或道义感、与受捐方的关系等诸多因素影响,捐献形式和捐献额度都很随意,这使巨灾损失补偿也具有很大的不确定性。

池晶(2010)⑤指出,目前我国巨灾风险管理过度依赖政府救助,使得巨灾救助具有有限性、不确定性、高成本和负面激励(如

---

① 沈蕾:《农业巨灾风险的资本市场解决方案——巨灾债券》,《山西财经大学学报》2006 年第 2 期,第 69—73 页。
② 韩绵绵、马晓强:《农业巨灾风险管理的国际经验及其借鉴》,《改革》2008 年第 8 期,第 85—88 页。
③ 何小伟、刘佳琪、肖宇澄:《我国农业再保险体系的完善研究》,《中国保险》2016 年第 10 期,第 28—32 页。
④ 李大垒、仲伟周:《我国农业巨灾保险的模式选择及政策建议》,《社会科学家》2009 年第 5 期,第 59—63 页。
⑤ 池晶:《论政府在中国巨灾风险管理体系中的角色定位》,《社会科学战线》2010 年第 11 期,第 203—207 页。

慈善风险和道德风险)等缺陷。

(3)农业巨灾风险基金

张雪芳(2006)[①]提出,基于彩票的公益性质、市场的风险偏好特征、彩票的"自愿税"特征、与保险机制相似等原因,在我国以发行彩票的方式建立巨灾风险基金是可行的。

严寒冰和左臣伟(2008)[②]认为,农业巨灾风险基金是解决农业巨灾风险问题的有效途径,详细阐述了农业巨灾风险基金的理论根源、基金来源、使用和管理等问题。

冯文丽和王梅欣(2011)[③]认为,农业巨灾保险基金是分散农业巨灾风险的有效手段,阐述了我国农业巨灾保险基金的财税支持政策、核心机构设置、资金来源和投资方向等问题。

邱波(2016)[④]对农业巨灾风险基金的性质、筹集过程中政府和市场的角色以及基金筹集的阶段性特征等问题进行了系统研究。

(4)创新性农业巨灾风险管理工具

周明和于渤(2008)[⑤]认为,巨灾债券成本太高且没有杠杆效应,可以考虑通过巨灾衍生投资品种,如期货、期权和股权卖权等为巨灾损失融资。

---

① 张雪芳:《对通过发行彩票建立巨灾风险基金的思考》,《财政研究》2006年第11期,第35—36页。

② 严寒冰、左臣伟:《我国农业巨灾风险基金发展问题研究》,《江西金融职工大学学报》2008年第12期,第24—26页。

③ 冯文丽、王梅欣:《我国建立农业巨灾保险基金的对策》,《河北金融》2011年第4期,第6—8页。

④ 邱波:《农业巨灾风险基金筹资研究》,《金融理论与实践》2016年第4期,第102—106页。

⑤ 周明、于渤:《巨灾衍生品:规避巨灾导致的经济风险》,《经济与管理》2008年第1期,第55—56页。

武翔宇和兰庆高(2011)[1]认为气象指数保险标准透明,流动性强,可以有效规避逆选择和道德风险,迅速对灾害做出反应并及时补偿损失。

于一多(2011)[2]设计了巨灾彩票的常态化发行和灾后定向定时发行两种模式,详细阐述了巨灾彩票的设计、运行、基金使用与管理等问题。王鑫(2012)[3]也提出建立"彩票式巨灾保险",即以彩票形式为依托、附加保险功能的保险产品。

马煜寰和罗宇晨(2012)[4]以保险功能的深化回归理论为基础,提出巨灾风险债券化在提高保险公司的承保能力、稳定保险公司经营、改进投保人和被保险人的福利、增加投资者收益、淡化政府"最后再保险人"的角色、改善保险市场与资本市场的资本结构等方面将发挥重大作用。

程修森和王军(2012)[5]认为,我国发行巨灾债券将面临法律条款障碍、监管实施困难和发行成本巨大等问题,目前在全国范围发行巨灾债券是不现实的,可以在小范围试点先行。

张长利(2013)[6]认为目前我国农业巨灾债券所依托的基础制

---

[1] 武翔宇、兰庆高:《利用气象指数保险管理农业巨灾》,《农村金融研究》2011年第8期,第65—67页。

[2] 于一多:《巨灾彩票:巨灾风险管理工具的创新》,《上海保险》2011年第11期,第33—38页。

[3] 王鑫:《构建我国"彩票式巨灾保险"模式的设想》,《上海保险》2012年第10期,第39—41页。

[4] 马煜寰、罗宇晨:《巨灾债券:最新发展、相关理论及我国的运用》,《金融观察》2012年第1期,第68—69页。

[5] 程修森、王军:《发行农业巨灾风险债券的可行性研究——以新疆地区为例》,《云南财经大学学报》2012年第1期,第101—103页。

[6] 张长利:《发行农业巨灾债券的思考与建议》,《征信》2013年第11期,第82—85页。

度已经成型。陶正如(2013)认为,巨灾债券可以作为巨灾保险的补充手段,具有分散风险的功能,即使面对较大的金融市场波动,仍表现得比较稳定。①

史培军和李曼(2014)②提出,彩票可以筹集社会闲散资金,在巨灾发生后进行重新分配,将部分地区或个体的巨灾损失分散给广泛的彩票购买者,从而具有风险转移的基本功能,成为巨灾转移的新武器。

黄伟群(2015)③对广东省发行农业巨灾风险债券的必要性、资金流向、期限结构、触发条件和债券定价等问题进行了分析和设计,为广东省农业巨灾风险管理应用提供了决策参考。

5. 关于政府农业巨灾风险管理职责的研究

周振和边耀平(2009)④认为,政府在农业巨灾风险管理中的作用主要体现在灾后经济补偿、资源动员、筹集效率、管理效率、补偿公平性及巨灾风险管理文化建设等方面。

谢世清(2009)⑤提出,当前各国政府参与巨灾风险管理有市场主导、政府主导和伙伴协作三种模式,其中政府分别扮演监管者、主导者和协作者三种角色。市场主导模式要求有充分的保险供求,政府主导模式要求有充裕的政府财力,这两种均不适合我国

① 陶正如:《巨灾债券市场新进展》,《防灾科技学院学报》2013 年第 3 期,第 56—60 页。
② 史培军、李曼:《巨灾风险转移新模式》,《中国金融》2014 年第 5 期,第 48—49 页。
③ 黄伟群:《巨灾风险债券在农业风险管理中的应用研究——以广东省农业为例》,广东外语外贸大学学位论文,2015 年。
④ 周振、边耀平:《农业巨灾风险管理模式:国际比较、借鉴及思考》,《农村金融研究》2009 年第 7 期,第 18—23 页。
⑤ 谢世清:《伙伴协作:巨灾保险制度中我国政府的理性模式选择》,《现代财经》2009 年第 6 期,第 50—54 页。

国情,相比而言伙伴协作模式是我国政府管理巨灾风险的理性
选择。

曹倩和权锡鉴(2011)①认为,农业巨灾保险的准公共物品属性、
农业巨灾保险的市场供给不足、农业巨灾保险的融资障碍等都要求政
府出面解决,因此政府在农业巨灾风险管理中应居主导地位。

冯文丽和奚丹慧(2011)②认为,政府主导型和市场主导型农
业巨灾风险管理模式均不适合我国,我国应采取政府和市场共同
参与模式,充分发挥国家宏观调控与市场机制的优势,形成一种应
对农业巨灾损失的合力。

张宁(2013)③认为,政府在农业巨灾风险管理中起制定政策、
协调关系、保障利益、引导社会广泛参与的作用,负担着引导、鼓
励、支持和保障的角色。

张长利(2014)④提出,国家应在农业巨灾风险管理过程中起
主导作用,在立法保障、充当最后保险人、财政支持、税收优惠和监
督管理等方面充分发挥作用。

6. 关于农业巨灾风险损失分担体系的研究

李炎杰(2007)⑤认为,保险公司和政府都无法单独解决农业
巨灾风险问题,应在全国范围内成立农业巨灾风险保障基金,由加

① 曹倩、权锡鉴:《论政府在农业巨灾保险体系中的角色定位》,《金融发展研究》2011 年第 12 期,第 75—79 页。

② 冯文丽、奚丹慧:《我国农业巨灾风险管理模式选择及构建对策》,《上海保险》2011 年第 6 期,第 52—55 页。

③ 张宁:《中国巨灾风险管理现状及模式设计》,《郑州师范教育》2013 年第 11 期,第 53—57 页。

④ 张长利:《农业巨灾风险管理中的国家责任》,《保险研究》2014 年第 3 期,第 101—115 页。

⑤ 李炎杰:《关于农业巨灾风险解决办法的一点思考》,《金融经济》2007 年第 10 期,第 149—150 页。

入该组织的保险公司经营,同时政府为农民缴纳部分基金费,对每一笔进入基金的业务都进行分层再保险,并由国家充当最后承保人,切实保障农民的利益。

郝演苏(2009)①提出,我国的农业巨灾保险体系应该是由国家农业再保险与国家农业巨灾基金并行独立运作、农业灾害救济为补充的运行模式。

庹国柱和王德宝(2010)②提出了整体性农业巨灾损失补偿机制:基层由被保险人和未投保个体承担;市场化保险赔偿机制分担;国家政府作为最终保险人承担。

柴化敏(2013)提出,居民、保险市场、再保险市场和资本市场是市场化巨灾保险损失的分担主体,应从直接保险、共同保险、再保险到资本市场和政府的最终保障等构建多层次巨灾损失分担机制。政府财政救助不应是"第一保险人"的角色,而是"最后再保险人"的角色,承担较高层次的巨灾损失。③

张宁(2013)④认为,我国农业巨灾风险管理体系应包括政府、保险公司、再保险公司、资本市场和社会公众等多个主体,应由灾前预防、灾中救助与灾后重建多个系统组成。

郭建荣和陈盛伟(2015)⑤提出,我国农业巨灾风险管理机制

① 郝演苏:《关于我国农业巨灾保险体系的思考》,《农村金融研究》2010 年第 5 期,第 5—12 页。

② 庹国柱、王德宝:《我国农业巨灾风险补偿机制研究》,《农村金融研究》2010 年第 6 期,第 13—18 页。

③ 柴化敏:《巨灾风险可保性与损失分担机制研究》,《未来与发展》2013 年第 3 期,第 45—50 页。

④ 张宁:《中国巨灾风险管理现状及模式设计》,《郑州师范教育》2013 年第 11 期,第 53—57 页。

⑤ 郭建荣、陈盛伟:《农业巨灾风险管理的金融工具及其运作研究》,《农村经济与科技》2015 年第 3 期,第 108—111 页。

应从建立完备的再保险市场、规范巨灾风险基金运作和使用证券化工具等三方面着手。

（三）研究现状述评

上述已有的国内外研究成果,分别对农业巨灾风险的概念界定、农业巨灾风险管理困境、农业巨灾风险管理工具选择、政府在农业巨灾风险管理中的职责和农业巨灾风险分担体系构建等问题进行了深入研究,为本课题研究奠定了扎实的基础,提供了丰富的资料和全面的视角。

但目前,国内对农业巨灾风险管理问题进行全面、系统研究的成果还比较少。因此,本课题报告拟以农业巨灾风险的特殊属性界定作为研究的逻辑起点,对我国农业巨灾风险的现状、特点和走势进行总结和判断,对农户的风险管理需求和意愿进行调查统计和实证分析,对我国农业巨灾风险管理的现状和现存问题进行全面总结,对国外先进的农业巨灾风险管理制度经验进行借鉴,在此基础上形成完善我国农业巨灾风险管理制度的总体思路,并对农业巨灾风险管理的重要制度和关键技术进行深入研究,以期为农业巨灾风险管理制度改革提供技术储备。

三、思路和方法

本书遵循从理论到实践、从一般到具体的研究思路,按照找准理论基础——认清现实问题——借鉴国际经验——构建制度框架——解决关键技术这个逻辑顺序展开研究。

(一)思路

1.找准理论逻辑

首先从理论上对农业巨灾风险管理的概念、特点、属性和社会影响进行分析,得出农业巨灾风险是"准公共风险"、对社会产生很多负面影响、必须由农户、保险公司、政府和资本市场投资者等多个主体进行分担的结论,为完善我国农业巨灾风险管理制度提供了理论基础和逻辑依据。

2.认清现实问题

报告是应用对策型报告,只有找准现实问题,才能为完善我国农业巨灾风险管理制度提出有见地的对策建议。因此,在理论分析的基础上,从农户和政府角度对我国农业巨灾风险管理现状和问题进行全面分析和诊断,为以后制度设计提供依据。

3.借鉴国际经验

针对我国农业巨灾风险管理中存在的问题,系统研究美国、加拿大、日本、澳大利亚和西班牙等五国的农业巨灾风险管理制度,提炼出对我国可资借鉴的一般经验,利用制度移植和制度创设两种方式的优点,构建适合我国国情的农业巨灾风险管理制度,节约制度创新的时间和成本,提高制度创新的效率。

4.构建制度框架

综合我国农业巨灾风险管理的现存问题、国际经验及实际国情,提出完善我国农业巨灾风险管理制度的总体思路:确立"政府机制+市场机制"的总体方针;出台专门的农业巨灾风险管理法规;成立专门的农业巨灾风险管理机构;构建"社会化"农业巨灾风险分担主体;重视"全流程"农业巨灾风险管理环节;形成"多层级"农业巨灾损失补偿体系;搭建"多渠道"补偿资金保障体系;强化"多维度"农业巨灾风险管理支撑体系。

5. 突出重点问题

对农户的风险管理需求和保险意愿、农业巨灾损失补偿市场化发展对策、"普惠制巨灾保险"费率测算、"高保障收入保险"费率测算、农业保险大灾风险基金制度设计和规模测算等重要问题，都进行了详细深入地研究，以期为以后的制度改革提供技术储备。

(二)方法

报告综合利用文献研究法、社会调查法、案头调研法、专家访谈法和实证分析法等多种研究方法，以使研究结果更加科学客观，政策建议更加符合实际。

1. 文献研究法

充分利用多种资料渠道，对农业巨灾风险管理的有关问题进行全面了解，探求农业巨灾风险管理制度创新的一般规律和国际经验。

2. 社会调查法

主要采用问卷调查法和访问调查法。(1)问卷调查法。例如，为了深入了解农户的风险管理需求、风险管理意识、投保意愿和保费支付意愿，课题组设计了调查问卷，对河北省10个地级市、39个县的农户进行随机调查。(2)访问调查法。例如，为了深入了解国内外农业保险经营现状和存在问题，课题组成员从2012年起走访了安信农业保险公司、安华农业保险公司北京分公司、中航安盟财产保险公司成都分公司、国元农业保险公司、中原农业保险公司、中国人民财产保险公司河北分公司、中华联合财产保险公司河北分公司等国内保险机构，并前往加拿大了解有关农业巨灾风险管理的相关信息。

3. 案头调研法

通过浏览农业部、水利部、保监会、国家统计局、国家地震局等相关网站和查阅统计年鉴等途径,搜集我国农业巨灾风险暴露和风险管理的相关数据,为分析我国农业巨灾风险管理现状、费率测算以及农业保险大灾风险基金规模测算提供数据支撑。

4. 专家访谈法

在课题研究的不同阶段,走访和咨询保监会、水利部、农业部、海南省海洋与渔业厅、多家保险公司及高校的有关专家,组织小型专家论证会,征求他们对制度设计的看法和建议。

5. 规范分析和实证研究

对农业巨灾风险的属性判断及政策取向问题,主要运用规范分析法;对农户的风险管理需求和风险管理意识、农业保险投保意愿和保费支付意愿、"普惠制巨灾保险"费率测算、"高保障收入保险"费率测算及农业保险大灾风险基金规模测算等问题,都采用实证分析法。

四、本书解决了什么问题

(一)界定了农业巨灾风险的特殊属性

在研究农业巨灾风险管理制度时,首先要对农业巨灾风险的属性进行判断,这是构建农业巨灾风险管理制度框架的理论基础和逻辑起点。因为农业巨灾风险的属性不同,风险管理主体就不同,制度框架也就不同。假如农业巨灾风险是私人风险,则应完全由私人通过市场化机制来转嫁;假如农业巨灾风险是公共风险,则应完全应由政府承担;假如农业巨灾风险是准公共风险,则应由私人和政府共同承担。

农业巨灾风险具有损失巨额性、发生低频性、灾害群发性、高度相关性和不可预测性等特点,这决定了农业巨灾风险是一种"准公共风险"。农业巨灾风险发生后,农业生产者和整个社会都会造成损失。如果把农业巨灾风险视为私人风险,则会出现私人无力承担的现象;如果把农业巨灾风险视为公共风险,完全由政府承担损失,则可能造成政府负担太重、资源配置效率低下的现象。因此,既不能将农业巨灾风险完全视为私人风险,也不能将其完全视为公共风险,而应将其视为介于私人风险和公共风险之间的"准公共风险",由政府和私人共同采取风险管理措施来应对(庹国柱和王德宝,2010)[1]。

(二)预测了我国未来农业巨灾风险的基本走势

在全球气候变暖、极端天气事件增多的大趋势下,我国气候变化也呈现出大致相同的特征,这使我国农业巨灾风险可能呈现以下走势:旱灾发生频率上升、范围扩大;洪涝灾害高风险区域增加;高温灾害风险呈逐渐升高趋势;雨雪冰冻灾害风险呈下降趋势。这种农业巨灾风险走势,凸显了本课题研究的重要性和迫切性。

(三)了解了农户的风险管理需求、态度及投保影响因素

农户是农业巨灾风险管理的重要主体,摸清他们对于农业巨灾风险管理的需求和态度,是全面了解我国农业巨灾风险管理现状和问题的基础。2016 年 9 月,课题组向河北省 10 个地级市 39 个县的农户发出 194 份问卷,通过问卷调查、统计分析和实证分析

---

[1] 庹国柱、王德宝:《我国农业巨灾风险损失补偿机制研究》,《农村金融研究》2010 年第 6 期,第 13—18 页。

了解了农户的风险管理需求、风险管理态度及投保影响因素。(1)农户的风险管理需求:农户最担心的巨灾风险是旱灾;有96.86%的农户愿意为粮食作物或经济作物投保;有83.78%的农户希望保险能补偿70%以上的损失;(2)农户的风险管理态度:男性农户、51—60岁年龄段农户、初中和专科文化程度的农户、年收入在15—50万的农户、生产规模在15亩以上的农户和农民合作组织成员的投保意愿最强,有88.49%的农户能接受每亩50元以下的保费;(3)农户的投保影响因素:影响农户投保意愿的因素有农户的土地经营规模、担心的灾害类型、农业保险认知程度和保费承受能力等;影响农户保费支付意愿的因素有农户的年龄、文化程度、家庭年收入、土地规模、投保经历和损失补偿期望等。

(四)总结我国农业巨灾风险管理的现状和存在问题

本书从农业生产者和政府角度将我国农业巨灾风险管理现状归纳为两个特点:(1)农业生产者对待农业巨灾风险态度不一,大多数小农户愿意自留,而新型农业经营主体更倾向于转嫁;(2)政府对农业巨灾风险高度重视并采取了多种措施。

从研究结果看,我国农业巨灾风险管理存在的问题主要有:农业巨灾风险管理相关立法空白;农业生产者进行农业巨灾风险管理存在障碍;缺乏健全协同的农业巨灾风险管理主体;缺乏系统化的农业巨灾风险管理体系;政府财政救灾手段存在不足;社会捐助只能发挥补充作用;缺乏巨灾损失补偿的资金保障体系。

(五)提炼了美国等五个国家的农业巨灾风险管理经验

针对我国农业巨灾风险管理中存在的诸多问题,报告对美国、加拿大、日本、澳大利亚和西班牙等五国的农业巨灾风险管理制度进行比较研究,提炼出了五国的共性经验和完善我国农业巨灾风险管理制度的启示:农业巨灾风险管理的范围比较宽泛;重视农业巨灾风险管理立法;中央层面有明确的农业巨灾风险管理机构;农业巨灾损失分担主体多元化;组合利用系列农业巨灾风险管理措施;农业保险发挥重要的基础作用;对旱灾等重要巨灾进行单独管理;等等。

(六)勾勒了完善我国农业巨灾风险管理制度的总体思路

本书基于农业巨灾风险是"准公共风险"这个理论基础,针对我国农业巨灾风险管理中存在的问题,借鉴其他国家农业巨灾风险管理制度的经验,结合我国的实际情况,提出了完善我国农业巨灾风险管理制度的总体思路,这是本书的研究目的,也是最重要的研究内容。

完善我国农业巨灾风险管理制度的总体思路有:确立"政府机制+市场机制"的基本方针;出台专门的农业巨灾风险管理法规;成立专门的农业巨灾风险管理机构;构建"社会化"农业巨灾风险分担主体;重视"全流程"农业巨灾风险管理环节;形成"多层级"农业巨灾损失补偿体系;搭建"多渠道"补偿资金保障体系;强化"多维度"农业巨灾风险管理支撑体系。

(七)研究了农业巨灾风险管理的核心制度和关键技术

本书对完善我国农业巨灾风险管理制度的核心制度和关键技术进行了专门、深入的研究,以期为以后的制度改革提供技术储备,如农业巨灾损失补偿市场化发展对策、普惠制农业巨灾保险费率测算、高保障收入保险费率测算、农业保险大灾风险基金制度安排及规模测算等。

第二章　农业巨灾风险管理理论分析

研究农业巨灾风险管理制度,首先要对农业巨灾风险的特征及属性进行准确界定,以便为构建农业巨灾风险管理制度确立一个基本的理论依据和逻辑起点。

一、概念界定

(一)巨灾风险

不同的国家、国际组织和学者对巨灾风险有不同的界定标准,主要有三个标准。

(1)从国家(区域)或保险行业损失角度划分。2003 年,经济合作与发展组织将巨灾风险定义为"灾害发生地已无力控制灾害所造成的破坏,必须借助外部力量才能进行处置的灾害风险"。[1] 1998 年,美国联邦保险服务局(ISO)将巨灾定义为"突发性,无法预料的、无法避免并且严重的灾害事故,财产直接损失超过 2500 万美元并影响到大范围保险人和被保险人的事件";瑞士再保险公司(Swiss Re)的 Sigma 杂志把巨灾风险分为自然灾害和人为灾

---

[1] 庹国柱、王克、张峭、张众:《中国农业保险大灾风险分散制度及大灾风险基金规模研究》,《保险研究》2013 年第 6 期,第 3—15 页。

祸,如果某个灾害事件的保险索赔额、经济损失总额或伤亡人数超过一定标准就界定为巨灾,1970 年以来该巨灾标准一直根据美国当年的通货膨胀率逐年更新,2016 年的巨灾标准如表 2-1 所示;①还有学者把一次受灾赔款相当于保险公司当年 150% —200%保费收入的灾害确定为巨灾。②

表 2-1　2016 年瑞士再保险公司 Sigma 巨灾标准

项　目		下　限
保险损失(索赔额)	船运失事 航空失事 其他损失	1990 万美元 3980 万美元 4950 万美元
或经济损失总额		9900 万美元
或伤亡人数	死亡或失踪人数 受伤人数 无家可归人数	20 人 50 人 2000 人

资料来源:瑞士再保险:*Sigma*2017(2),p.2。

　　(2)从灾种角度划分。将地震、干旱、洪水和暴风等产生巨大损失的系统性风险列为巨灾,其他灾种则定义为一般灾害。这种划分基本上获得了我国保险业的认同,2010 年保监会所做的巨灾风险研究课题,就是按照这种标准界定的。③

　　(3)从灾害特征角度划分。孔锋、吕丽莉和方建(2016)④认为,目前学术界和业界对巨灾还没有形成统一的定义,但可以根据

---

① 瑞士再保险:Sigma,2017(2),P.2。

② 刘磊:《农业巨灾风险管理工具创新的研究》,西南大学学位论文,2007 年。

③ 庹国柱、王克、张峭、张众:《中国农业保险大灾风险分散制度及大灾风险基金规模研究》,《保险研究》2013 年第 6 期,第 13—15 页。

④ 孔锋、吕丽莉、方建:《农业巨灾风险评估理论和方法研究综述和展望》,《保险研究》2016 年第 9 期,第 103—116 页。

其一般性特征来界定。巨灾具有发生频率低、影响范围广、损失很大但不确定、规模特别巨大、风险相关性高、传递扩散性强、救援需求高、连锁反应大等特征,还具有风险累积和尖峰厚尾的数理统计特征。

(二)农业巨灾风险

农业巨灾是一个特殊而又具体的概念,一方面要体现巨灾的一般特征和内涵,另一方面还要体现农业这一承灾体的复杂性和特殊性。目前,学术界对农业遭受的灾害或损失到达何种程度才算巨灾,缺乏统一的界定标准。

冯学峰(2011)[1]指出,农业巨灾是由于自然灾害或人为因素引起的大面积农业财产损失或农业设施损失远远超过主体承受能力的事件,可以将其简单的定义为具有损失发生概率小、但农业损失金额特别巨大的灾害。

周振(2011)从政府、保险行业和农户三个角度分别进行了界定。第一,从政府角度,按照国际通行标准,把一次损失额大于当期国内生产总值(GDP)的 0.01% 的灾害界定为农业巨灾;第二,从保险行业角度,按照"赔付率标准"把造成保险人 100%—150% 赔付率的灾害界定为农业巨灾;第三,从农户角度,按照预期纯收入标准,把涉及大量农户、户均损失超过纯收入 50% 及以上具有严重破坏性的灾害界定为农业巨灾。[2]

张峭(2013)[3]指出,农业巨灾是指造成一定地域范围内农作

① 冯学峰:《我国农业巨灾风险分散机制研究》,江苏大学学位论文,2011 年。
② 周振:《我国农业巨灾风险管理有效性评价与机制设计》,西南大学学位论文,2011 年。
③ 张峭:《中国农作物生产风险评估及区划理论与实践》,中国农业科学技术出版社 2013 年版。

物重大损失的极小概率事件,农作物巨灾风险则为某个百年一遇的极端灾害事件导致农作物生产遭受巨大损失的可能程度。

综上所述,农业巨灾是指造成一定地域范围内农业重大损失、累计损失超过承受主体(主要有农户、农业保险公司或政府)承受能力的小概率事件。根据国际上目前流行的划分标准,把单项灾害一次经济损失总额大于当年 GDP 的 0.01% 的灾害定性为巨灾,2016 年我国 GDP 总额为 744127 亿元,因此,可以把一次性经济损失大于 74.41 亿元的灾害称为农业巨灾。

二、农业巨灾风险的特点

与一般农业灾害风险相比,农业巨灾风险具有以下特点。

(一)损失巨额性

农业巨灾,例如干旱、地震、洪水和暴风,是一个或一系列导致农业经济发生巨额损失的巨大灾害,损失往往波及数县或数省。例如,2005 年 8 月 25 日开始的"卡特里娜"飓风造成总计 685.15 亿美元的保险损失,是 1970—2007 年最大的保险损失。

(二)发生低频性

农业巨灾属于小概率事件,发生频率远低于一般灾害事故。正由于发生频率较低,突发性特征更加凸显,人们往往来不及采取救灾措施,从而导致损失较大。例如,1976 年 7 月 28 日在河北唐山爆发的 7.8 级大地震,持续时间仅 23 秒,但将一个拥有百万人口的工业城市夷为平地,24.2 万多人死亡,16.4 万多人重伤,7200多个家庭全家震亡,97% 的地面建筑和 55% 的生产设备毁坏。相比而言,洪水和旱灾持续时间较长,人们还略有时间采取救灾措施。

(三)灾害群发性

农业巨灾的起因多为自然灾害,如水灾、旱灾、冰雹、台风、风暴潮、霜冻、地震、滑坡、泥石流、海水入侵、海啸等,这些自然灾害往往不是单独爆发,而是会持续、累积和交替发展,在某一时间或某一地区集中爆发,具有群发性特征。例如,台风和暴雨同时发生,旱灾和病虫害同时发生,洪涝引发滑坡和泥石流,地震引发海啸等。群发性特征加剧了农业巨灾的损失巨额性特征。

(四)高度相关性

农业巨灾爆发后,影响范围较大,相邻几个省市或市县的农户可能在同一灾害事件中同时产生损失,从而使农业风险单位的损失在时空上呈现高度相关性。同时,由于巨灾的群发性特征,也加剧了多种自然灾害之间的相关性。

(五)不可预测性

尽管目前科技水平很高,但仍然无法准确预测各种巨灾风险。如地震,其成因复杂,孕育过程漫长,爆发突然,很难找到准确的预报方法。1995 年 1 月 15 日爆发的日本神户地震,仅持续 14 秒,造成了 5500 人死亡和 1000 亿美元的总损失,这次巨灾事故事先一点征兆都没有。[①]

根据上述分析,可以看出农业巨灾风险与一般性农业灾害相

---

① 刘磊:《农业巨灾风险管理工具创新的研究》,西南大学学位论文,2007 年。

比,具有损失程度大、发生概率小、影响范围大和预测难度大等特点(见表2-2)。①

表2-2　农业巨灾与农业一般性灾害比较

项　　目	农业巨灾	一般性农业灾害
损失程度	大	小
发生概率	较小	较大
影响范围	大	小
预测难易度	困难	容易

三、农业巨灾风险的特殊属性

农业巨灾风险所具有的损失巨额性、发生低频性、灾害群发性、高度相关性及不可预测性,决定了农业巨灾风险是一种不同于一般风险的特殊风险。农业巨灾风险的特殊属性是构建农业巨灾风险管理制度的理论基础和逻辑起点。

(一)农业巨灾风险的不可保性

保险是转嫁风险的一种有效方法,但并不是所有风险都可以通过保险来转嫁。可保风险一般应当具备以下条件:(1)危险必须大量且同质,保险人才能利用大数法则精确地计算损失率和费率,这是保险经营的基础;(2)危险损失必须是意外的;(3)危险必须是大量标的均有遭受损失的可能性;(4)危险有发生重大损失的可能性;(5)危险损失相互独立;(6)根据危险损失发生概率测

① 邓国取:《中国农业巨灾保险制度研究》,西北农林科技大学学位论文,2006年。

算的保险费,被保险人能够承受。

农业巨灾风险不能完全满足上述可保风险的六个条件。第一,农业巨灾风险单位之间存在高度相关性,不满足保险经营基本原则——大数法则对风险单位大量、同质、独立的要求;第二,大多数危险单位同时发生严重损失,导致许多被保险人同时向保险人索赔(即所谓的"风险累积"),从而影响保险公司的清偿能力,甚至导致其破产;第三,按照巨灾风险发生的损失率和频率计算的保险费,被保险人难以承受。

尽管从传统视角来看,农业巨灾风险不具有可保性。但由于农业巨灾风险损害后果严重,人们对其具有本能的规避需求,从而决定了农业巨灾保险具有广阔的市场前景。如果保险公司因循守旧,固守可保条件教条,可能会丧失很多市场机会。因此,在市场竞争日益激烈和承保技术不断发展的双重影响下,保险公司可能也愿意承保农业巨灾风险。[1]

(二)农业巨灾风险是一种准公共风险

根据承受主体不同,风险可以被分为私人风险和公共风险。

私人风险是指企业、个人等单个主体所面临的风险,是一种相对独立的事件,一般不会产生社会性影响,通常可通过市场机制,如保险,将风险成本分摊到产品和服务之中,从而使风险得以转嫁和分散。

公共风险则是指整个国家或每个私人主体都需面对的风险,是产生"社会性"影响的风险,不能完全借助市场机制有效分散。公共风险一般有三个基本特征:(1)内在关联性或传染性,

---

[1] 袁明:《我国农业巨灾风险管理机制创新研究》,西南大学学位论文,2009 年。

例如,少数社会成员罹患非典,将会对所有社会成员产生潜在威胁;(2)不可分割性,公共风险一旦发生,每个社会成员都有遭受损失的可能性,但在技术上没有办法将风险成本进行分割并承担;(3)潜伏性或隐蔽性,公共风险很难预测和识别,往往是即将爆发或者爆发后才被发现。

对于农业巨灾风险属于私人风险还是公共风险的判断,笔者赞同庹国柱和王德宝(2010)①的观点,认为农业巨灾风险是一种"准公共风险"。农业巨灾风险发生后,农户和整个社会都会造成损失。如果把农业巨灾风险视为私人风险,完全由私人通过市场机制转嫁,则可能会出现私人无力承担的现象;但如果把农业巨灾风险视为公共风险,完全由政府承担损失,则可能出现政府承担了社会高自愿冒险者的风险成本,造成政府负担较重、资源配置效率低下的现象。因此,既不能将农业巨灾风险完全视为私人风险,也不能将其完全视为公共风险,而应将其视为介于私人风险和公共风险之间的"准公共风险",由政府和私人共同采取风险管理措施来应对。

四、农业巨灾风险的影响

(一)影响国家粮食安全

粮食安全的内涵随着时间而有所改变。起初,粮食安全主要指粮食有充足和稳定的供应。2001年,联合国粮农组织公布了目前全球公认的粮食安全定义:"是这样一种情形:当任何人在任何

---

① 庹国柱、王德宝:《我国农业巨灾风险损失补偿机制研究》,《农村金融研究》2010年第6期,第13—18页。

时候从物质和经济角度都可以获得充足、安全和营养的食物,可以满足其积极健康生活的饮食需求和食物偏好"。

目前,国际上用两个指标衡量粮食安全。(1)贫困指标。一般认为贫困与粮食安全有紧密联系。为便于国际间比较,贫困指标一般定义为收入低于特定水平的人口比例(目前国际公认的贫困线为人均每天 1.25 美元)。根据这一指标,新兴市场有超过20%的人口生活在贫困线以下,这部分人口面临着粮食安全问题。(2)处于饥饿或营养不良状态的人口数量,通常称为饥饿人口数量。2015 年,全球饥饿人口数量为 7.95 亿人,这意味着全球大约九分之一的人仍食不果腹。

影响全球粮食安全的因素有很多,如自然资源限制、粮食浪费与损失、城市化和贸易政策等,其中农业巨灾也是影响粮食安全的一个重要因素。农业巨灾通过影响粮食产量及居民的消费心理和消费行为,最终威胁粮食安全。

(1)农业巨灾影响粮食产量。根据统计资料测算,农业巨灾对当年粮食产量影响较大:当年受灾面积每增加 1%,粮食产量则减少 0.245%。

(2)农业巨灾影响居民的消费心理和消费行为。农业巨灾发生后,导致当年的粮食产量下降,粮食价格上升,容易引发居民对未来粮食价格上涨的恐慌预期,可能会出现囤积粮食的现象。

(3)农业巨灾威胁粮食安全。农业巨灾发生,一方面粮食产量下降,另一方面粮食价格上涨,都无法使"任何人在任何时候从物质和经济角度都可以获得充足、安全和营养的食物,可以满足其积极健康生活的饮食需求和食物偏好"这个粮食安全目标实现。

（二）影响农民收入稳定增长

农业巨灾发生后,种植业损失惨重,影响农民收入。以山西省为例,平均每年旱灾受灾面积占耕地面积的 25%,雹灾占 2.7%,霜冻、风暴、水灾、病虫害各占 1%,受灾面积合计 28.7%。2016年,山西省农村居民人均可支配收入为 10082 元,按照受灾面积比例合计高达 28.7%计算,山西农村居民人均因巨灾导致收入损失大概为 2893.53 元。巨灾损失影响了农民收入的稳定增长,甚至出现了因灾致贫、因灾返贫的现象。

（三）影响农业保险的持续健康发展

在中国农业巨灾发生频率上升,成灾率不断提高,损失程度不断加剧的情况下,随着农业保险覆盖面由几个省试点扩展到全国,承保品种和保险责任不断扩充,农业保险所累积的农业巨灾风险也在不断加大,可持续发展受到了农业巨灾的严重威胁。

（1）农业保险覆盖面不断扩大。2007 年,由中央财政支持的政策性农业保险试点只有 6 个省区,而到 2012 年农业保险已覆盖到全国各省市。以水灾和风灾为主的东部沿海区,以水灾和旱灾为主的中、东部地区,以水灾、雪灾和冻灾为主的西北区全部在农业保险的覆盖范围内。

（2）农业保险责任不断扩展。目前,政策性农险占农业保险的比重高达 90%,各地政府认为政府出钱补贴了农业保险,要求将当地的主要风险因素纳入保险责任范围。如 2008 年各地制订的农业保险方案,种植业保险责任一般包括暴雨、洪水、内涝、风灾、雹灾、冻灾、旱灾、病虫草鼠害等,几乎将农业的主要巨灾种类都包含在保险责任范围内。

（3）农业保险费率水平很难有效防范巨灾风险。由于农业保险的政策性属性，各地政府掌握了当地农险费率制定的主导权，保险公司缺乏费率厘定的自主性，费率厘定体现出"大政府，小公司"特征。当地政府确定的农业保险方案，保险责任十分宽泛，但费率水平却很低，不能从定价上合理科学地防范农业巨灾风险。例如，2009 年，山东省小麦保险的保险责任包含火灾、雹灾、风灾、冻灾、涝灾和旱灾等，但保险费率仅为 1.6%。

（4）农业巨灾累积的超赔风险较大。从 2007 年开始到 2016 年，我国农业保险发展非常迅猛：承保的农作物从 2.3 亿亩增加到 17.2 亿亩，承保农作物有 190 多种，玉米、水稻、小麦三大口粮作物承保的覆盖率已经超过 70%；保费收入从 51.8 亿元增长到 417.1 亿元；提供的风险保障从 1126 亿元增长到 2.2 万亿元，年均增速达 38.8%；参保的农户从 4981 万户次增长到 2 亿户次，增长了 3 倍。在农业保险迅猛发展、保障金额数倍增加的同时，农业巨灾累积的超赔风险也在增大。

五、农业巨灾风险管理概述

农业巨灾风险是不以人的意志为转移的客观存在，不能完全消除，但也并非完全无能为力。面对农业巨灾损失造成的巨大影响，人们可以充分发挥主观能动性，采用有效的方法和手段加以控制和管理。

（一）农业巨灾风险管理定义

农业巨灾风险管理是农业巨灾风险管理主体基于自身的风险管理目标，在对农业巨灾风险环境进行识别、评估和分析的基础

上,运用一系列风险管理工具和手段,寻求投入成本、承担风险和未来收益之间最佳组合的过程。这个概念中需要说明以下几点:

第一,农业巨灾风险管理主体有广义和狭义之分。狭义的农业巨灾风险管理主体,仅包括农业生产经营者,即农业巨灾风险管理的直接受益者。广义的农业巨灾风险管理主体还应该包括政府,这是因为农业巨灾风险是一种"准公共风险",农业巨灾风险管理具有福利外溢性。

第二,农业巨灾风险管理主体是基于自身的风险管理目标对农业巨灾风险进行管理的。不同的风险管理目标会使风险管理主体对农业巨灾风险的识别、评估的侧重点存在差异,相应也会造成风险管理方式的差异。

第三,农业巨灾风险管理应以对风险的识别、评估和分析为基础。识别风险的来源、评估风险的大小、分析风险的演变规律,是提出风险管理措施的基础。

第四,农业巨灾风险管理是对一系列巨灾风险管理工具和手段的综合运用和创新。

第五,农业巨灾风险管理最终需要在成本、承担的风险和收益之间进行最佳的平衡。风险管理并不是将可能的风险损失降到最低或者杜绝风险事件的发生,因为这样会使投入成本高于潜在收益。农业巨灾风险管理目标是以最小的成本获得最大程度的安全保障或使风险损失降到最低水平。

(二)农业巨灾风险管理主体

农业巨灾是"准公共风险",其损失后果的影响是社会性的,所有社会成员都或多或少受到了影响。因此,农业巨灾风险管理主体应体现"社会化"特征:仅由农户进行农业巨灾风险管理,容易出现正外部性和风险管理不足;仅由保险公司分散风险容易出现市场失灵;仅由政府承担风险则容易导致成本高昂,效率低下。

1. 单由农户进行农业巨灾风险管理导致正外部性和管理不足

农户一般通过多元化生产经营、生产低风险农作物、个人储蓄、非农收入和保险等措施进行农业巨灾风险管理。在农业巨灾发生时,采取了风险管理措施的农户不仅可以保证自己收入稳定,还可以迅速恢复农业再生产,使所有社会成员享受农业生产稳定、农产品价格低廉的好处。可见,农民进行农业巨灾风险管理的边际社会收益大于边际私人收益,如图 2-1 中所示的 MSR 大于 MPR。但如果单由农户承担农业巨灾风险管理的全部成本,社会其他成员坐享农业稳定的好处而不用支付任何费用,就使农民承担了一部分应由社会承担的成本,从而导致农业巨灾风险管理的边际私人成本大于边际社会成本,如图 2-1 中所示的 MPC 大于 MSC。农业巨灾风险管理的私人成本收益和社会成本收益出现了偏差,即私人收益小于社会收益,但私人成本却高于社会成本,最终导致正外部性产生。由农户和社会分别按边际收益等于边际成本原则确定的农业巨灾风险管理的均衡量是 Q_1 和 Q_0,如图 2-1 中所示,农户的均衡管理量 Q_1 小于社会均衡管理量 Q_0,农业巨灾风险管理不足现象出现。[①]

2. 单由保险公司分散农业巨灾风险容易出现市场失灵

保险公司经营农业巨灾保险面临的系统性风险和高资本成本,阻碍了保险公司发挥分散风险、补偿损失的作用,最终导致农业保险市场失灵。这主要体现在两方面:

---

① 冯文丽:《我国农业保险市场失灵与制度供给》,《金融研究》2004 年第 4 期,第 121—129 页。

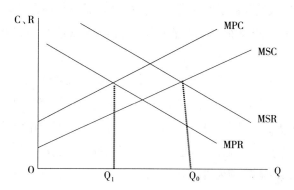

图 2-1　农业巨灾风险管理的正外部性与管理不足

（1）保险人难以承受农业巨灾的系统性风险退出市场

农业巨灾风险的损失巨额性、灾害群发性和高度相关性特征使得农业保险人承担了比一般保险人更大的系统性风险。根据Miranda 和 Glauber（1997）[①]测算，农业保险人面临的系统性风险是一般保险人的 10 倍左右。系统性风险引发的巨额损失预期，使农业保险商业化运作模式下追求利润最大化的保险人不断控制农业保险业务规模，甚至导致农业保险业务停办，农险市场完全消失。2003 年以前我国农险业务规模连续多年持续下降、濒临停办就是明证。

（2）农业保险人难以承受农业巨灾的高资本成本退出市场

农业巨灾风险的发生的低频性和不可预测性，加大了保险公司对巨灾损失期望索赔成本的估测难度。为了保证在巨灾发生后有充足的偿付能力，保险公司一般都保持比期望索赔成本更高的

---

① 　Mario J. Miranda & Joseph W. Glauber, "Systemic Risk, Reinsurance, and the Failure of Crop Insurance Markets", *American Journal of Agriculture Economics*, 1997(2), pp.209-212.

资本。这虽然降低了巨灾发生后保险公司无偿付能力的可能性，但也增加了资本成本，可能使保险公司难以承受而退出农险市场。①

3. 单由政府管理农业巨灾风险成本高昂，效率低下

农业巨灾是"准公共风险"，农业巨灾风险管理需要政府参与、提供大力支持方可持续。但如果过分夸大政府的作用，把本该交由市场承做的微观事务也由政府承担，则注定成本高昂，效率低下。单由政府管理农业巨灾风险效率低下的实践教训可以美国为例。

美国的商业性保险公司在19世纪末和20世纪初就尝试经营农业保险业务，但没有政府扶持，纯商业化运作的农业保险最终以失败告终。于是，美国的农业保险实验走上了另外一个极端——完全国营。1938年，美国政府颁布了《联邦农作物保险法》，成立了联邦农作物保险公司。次年由联邦农作物保险公司代表政府开始举办农作物保险，一直到1980年。这一阶段，政府单独经营农业保险虽然取得了一定成效，但影响不大，代价较高。到1980年，联邦农作物保险公司只为全美半数地区的30种农作物提供保险，这些地区农业保险的参与率也极低，只有7%。但在这42年中，政府经营农业保险绝大多数年份赔付率均大于1，即保险赔款都超过了保费收入，出现了亏损，代价较高。为改变政府直接经营农业保险效率低下，成本较高的局面，从1980年以后，美国开始逐步在农业保险经营体系中引入私人公司以提高效率，降低成本。②

---

① 沈蕾：《农业巨灾风险损失补偿机制研究——浙江案例》，《海南金融》2012年第8期，第80—84页。
② 冯文丽、苏晓鹏：《美国农业保险制度变迁的经济分析》，《金融教学与研究》2003年第1期，第63—65页。

4. 农业巨灾风险的"准公共风险"属性要求构建"社会化"分担体系

综上所述,对于具有"准公共风险"属性的农业巨灾风险,单由农户管理容易导致管理不足,单由保险公司管理容易造成市场失灵,单由政府管理容易导致效率低下。因此,农业巨灾风险管理必须增强"社会性",充分发挥政府机制和市场机制的共同作用,构建"社会化"的农业巨灾风险分担体系,使农户、保险公司、政府以及资本市场投资者通过各种方式分别承担相应层次的农业巨灾风险损失。

(三)农业巨灾风险管理程序

1. 确定农业巨灾风险管理的目标

不同的农业巨灾风险管理主体,有不同的风险管理目标。例如,农业巨灾风险管理的微观主体,即农业生产经营者的风险管理目标可能更多从实现自身经济福利最大化角度考虑;而政府作为农业巨灾风险管理的宏观主体,在进行农业巨灾风险管理时不仅要考虑农业生产经营者自身的收益问题,还需要考虑粮食安全、生态环境和农产品价格稳定等社会公共问题。这些目标有时候会存在冲突,需要政府权衡取舍。

2. 风险识别

农业巨灾风险识别是指对农业生产经营过程中面临的及潜在的巨灾风险因素加以判断,明确不利事件的致损环境和过程。有效识别农业生产与经营过程中所面临的潜在巨灾风险是对农业巨灾风险进行有效管理的前提。风险识别一方面可以通过感性认识和历史经验来判断,另一方面也可通过对各种客观的资料和风险事故的记录来分析、归纳和整理,以及必要的专家访问,从而找出各种明显和潜在的风险及其损失规律。

3. 风险评估

农业巨灾风险评估是在风险识别的基础上,对所收集资料进行分析,估计和衡量农业巨灾风险发生的概率和损失程度,明确农业巨灾风险的时空分布特征,为采取有效措施进行风险管理提供科学依据。

4. 风险管理决策

农业巨灾风险管理决策是指决策者根据农业巨灾风险识别和评估情况,为实现风险管理目标,选择合适的风险管理策略、方法与工具,制定风险管理计划的过程。风险管理决策的科学性取决于农业风险识别和评估结论的准确性,决策结果直接影响风险管理的效果。

5. 计划实施与评价

农业风险管理的决策和计划,只有付诸实践才能产生应有的效果,因此,农业风险管理计划的实施是农业风险管理过程中必不可少的一环。在农业风险管理的决策和计划贯彻实施以后,还必须对其实施效果进行检查和评价,以便及时做出动态的纠正。农业巨灾风险管理的程序请参见图2-2。[1]

(四)农业巨灾风险管理策略

报告借鉴张峭等人(2016)[2]的研究结论,认为农业巨灾风险管理策略有事前策略和事后策略两大类,具体共有四种策略,其中事前策略有风险缓释策略、风险分散策略和风险转移策略,事后策

---

① 张峭、王克:《中国农业风险综合管理》,中国农业科学技术出版社2015年版。
② 张峭、王克、汪必旺、李越:《农业风险综合管理:一个理论框架》,《农业展望》2016年第3期,第59—65页。

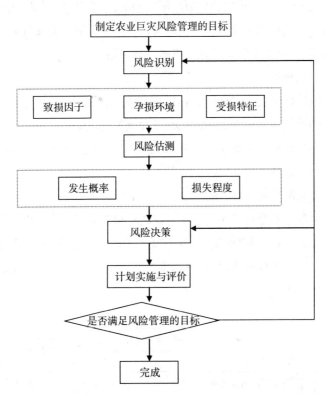

图 2-2　农业巨灾风险管理程序

略为风险应对策略,如图 2-3 所示。

1. 风险缓释策略

风险缓释指降低巨灾事件发生概率或降低巨灾事件直接损失程度的活动。风险缓释策略主要是使用技术手段来预防和控制不利事件的发生与影响,比如提高水资源管理水平、使用耐旱或耐淹的种子、建立早期预警系统以及更好的农事活动方法等。

2. 风险分散策略

风险分散策略,指在不改变风险事件本身发生概率和造成损失程度的情况下,将风险分散给不同的主体或不同的活动,从而使得每一个主体或活动承担的风险降低。风险分散策略又可分为风险共担、风险汇聚和多样化这三种具体策略。

3. 风险转移策略

风险转移是将风险转移给愿意接受风险的一方,并为此支付一定的费用或保险费,例如保险、对冲或其他风险转移安排。由于不同的主体对未来结果的判断和风险偏好不同,所以一方可以把风险转移给另一方。

4. 风险应对策略

风险应对是指通过事前准备提高承担和应对风险事件发生后的能力,一旦不利事件发生,就可以启动这些措施,降低其带来的损失。比如安全网项目、巨灾风险准备金、储蓄、战略储备和意外事件融资等。

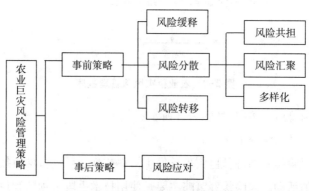

图 2-3　农业巨灾风险管理策略

(五)农业巨灾风险管理工具

农业巨灾风险管理工具根据风险管理主体不同可分为三类:

农户自主使用的巨灾风险管理工具、政府主导的巨灾风险管理工具和市场化农业巨灾风险管理工具。

1. 农户自主使用的农业巨灾风险管理工具

农户自主的巨灾风险管理工具主要有生产控制工具、自我救济和农村集体经济的互助。

(1)生产控制工具

生产控制工具是在灾害发生前使用的、降低风险发生频率的灾害管理工具,主要通过控制生产经营活动以降低农业巨灾风险发生。生产控制工具主要包括:第一,生产低风险农产品,如抗旱性、抗寒性较好的作物;第二,生产多样化农产品,即"不把鸡蛋放在同一个篮子里",通过种植多种农作物或养殖多种畜禽分散风险。

(2)自我救济

自我救济是在巨灾损失发生后,所采取的一种事后补偿措施。农户主要通过个人储蓄和非农收入进行自我救济。首先,农户根据自己的财务状况确定一定额度的个人储蓄资金,作为巨灾损失发生后的一种补偿措施,这实际是一种巨灾风险的自留。其次,农户可以通过多种方式赚取非农收入,用以弥补农业巨灾损失,把农业内损失转移到非农行业。

(3)农村集体经济互助

农业巨灾风险的地域性很强,发生后某一地区所有农户都有可能遭受损失。因此,农户联合起来共同防灾抗灾、进行经济互助就很有必要,即把一个农户的损失通过集体互助方式在小范围内进行风险分散。

农户自主的巨灾风险管理工具,是多年来农户在生产过程中自觉使用的防灾防损工具,无须政府动员,非常灵活,成本也低,但也有缺点:第一,生产控制工具使用受限。低风险农作物及多样化生产受自然条件限制,也可能丧失生产高风险农作物和专门化生产所产生的高收益和规模效应。第二,自我救济水平有限。农户所采用的风险自留和非农收入补偿最终受农户总收入的制约,抗风险能力有限。第三,农村集体经济互助,只能在小范围分散风险,对大面积巨灾救济能力较弱。

2. 政府主导的农业巨灾风险管理工具

政府主导的农业巨灾风险管理工具主要有:

(1)减灾措施

政府的减灾措施,是在灾害发生前政府所采用的一系列风险减低措施,用以降低巨灾造成的不良影响。具体包括:①控制灾害源,保护和改变自然环境。例如,控制温室效应气体的排放,防止全球气候变暖造成的极端气候现象;做好台风、飓风和风暴潮等自然灾害的预报,并教育民众正确应对。②提高农业抗灾能力,如植树造林、修建水坝、防汛墙等防洪工程、引水抗旱工程等。

(2)财政救济

财政救济是指在农业巨灾发生后,政府利用财政资金对受灾者进行损失补偿的一种风险管理工具,是一种事后的风险补偿,从国家角度来看仍是一种风险自留。财政救济的实施主体是政府,资金配置、管理方式和实施手段都具有较强的行政性和计划性特点。

(3)社会捐助

社会捐助也是在灾害发生后,社会各界对受巨灾影响无法维持最低生活水平的灾民给予的一种无偿的物资和服务援助。社会捐助分为官方援助和非官方援助。官方援助一般由民政部门负责协调和管理,对外发布灾情及接受捐赠的渠道,对捐赠物资统一管理,统一调度、分配和发放。非官方援助一般由民间机构、私人慈善机构和个人等提供。

政府主导的农业巨灾风险管理工具具有很多优势,如国家地位"超然",有利于迅速建立减灾工程;国家行政能力较强,有利于实现救灾物资的快速集中和调度。缺点在于:①受发展中国家政府财力限制,政府风险补偿与巨灾损失相比杯水车薪;②财政救济和社会捐助都是事后补偿,是否补偿、补偿对象、补偿金额等都具有不确定性,受灾者依然处于损失补偿的不确定风险中;③财政救济和社会捐助均无须偿还,可能会助长人们的依赖心理,降低了主动进行风险管理的动力。

3.市场化的农业巨灾风险管理工具

市场化农业巨灾风险管理工具是指利用市场化工具,如保险和证券化等,通过风险转嫁方式,把农业巨灾风险损失在更广范围内和更多主体间进行分散。

保险是最常用的市场化农业巨灾风险管理工具。农户通过缴纳少量的保险费,将其面临的农业巨灾损失转嫁给保险公司承担。发达国家农业巨灾风险管理经验表明,完善的农业保险体系是农业巨灾风险管理的基础。

但近年来巨灾频发导致的巨额赔付,对保险转嫁巨灾损失的有效性提出挑战,促使新的风险转嫁方式——巨灾风险证券化出现并迅速发展。巨灾风险证券化的实质是借助有价证券把风险转移至资本市场,并获得大量资金扩大保险承保能力。

对于农业巨灾风险而言,无论是保险转嫁还是巨灾风险证券化转嫁,都是在灾前对农业巨灾损失补偿做好了财务安排,有利于受灾农户及时恢复再生产,保证农业的可持续发展,因而是一种非常有效的风险管理策略。

（六）农业巨灾风险管理的评价目标

农业巨灾风险管理有效性的评价目标主要有激励目标、公平目标和效率目标。

1. 激励目标

巨灾风险管理最有效的结果是"防患于未然"，即风险不发生或将损失控制在最低水平。因此，激励目标是指充分调动各风险管理主体主动防范风险、控制损失的积极性，达到把灾害频率和损失程度控制在最低水平的目的。高效的农业巨灾风险管理应该能建立有效的激励机制，调动各风险管理主体主动防控风险的积极性。

2. 公平目标

农业巨灾风险管理的公平目标有两层含义：（1）风险损失的补偿公平。这是指受灾单位灾害损失的公平分摊，即相同条件受灾单位的经济损失补偿标准要大致相同。（2）风险成本的分担公平。农业巨灾风险是一种"准公共风险"，其风险管理成本应由全社会分摊，而不应单由农户承担或政府承担。

3. 效率目标

农业巨灾风险管理的效率目标包括：（1）资源调动效率。资源调动效率是指巨灾发生后调动社会资源的规模与速度。巨灾的突发性和不确定性很强，一旦发生会造成众多受灾主体面临生存威胁，因此需要以最高效率、在最短的时间内完成资源调动任务。（2）任务分配效率。根据风险分担主体的技术优势和资源优势，合理分配其在农业巨灾风险分担体系中的管理任务。（3）资金补偿效率。即以最低的资金成本实现相同的风险管理目标，或者相同的资金成本实现更高的风险管理目标。[1]

---

[1]　刘磊：《农业巨灾风险管理工具创新的研究》，西南大学学位论文，2007年。

第三章　我国农业巨灾风险
特点与发展趋势

本章对我国农业巨灾风险暴露、农业巨灾风险暴露特点和未来农业巨灾的基本走势进行分析和预测,为完善我国农业巨灾风险管理制度提供基本素材。

一、我国农业巨灾风险暴露

对我国农业巨灾风险暴露的分析,可以从农业中各业、各地区及各灾种角度进行。

(一)农业中各业的风险暴露

1. 种植业风险暴露

近年来全球气候变暖,气象灾害和病虫害严重发生,对种植业生产的影响呈加重趋势。2017 年,全年粮食种植面积 11222 万公顷,受灾面积 1848 万公顷,其中绝收 183 万公顷,受灾率 16.47%,绝收率 1.63%。

(1)气象灾害损失。2017 年,全年因洪涝和地质灾害造成直接经济损失 1910 亿元,因旱灾造成直接经济损失 375 亿元,因低温冷冻和雪灾造成直接经济损失 19 亿元,因海洋灾害造成直接经济损失 58 亿元。全年大陆地区共发生 5.0 级以上地震 13 次,成灾 11 次,造成直接经济损失 148 亿元。[①]

(2)病虫害灾害损失。常年来,我国病虫害发生面积超过 50 亿亩(次),如果不进行有效防治,产量损失可达 40% 以上。尽管近年加大了病虫害防治力度,每年因病虫害损失粮食仍然达到 500 亿斤以上。

2. 养殖业风险暴露

养殖业是现代农业产业体系的重要组成部分,是中国农业和农村经济结构战略性调整中的优势产业。据中国工程院 2013 年 9 月在北京发布的一项研究报告显示,由于人们收入增长、城镇化加快等因素,中国养殖产品消费量增长较快,预计到 2020 年和 2030 年,养殖业产值占农业总产值比重将分别达 52% 和 55%。但我国养殖业由于生产方式落后,组织化程度低,风险保障体系不健全,抵御自然风险和动物疫病风险的能力较差。

(1)养殖业的自然风险暴露。据课题组在海南省调研水产养殖风险的结果显示,海南省每年自然灾害发生频率居全国第 5 位,水产养殖业经常遭受台风、热带风暴、暴雨、风暴潮等极端气候的影响,造成严重损失。2010 年,海南省遭受了 49 年不遇的洪水灾害,海口、文昌、琼海、万宁、陵水等东部沿海市县的水产养殖业遭到重创,全省水产养殖业因该灾害导致的损失高达 16.5 亿元;2011 年 10 月,海南省连续遭遇 3 个热带气旋袭击,深水网箱养殖遭到毁灭性打击,损失惨重,全省 2601 口深水网箱损坏 2050 口,损失产量 2.1 万吨,直接经济损失 7.63 亿元;2014 年 7 月 18 日,第 9 号台风"威马逊"袭击海南,造成直接经济损失约 119 亿元,其

---

① 中华人民共和国国家统计局:《中华人民共和国 2017 年国民经济和社会发展统计公报》,2018 年 2 月 28 日,http://www.stats.gov.cn/tjsj/zxfb/201802/t20180228_1585631.html。

中海洋渔业经济损失 27.86 亿元。

（2）养殖业的动物疫病风险暴露。据农业部统计,中国每年猪发病 1160 万头,牛发病 45.3 万头,禽发病 5.3 亿只,每年给畜牧业生产造成的损失超过 200 亿元,由此所造成的饲料、人工、药物浪费等间接损失则更大。2013 年,据中国畜牧业协会测算,H7N9 禽流感在短短 3 个月内给家禽养殖业造成的损失已超过400 亿元。

3. 林业风险暴露

中国是一个森林大国,也是森林灾害尤其是森林巨灾发生频繁且灾情严重的国家之一。森林灾害主要有自然灾害和生物灾害。

（1）森林自然灾害。森林自然灾害包括森林火灾、干旱、霜冻、冰雹、雪灾、风灾、洪涝灾害等,其中以森林火灾的危害性最大,损失较为严重。据统计,2000—2010 年,我国共发生大约 10.2 万起森林火灾,火场面积 345.2 万公顷,受灾森林面积 143.1 万公顷,平均每年发生近 1 万起森林火灾,年均受灾森林面积近 13 万公顷。2017 年,全年共发生森林火灾 3223 起,森林火灾受害森林面积 2.5 万公顷。

（2）森林生物灾害。森林病虫鼠害是影响森林生产的主要生物灾害。我国是一个森林病虫害较为严重的国家,全国森林病虫害种类共有 8000 多种,经常造成危害的有 200 多种,目前危害较严重的“十大”病虫害有:松毛虫、美国白蛾、杨树蛀干害虫、松材线虫、日本松干蚧、松突圆蚧、湿地松粉蚧、大袋蛾、松叶蜂、森林害鼠。

（3）森林巨灾事件。受自然灾害影响,我国森林巨灾事件也时有发生。1987 年 5 月 6 日至 6 月 2 日,黑龙江大兴安岭发生特大森林火灾,持续燃烧27天,受灾森林面积114万平方公顷,造成439人伤亡,5.6万多人家园被毁,直接经济损失达4.5亿元,间接损失达80多亿元,成为新中国成立以来毁林面积最大、伤亡最多、损失最为惨重的一次特大灾害;2008年初,中国南方地区的低温冰冻雨雪灾害,造成全国林地受灾面积达3.4亿亩,占全国林地面积的7.4%,林业直接经济损失达573亿元,仅湖南省的受灾森林面积就达6788万亩,全省林业受灾直接经济损失165亿元。

(二)不同区域的风险暴露

王和、王俊(2013)①等人以自然灾害系统理论为基础,以农业自然灾害基本单元为最小的空间单元,以空间邻域系数和综合灾害指数为指标,充分考虑县级界限的完整性,采用地理信息系统手段,提出了中国农业自然灾害综合区划分方案,把全国划分为5个自然灾害大区,由东向西分别为:东部沿海区、东部区、中部区、西北区和青藏区。

1. 东部沿海区的风险暴露

东部沿海区包括八个省市,有上海、江苏、浙江、福建、广东、广西、海南和台湾。该区面积为40.91万平方公里,土壤主要是森林土壤和水稻土壤,地貌主要是山地丘陵和沿海平原。该区虽然人口密度大,人均耕地少,但由于生产力水平高,农业集约化程度高,是我国的主要农业区。农作物主产水稻、甘蔗、油菜和棉花等,复种指数为200%—300%。同时,该区是我国农业巨灾的重度区,主要巨灾类型依次有水灾、风灾(台风和风暴潮等)、旱灾和病虫害。

---

① 王和、王俊:《中国农业保险巨灾风险管理体系研究》,中国金融出版社2013年版。

2. 东部区的风险暴露

东部区包括18省区的916个县(市区),有黑龙江、吉林、辽宁、内蒙古、北京、河北、天津、山东、河南、江苏、安徽、湖北、湖南、江西、浙江、福建、广东和广西。该区面积为196.45万平方公里,土壤以森林土壤、水成土壤和水稻土壤为主,地貌主要是山地和丘陵平原。该区人口密度大,人均耕地少,生产力水平和农业集约化程度较高,是我国的主要农业区,其中黄淮平原是我国重要的商品粮基地。农作物主产水稻、小麦、棉花、玉米、大豆、高粱、油菜、花生和甘薯等,北方的复种指数为90%—110%,南方的为200%—250%。该区是我国农业巨灾的极重度区,主要巨灾类型依次有水灾、旱灾、冻灾和病虫害等。其中,长江中下游平原的水灾、华北平原的旱灾,发生频率高,造成损失大。

3. 中部地区的风险暴露

中部地区包括15省区的914个县(市区),有黑龙江、内蒙古、河北、山西、陕西、宁夏、甘肃、河南、湖北、四川、重庆、湖南、贵州、广西和云南。该区面积为276.91万平方公里,土壤主要有森林土壤、草原土壤和岩成土壤,地貌主要是山地丘陵和高(平)原为主。该区四川盆地人口密度较大,其他地区人口密度中等,中部为我国农业区,北部和南部为林业。农作物主产小麦、玉米、棉花和谷子,农作物复种指数北低南高。该区是我国的农业巨灾重度区,主要巨灾类型依次有水灾、旱灾、地质灾害(滑坡和泥石流)、雪灾和冻灾等。

4. 西北区的风险暴露

西北区包括4省区的142个县(市区),有内蒙古、甘肃、青海和新疆。该区面积为266.77万平方公里,土壤主要是荒漠土、岩成土壤和草原土壤,地貌主要是山地和风积地貌。该区地广人稀,是我国的主要牧业区,农业主要分布在绿洲,主产水稻、棉花、小麦和玉米。该区是我国农业巨灾的轻度区,主要巨灾类型依次有水灾、冻灾和雪灾等。

5. 青藏区的风险暴露

青藏区包括4个省区的126个县(区市),涉及青海、西藏、甘肃和四川。该区面积为164.31万平方公里,土壤主要是高山土壤和森林土壤,地貌主要是高原和山地。该区人口密度小,主要以牧业为主,农业零散分布在藏南谷地和青海高原,农作物主要有青稞和小麦及少量的水稻。该区是中国的农业巨灾极轻度区,主要有雪灾、地质灾害、水灾和病虫害。

(三)不同灾因的风险暴露

我国是世界上自然灾害最严重的国家之一,灾害种类多、强度大、频率高、危害面广、破坏性大、成灾率高。我国灾害类型主要有洪涝、旱灾、地震、台风及其他诱发性地质灾害,如崩塌、滑坡、泥石流及地面沉陷等。

1. 洪灾风险暴露

我国是洪水灾害最严重的国家之一。洪水灾害的影响特点主要有:

(1)洪水灾害带来的威胁最大。我国约5亿亩耕地、107万平方公里的国土、90%以上的城市在汛期都受过洪水威胁,6亿人口所处的地面高度低于江河洪水位之下,是洪水的高发区。

(2)洪水灾害造成的损失最重。有关资料显示,洪水灾害损失约占各类自然灾害总损失的60%。据慕尼黑再保险公司资料显示,1980—2007年,中国造成经济损失最大、人员伤亡最重的自然灾害都是洪水,分别占总损失的76%和总人数的71%。我国20

世纪 90 年代年平均洪涝灾害损失超过 1000 亿元,约占整个国家 GDP 的 2% 以上,这一比例远高于美国和日本等国家的水平。

(3)洪灾损失呈快速上升趋势。尽管新中国成立以来,水利工程防洪建设在不断加强,但伴随着国民经济的快速发展、单位面积经济附加值的增长,洪灾损失仍呈快速上升趋势。从新中国成立初期(1949—1955)的年均洪水损失约 35.1 亿元人民币,之后 30 年(1956—1985)一直维持在 50 多亿元的平均水平,但在其后的 20 年呈现急剧增长的势头,1986—1995 年年均洪水损失扩大 15 倍,达到约 890 亿元,在 1996—2005 年继续激增到 1286.2 亿元,为新中国成立初期的 36.1 倍。2017 年 1 月 5 日,德国《新闻网》报道,2016 年全球包括地震、洪水、森林火灾等自然灾害造成 1680 亿欧元损失,是过去 4 年的峰值。洪水和泥石流造成的损失占比最大,达到 34%,而前十年因洪水暴发造成的损失平均占比只有 21%。中国 2016 年 6 月和 7 月间洪水造成的损失高达 200 亿欧元,占全球当年自然灾害总损失的 12%。《2016 年国民经济和社会发展统计公报》显示,2016 年全国因洪涝和地质灾害造成直接经济损失 3134 亿元。

2. 旱灾风险暴露

旱灾也是我国的主要自然灾害,我国旱灾风险暴露呈现以下三个特点:

(1)大规模旱灾爆发次数较多。20 世纪我国发生过 5 次旱灾,分别被列入 20 世纪全世界"十大灾害"和我国近 50 年来"十大灾害"之列,分别是:①1920 年北方大旱,河南、山东、山西、河北、陕西等省遭遇 40 年不遇的大旱灾,死亡 50 万人,灾民 2000 万;②1928—1929 年陕西大旱,全省 250 万人死亡,40 余万人逃难,940 万人受灾;③1943 年广东大旱,全省许多地方年初至谷雨没有下雨,造成严重粮荒,很多村子饿死人口过半,仅台山县饿死饥民 15 万人;④1959—1961 年的"三年自然灾害时期",全国连续 3 年大范围旱灾,导致农作物产量急剧下降,市场供应空前紧张,非正常死亡人数急剧上升,仅 1960 年全国总人口减少 1000 万人;⑤1978—1983 年全国连续 6 年大旱,北方是主要受灾区,持续时间长,损失惨重,累计受旱面积近 20 亿亩,成灾面积 9.32 亿亩。①

(2)旱灾受灾面积和成灾面积占比较大。从 1978—2010 年 32 年的统计资料来看,我国各种灾害受灾总面积为 15.06 亿 hm^2,其中旱灾为 8.24 亿 hm^2,占比达 54.70%;我国各种灾害成灾面积为 7.78 亿 hm^2,其中旱灾为 4.18 亿 hm^2,占比达 53.6%。

(3)干旱成灾面积和粮食损失呈上升趋势。最近几年,全国每年都发生不同程度的旱灾,造成粮食损失在 300 亿公斤左右,直接经济损失超过 1000 亿元。2009 年,我国发生了 8 次阶段性严重干旱,造成农作物绝收面积 326.9 万 hm^2,直接经济损失 1206 亿元,占各种自然灾害损失的比例达 44%,旱灾已成为制约区域经济发展和威胁国家粮食安全的一个不可忽视的因素。②《2016 年国民经济和社会发展统计公报》显示,2016 年全国因旱灾造成直接经济损失 418 亿元。

3. 地震风险暴露

我国位于喜马拉雅山、阿尔卑斯山和环太平洋地震带两个地震带的包围中,地震灾害很频繁,地震损失也比较严重。地震灾害的分布及损失呈现以下特征:

---

① 《5 次世界性特大旱灾》,2013 年 8 月 1 日,http://www.weather.com.cn/drought/ghzs/04/416402.shtml。

② 刘小勇、孔慕兰、柳长顺:《关于建立旱灾保险制度的认识与思考》,《水利发展研究》2013 年第 4 期,第 6—9 页。

（1）地震灾害覆盖面较广。据统计,我国大陆大部分国土面积位于地震烈度6度以上区域,有一半的国土面积（包括23个省会城市和2/3的百万人口以上的大城市）都位于7度以上的高烈度区域。5级以上的破坏性地震几乎在所有省份都发生过,其中19个省份发生过7级以上地震。

（2）地震灾害发生频率较高。自1900年以来记录到的6级以上地震基本完整,共记录到6.0—6.9级地震756次,平均每年约7次;7.0—7.9级地震119次,平均每年1次;8.0级以上地震10次,平均每10年1次。①

（3）震源浅,烈度高,损失重。中国大陆地区95%的地震,震源深度都在40公里以内,一般在10—20公里。因此,烈度较高,释放能量较大,造成的破坏和损失都比较严重。据联合国统计资料显示,全世界每次死亡5万人的17次地震中,有13次发生在中国;每次死亡20万人以上的4次地震,全部发生在中国。2017年,中国发生5级以上地震19次,其中大陆地区13次,台湾地区6次,最大地震为8月8日四川九寨沟7.0级地震。共造成大陆地区37人死亡,1人失踪,617人受伤,直接经济损失145.58元。

4.台风风险暴露

我国是全球受台风灾害影响最严重的国家之一,自南向北的沿海各省都有遭受台风袭击的可能性。尤其夏秋季节,台风是影响我国东南沿海地区最主要的灾害,主要通过强风、暴雨和风暴潮三种方式酿成灾害,同时还产生泥石流、山体滑坡和瘟疫等次生灾害。

---

①　王和、王平:《中国地震保险研究》,中国金融出版社2013年版。

以 2013 年为例,西北太平洋和南海共生成 31 个台风,登陆我国的台风达 9 个,较常年(7.2 个)偏多 1.8 个。这 9 个台风登陆时的平均风速达 34.6 米/秒,强于历史平均强度(32.6 米/秒),其中 19 号台风"天兔"登陆广东汕尾时中心附近最大风速 45 米/秒,是 2013 年登陆我国大陆强度最强的台风。

2014 年 7 月 18 日,第 9 号台风"威马逊"袭击广东、广西、海南和云南部分地区,引发洪涝、风雹、泥石流等灾害,造成 144 个县(市、区)至少 46 人死亡,996.6 万人受灾,189.9 万公顷农作物受灾,3.7 万间房屋倒塌,直接经济损失 336.5 亿元。

5. 其他地质灾害风险暴露

地质灾害是指在自然灾害或人为因素作用下形成的、对人类生命财产、环境造成破坏和损失的地质现象,主要类型有泥石流、地面塌陷、滑坡、崩塌、地震等。在近代,由于人类对自然界的改造能力逐步加强,由人类活动诱发的地质灾害逐渐成为一种重要灾害类型。

2016 年全国共发生地质灾害 9710 起,其中滑坡 7403 起、崩塌 1484 起、泥石流 584 起、地面塌陷 221 起、地裂缝 12 起和地面沉降 6 起,分别占地质灾害总数的 76.2%、15.3%、6.0%、2.3%、0.1% 和 0.1%(图 3-1),共造成 370 人死亡、35 人失踪、209 人受伤,直接经济损失 31.7 亿元。与 2015 年同期相比,地质灾害发生数量、造成死亡失踪人数和直接经济损失均有所增加,分别增加 18.1%、41.1% 和 27.3%(表 3-1)。[①]

---

① 国土资源部地质灾害应急技术指导中心:《全国地质灾害通报》(2016),2017 年。

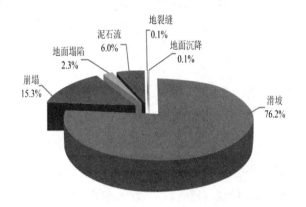

图 3-1 2016 年全国地质灾害类型构成

资料来源:国土资源部地质灾害应急技术指导中心:《全国地质灾害通报》(2016),2017 年。

表 3-1 2016 年与上年地质灾害损失情况对照表

对比项目	发生数量(起)	死亡失踪(人)	直接经济损失(亿元)
本期	9710	405	31.7
去年同期	8224	287	24.9
较去年同期增减数量	1486	118	6.8
较去年同期增减比例(%)	18.1	41.1	27.3

资料来源:国土资源部地质灾害应急技术指导中心:《全国地质灾害通报》(2016),2017 年。

二、我国农业巨灾风险暴露特点

(一)灾害种类多

我国幅员辽阔,地理气候条件复杂,影响农业生产的自然灾害种类较多,被称为自然灾害博物馆。除现代火山外,几乎所有的自然灾害,如旱灾、水灾、地震、风暴、台风、山体滑坡、泥石流、雪灾、病虫害、森林火灾等,每年都有发生。

(二)灾害分布地域广

我国各省(自治区、直辖市)均不同程度地受到巨灾影响,70%以上的城市、50%以上的人口分布在自然灾害严重的地区。三分之二以上的国土面积受到洪涝灾害威胁,东部、南部沿海地区以及部分内陆省份经常遭受台风侵袭,东北、西北、华北、西南、华南等地均不同程度地受到干旱威胁,各省(自治区、直辖市)均发生过5级以上的破坏性地震。[1]

(三)灾害发生频度高

1949年以来,我国干旱每年出现7.5次,洪涝平均每年发生5.8次,登录台风平均每年7.0个,7级以上地震平均每年发生1.3次,沿海重大风暴潮平均每年7.0次,低温冷害平均每年2.5次,较大的滑坡、泥石流、崩塌每年近100次,3—4年发生一次严重农作物病虫害。

(四)巨灾损失影响严重

由于我国农业灾害种类多,分布地域广,发生频率高,同时我国防灾减灾能力相对较低,因此,农业巨灾损失巨大,灾害影响严重。1949—2000年,中国平均每年受灾人口达2亿人以上,重灾年超过4亿人;每年死亡人数从数千人到数万人,巨灾年死亡数十

---

① 王和:《巨灾保险制度研究》,中国金融出版社2013年版。

万人;每年倒塌房屋数百万间到数千万间,受灾农作物面积达数万公顷;每年直接经济损失数百亿元到数千亿元。1990 年以来中国自然灾害造成的损失达到年均 1200 多亿元(按 1990 年人民币可比价计算),相当于国内生产总值的 4% 左右,财政收入的 30% 左右,高于发达国家数十倍。[①]

三、全球气候变化趋势与我国农业巨灾风险基本走势

目前,全球正在经历以气候变暖和天气气候事件增多为主要特征的变化趋势,这种趋势使地球气候系统能量增加和再分配,导致海平面上升,冰川消融,极端天气气候事件频发。这种全球气候变化的大趋势也影响了我国农业巨灾风险的基本走势。

(一)全球气候变化趋势及特征

2016 年 11—12 月,世界气象组织(WMO)发布了《2011—2015 年全球气候报告》(以下简称《报告》)和《2016 年全球气候状况临时声明》[②](以下简称《声明》),揭示了全球气候变暖、天气气候事件增多的趋势、特征和原因,后者对前者起到补充作用。

1. 陆地和海洋温度升高

《报告》指出,2011 年至 2015 年,除非洲以外,其他大陆的温度均为有记录以来最热的五年,比标准参照期的平均温度高

---

① 王和、王俊:《中国农业保险巨灾风险管理体系研究》,中国金融出版社 2013 年版。

② 《WMO 发布 2016 年全球气候状况临时声明》,2016 年 12 月 2 日,http://ncc.cma.gov.cn/Website/index.php? NewsID=10415。

0.57℃（标准参照期为 1961 年至 1990 年）。非洲是历史温度第二高的五年。2016 年，在强烈厄尔尼诺事件影响下，数月温度大幅增长，根据 10 月份的数据，2016 年将成为有记录以来最热年，全球温度高出工业化时代之前水平约 1.2℃。自有气象记录以来，最热的 17 年中有 16 年都出现在 21 世纪，另一个最热年份为 1998 年。在俄罗斯北极地区，温度高出长期平均水平 6℃—7℃，在俄罗斯、阿拉斯加州和加拿大西北部的其他北极与亚北极区域，温度高出平均水平 3℃。

同时，全球海洋温度也达到前所未有的水平。2015 年全球平均海表温度达到历史最高值，2014 年位居第二。尽管北冰洋和南太平洋东部部分区域海表温度低于往年平均水平，但全球绝大多数区域海表温度均高于往年平均值。

2. 冰川大面积融化

受全球气温和海洋温度升高的影响，海冰面积不断缩小，冰雪融化加速，主要表现在三方面：（1）北极海冰面积不断缩减。2011—2015 年，北极 9 月份的平均海冰面积为 470 万平方公里，比 1981—2010 年的平均面积减少了 28%。2012 年夏季海冰面积最小为 339 万平方公里，是历史最低值。（2）格陵兰岛冰盖夏季冰表融化速度高于平均水平。2011—2015 年夏季冰盖融化面积都高于 1981—2010 年的平均水平，尤其 2016 年格陵兰岛冰盖出现了较早的明显融化，高山冰川面积不断缩减。（3）北半球冰雪覆盖面积呈明显下降趋势。2011—2015 年的每年 5—8 月，北极冰雪覆盖面积均低于往年平均水平。

3. 海平面不断上升

海洋变暖和冰川融化导致区域和全球海平面不断上升。过去 60 年中，全球 40% 的海平面上升高度归因于海洋温度升高。另外,大陆冰盖,尤其是格陵兰岛和南极洲西部冰川融化正在加速海平面上升。自 1993 年有卫星记录以来到现在,海平面高度平均每年增加 3 毫米左右。

4. 极端天气气候事件风险不断加大

与升温伴随的是全球极端天气气候事件频发,在全球各地造成重大损失。

第一,极端高温事件。2011 年至 2015 年,极端高温事件发生的概率增加到 10 倍及以上。例如,2012 年美国和 2013 年澳大利亚的季节性气温和年均温均打破历史最高纪录;2014 年欧洲年均温为有记录以来最高;2015 年 5—6 月,印度和巴基斯坦的气温高达 48℃以上,是 1995 年以来的最高气温纪录,导致 4100 人死亡。

第二,极端降水事件。极端降水事件(极高和极低降水)没有高温那么强烈,具体包括 2011 年东南亚洪水,2013 年至 2015 年巴西南部干旱,2013 年至 2014 年英国冬季极端降水。

第三,高影响极端天气事件。2010 年至 2012 年,东非干旱致使大约 25.8 万人死亡,2013 年至 2015 年非洲南部发生干旱;2011 年东南亚发生洪水,800 人丧生,造成经济损失达 400 多亿美元;2012 年"桑迪"飓风给美国造成 670 亿美元的经济损失;2013 年菲律宾 7800 人在台风"海燕"中丧生;2015 年印度和巴基斯坦的极端高温天气,4100 多人丧生;2016 年"马修"飓风肆虐海地,等等。

(二)全球气候变化趋势形成的原因

《报告》指出,长期气候变暖趋势源自温室气体,2015 年地球大气中二氧化碳浓度首次达到了破纪录的 400ppm。另外,报告还分析认为人类活动也与气候变化和单个极端天气有关。2011 年至

2014 年在《美国气象学会公报》发表的 79 项研究报告中,半数以上的研究发现,人类活动导致的气候变化助长了极端天气气候事件的发生,一些研究发现极端高温事件发生的概率增加到 10 倍甚至更多。[①]

(三)我国农业巨灾风险的走势判断

在全球气候变暖、极端天气事件增多的大趋势下,我国气候变化也呈现出大致相同的特征,这可能会使我国农业巨灾风险呈现以下走势。

1. 旱灾发生频率上升,范围扩大

根据中国气象局数据显示,2017 年全国平均气温 10.39℃,较常年偏高 0.84℃,仅次于历史最高水平(2007 年和 2015 年)。从空间分布来看,全国六大区域平均气温均较常年偏高,华北区域的平均气温为历史最高。分省份来看,全国 31 个省份去年的气温均较常年偏高,其中河南、山西的平均气温为历史最高。

胡实、莫兴国和林忠辉(2015)利用适用气候变暖背景下干旱评估的 SPEI 指数、WCRP 耦合模式输出的三种未来情景和 1971—2010 年基准期的逐月资料,分析了 2011—2050 年我国北方地区干旱状况的时空变化趋势。研究结果表明,中国北方地区未来 40 年呈现干旱化倾向,其中轻度和中度季节性干旱发生频率降低,重度和极端季节性干旱发生频率增加,增温引起的地表蒸发增加是极端干旱频发的主要原因。[②]

---

① 吴鹏:《WMO 发布 2011—2015 年全球气候报告》,《中国气象报》2016 年 11 月 11 日。

② 胡实、莫兴国、林忠辉:《未来气候情景下我国北方地区干旱时空变化趋势》,《干旱区地理》2015 年第 3 期,第 239—247 页。

根据预测,未来近期(2016—2035 年)我国干旱致灾的危险性将出现干湿"两极分化",形成一条自东北至西南的高危险性干旱带。中期(2046—2065 年)和后期(2080—2099 年),除西北地区外,干旱致灾危险性在全国范围进一步扩大,随着干旱致灾危险性的进一步"两极分化",处于干旱灾害风险的区域面积扩大,预计干旱灾害风险主要集中在中国华北、华东、东北中部以及四川盆地等地区。[①]

2. 洪涝灾害高风险区域增加

中国气象局数据显示,2016 年全国降水量 729.7 毫米,较常年(628.0 毫米)偏多 16%,为 1951 年来历史同期最多。从空间分布来看,全国大部分地区降水量比常年偏多,东北中部和东北部、华北西部和北部局部、江淮、江南南部和东北部、华南中东部、西北西部及重庆南部等地偏多 2—5 成,部分地区偏多 5 成至 1 倍。由于气温升高,湿度增加,未来极端降水增加,由此引发的洪涝灾害也将增加。洪涝灾害高风险区域主要集中在降水丰富、地势低平、坡度变化较小的东南部和一些较大江河(如辽河、松花江等)的中下游地区。

徐影(2014)[②]利用 22 个 CMIP5 全球气候模式模拟结果,结合社会经济及地形高度数据,预测了 RCP8.5 温室气体排放情景下 21 世纪近期(2016—2035 年)、中期(2046—2065 年)和后期(2080—2099 年)三个时段中国洪涝灾害的时空分布特征:(1)我

① 秦大河:《中国极端天气气候事件和灾害风险管理与适应国家评估报告》,科学出版社 2015 年版。

② 徐影、张冰、周波涛、董思言、於琍、李柔珂:《基于 CMIP5 模式的中国地区未来洪涝灾害风险变化预估》,《气候变化研究进展》2014 年第 4 期,第 268—275 页。

国洪涝灾害危险度①等级较高的地区集中在东南部,洪涝致灾危险度为 3 级的地区不断扩大;洪涝致灾危险性的格局变化主要发生在 21 世纪后期,近期、中期和基准期(1986—2005 年)差别不大;(2)未来洪涝承灾体易损度高值区都在中国的东部地区;21 世纪中期和后期,高易损度范围向东扩展,强度也逐渐增强,京津冀地区、河南、安徽和山东交界地带、上海、江苏南部及珠三角的部分地区易损度达到最高值,东北地区各大省会城、武汉、长沙和南昌也处于高值区;(3)未来洪涝风险最高的地区位于四川东部、重庆、长江中下游地区的湖南、江西、湖北、安徽、浙江、上海、江苏、河南、河北,并向北拓展到京津地区;高洪涝灾害风险地区还分散地分布于东北地区的各大省会城市及陕西和山西的部分地区、东南沿海地区的广西、广东、海南和福建及台湾地区;(4)21 世纪后期,我国发生洪涝灾害的区域变化不大,但高风险区域有所增加。

3. 高温灾害风险呈逐渐升高趋势

据国家气象局数据,2016 年全国共有 384 站测出极端高温天气,主要分布在西南地区、华南中部和西北部、江淮、西北地区中部及内蒙古中东部等地,其中内蒙古新巴尔虎右旗等 83 站日最高气温突破历史极值,达到 44.1℃;全国共有 413 站测出极端连续高温天气,主要分布于黄淮、江汉、西南地区东部、江南、华南及新疆、内蒙古中部等地,其中广西田阳等 43 站连续高温日数突破历史纪录,达到 20 天。② 2017 年,中国属异常偏暖年份,地表年平均气温

① 风险等级划分:将灾害风险标准化指数(0—1)按照数值大小分为 5 个等级,即 0—0.02(1 级),0.02—0.05(2 级),0.05—0.1(3 级),0.1—0.2(4 级)和 0.2—1.0(5 级)。数值越大,风险越高。
② 《2016 年全国天气气候特征:平均气温偏高,降水量历史最多》,2016 年 12 月 29 日,http://society.people.com.cn/n1/2016/1229/c1008-28986885.html。

接近 20 世纪初以来的最高值。

董思言等（2014）[1]利用 CMIP 中 22 个全球气候模式模拟结果和相关社会经济数据，对 RCP8.5 情景下中国未来近期（2016—2035 年）、中期（2046—2065 年）和后期（2080—2099 年）三个时段高温灾害风险的变化趋势进行了定量预估，结果表明，与基准期（1986—2005 年）相比，未来中国高温灾害风险将呈逐渐升高的趋势，并有向周围延伸的趋势。相比基准期，东北三省、内蒙古、陕西、宁夏、贵州、福建等省份高温风险增加明显。其中，高温风险等级高于Ⅲ级（包括Ⅲ级）的地区在基准期占全国格点的比例为 4.0%，在近期、中期和后期将分别达到全国格点面积的 13.5%、21.1% 和 33.8%；Ⅳ级风险近期（2016—2035 年）出现在山东、河北、河南、安徽，中期（2046—2065 年）和后期（2080—2099 年）将扩展到江苏、湖南、湖北、江西、四川、广西和广东等省份。

4. 雨雪冰冻灾害风险呈下降趋势

研究结果表明，未来中国南方地区强降雪事件明显减少，北方地区先增加后减少。区域气候模式 RegCM3 预估未来积雪日数显著减少，积雪量也明显减少，而且青藏高原地区的变化最显著。将区域气候模式 RegCM4 嵌套于全球气候模式 BCC_CSM1.1 的预估结果表明，在 RCP4.5 情景下，中国地区积雪日数在 21 世纪中期和末期相对当前气候分别减少了 10—20 天和 20—40 天，RCP8.5 情景下减少幅度更大，而且减少最显著的区域仍为青藏高原地区。[2]

---

① 董思言、徐影、周波涛、侯美亭、李柔珂、於琍、张永香：《基于 CMIP5 模式的中国地区未来高温灾害风险变化预估》，《气候变化研究进展》2014 年第 9 期，第 365—369 页。

② 秦大河：《中国极端天气气候事件和灾害风险管理与适应国家评估报告》，科学出版社 2015 年版。

第四章 农户风险管理需求和保险意识的调查统计与实证分析

农户是农业巨灾风险管理的重要主体,其风险管理需求及保险意识是否强烈,对农业巨灾风险管理体系的构建至关重要。为了解我国农户主动进行风险管理的需求、应用农业保险这种现代化风险管理工具的意愿及保费承受能力,课题组于 2016 年 9 月设计了调查问卷,对农户的风险管理需求和保险意愿进行了统计分析,并对影响农户投保意愿和保费支付意愿的因素进行了实证分析。

一、农户风险管理需求与保险意识的调查统计

为了全面了解农户的风险管理需求和保险意识现状,2016 年 9 月,课题组组织了相关问卷调查活动。为了保证问卷信息的真实性和全面性,课题组调查了河北省 10 个地级市 39 个县的农户,共发出 194 份问卷,排除回答自我矛盾等无效问卷后合计有效问卷共 191 份,有效率为 98.45%。调查员全部是保险专业的硕士生和本科生。调查前课题组负责人对调查员进行了调查问卷相关知识和调查技巧的培训,问卷均是在调查员指导下由所调查农户独

立完成,保证了数据的真实性和准确性。

农户的保险意识以农业保险投保率来衡量,调查问卷共分为三部分:(1)被调查农户基本情况,包括性别、年龄、文化程度、家庭收入、经营规模、生产类型等;(2)农户的风险管理需求及状况,包括最担心的灾害,是否遭灾以及遭灾后获得经济帮助的渠道;(3)农户的保险意识状况,包括是否听说过农业保险、是否购买了农业保险、为什么购买农险、为什么不购买农险、想购买什么保险、损失补偿期望和保费支付意愿等。

(一)农户基本情况

如表4-1所示,被调查农户的基本情况为:年龄主要集中在41—60岁,占60.73%;文化程度主要是小学和初中,占67.01%;家庭年收入主要在10万元以下,占83.25%;经营规模主要在10亩以下,占86.39%;生产类型以小规模农户为主,占89.53%。

表4-1　农户基本情况

项　目	分　类	样本数	占比
性别	A. 男	112	58.64%
	B. 女	79	41.36%
年龄	A. 20 岁以下	5	2.62%
	B. 21—30 岁	32	16.75%
	C. 31—40 岁	21	10.99%
	D. 41—50 岁	73	38.22%
	E. 51—60 岁	43	22.51%
	F. 60 岁以上	17	8.90%

项　目	分　类	样本数	占比
文化程度	A. 小学	51	26.70%
	B. 初中	77	40.31%
	C. 高中	35	18.32%
	D. 专科	11	5.76%
	E. 本科及以上	17	8.90%
家庭收入	A. 5 万元以下	103	53.93%
	B. 5 万—10 万元	56	29.32%
	C. 10 万—15 万元	24	12.57%
	D. 15 万—50 万元	8	4.19%
	E. 50 万以上	0	0.00%
经营规模	A. 5 亩以下	114	59.69%
	B. 5 亩—10 亩	51	26.70%
	C. 10 亩—15 亩	13	6.81%
	D. 15 亩以上	13	6.81%
生产类型	A. 小规模农户	171	89.53%
	B. 家庭农场	7	3.66%
	C. 种养专业大户	5	2.62%
	D. 农民合作组织	2	1.05%
	E. 其他	6	3.14%

1. 性别

如表 4-2 和图 4-1 所示,在被调查农户中,男性农户为 112 人,占比 58.64%,其中有 30 人投保农业保险,投保率为 26.79%; 女性农户为 79 人,占比 41.36%,其中有 12 人投保,投保率为

15.19%。从统计结果可见,男性农户的投保率高于女性农户。

表4-2　不同性别受访农户农业保险投保率

	受访人数	占比	投保人数	投保率
男	112	58.64%	30	26.79%
女	79	41.36%	12	15.19%

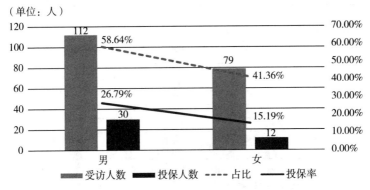

图4-1　不同性别受访农户农业保险投保率

2. 年龄

如表4-3和图4-2所示,20岁以下受访农户5人,占比2.62%,其中1人投保,投保率为20%;21—30岁受访农户32人,占比16.75%,其中5人投保,投保率为15.63%;31—40岁受访农户21人,占比10.99%,无人投保;41—50岁受访农户为73人,占比38.22%,其中20人投保,投保率为27.40%;51—60岁受访农户为43人,占比22.51%,其中13人投保,投保率为30.23%;60岁以上受访农户为17人,占比8.9%,其中3人投保,投保率为17.65%。从统计结果可见,51—60岁年龄段的农户投保意愿最强,为30.23%。

表4-3　不同年龄受访农户农业保险投保率

年　龄	受访人数	占　比	投保人数	投保率
20岁以下	5	2.62%	1	20.00%
21—30岁	32	16.75%	5	15.63%
31—40岁	21	10.99%	0	0.00%
41—50岁	73	38.22%	20	27.40%
51—60岁	43	22.51%	13	30.23%
60岁以上	17	8.90%	3	17.65%

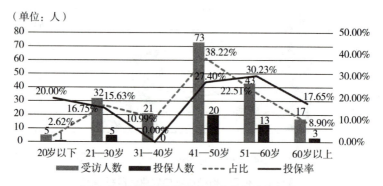

图4-2　不同年龄受访农户农业保险投保率

3. 文化程度

如表4-4和图4-3所示,小学文化程度受访农户为51人,占比26.7%,其中6人投保,投保率为11.76%;初中文化程度受访农户为77人,占比40.31%,其中21人投保,投保率为27.27%;高中文化程度受访农户为35人,占比18.32%,其中9人投保,投保率为25.71%;专科文化程度受访农户为11人,占比5.76%,其中3人投保,投保率为27.27%;本科及以上文化程度受访农户为17人,占比8.90%,其中3人投保,投保率为17.65%。从统计结果可见,初中和专科文化程度的受访农户投保率最高,均为27.27%。

表 4-4　不同文化程度受访农户的农业保险投保率

文化程度	受访人数	占比	投保人数	投保率
小学	51	26.70%	6	11.76%
初中	77	40.31%	21	27.27%
高中	35	18.32%	9	25.71%
专科	11	5.76%	3	27.27%
本科及以上	17	8.90%	3	17.65%

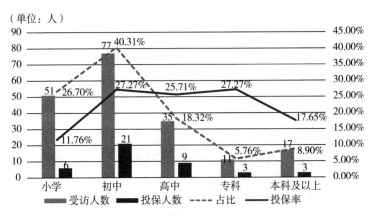

图 4-3　不同文化程度受访农户的农业保险投保率

4. 家庭收入

如表 4-5 和图 4-4 所示,家庭收入在 5 万以下的有 103 人,占比 53.93%,其中 23 人投保,投保率为 22.33%;5 万—10 万元有 56 人,占比 29.32%,其中 9 人投保,投保率为 16.07%;10 万—15 万元有 24 人,占比 12.57%,其中 6 人投保,投保率为 25%;15 万—50 万元有 8 人,占比为 4.19%,其中 4 人投保,投保率为 50%。从统计结果可见,家庭收入在 15 万—50 万元的农户投保率最高,为 50%。

表 4-5　不同收入水平农户的农业保险投保率

家庭收入	受访人数	占比	投保人数	投保率
5 万元以下	103	53.93%	23	22.33%
5 万—10 万元	56	29.32%	9	16.07%
10 万—15 万元	24	12.57%	6	25.00%
15 万—50 万元	8	4.19%	4	50.00%
50 万以上	0	0.00%	0	0.00%

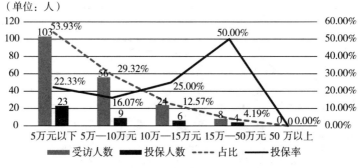

图 4-4　不同收入水平农户的农业保险投保率

5. 生产规模

如表 4-6 和图 4-5 所示,经营规模在 5 亩以下的农户有 114 人,占比 59.69%,其中 15 人投保,投保率为 13.16%;经营规模在 5—10 亩的农户有 51 人,占比 26.70%,其中 17 人投保,投保率为 33.33%;经营规模在 10—15 亩的农户有 13 人,占比 6.81%,其中 4 人投保,投保率为 30.77%;经营规模在 15 亩以上的农户有 13 人,占比 6.81%,其中 6 人投保,投保率为 46.15%。从统计结果可见,15 亩以上农户的投保率最高,为 46.15%。

表 4-6　不同生产规模农户的农业保险投保率

土地规模	受访人数	占比	投保人数	投保率
5 亩以下	114	59.69%	15	13.16%
5—10 亩	51	26.70%	17	33.33%
10—15 亩	13	6.81%	4	30.77%
15 亩以上	13	6.81%	6	46.15%

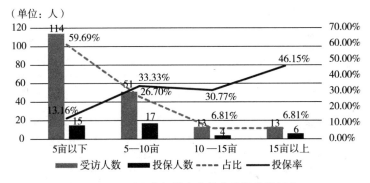

图 4-5　不同生产规模农户的农业保险投保率

6. 生产类型

不同生产类型农户的投保率如表 4-7 和图 4-6 所示:小规模农户有 171 人,占比 89.53%,其中 35 人投保,投保率为 20.47%;家庭农场农户有 7 人,占比 3.66%,其中 4 人投保,投保率为57.14%;种养专业大户有 5 人,占比 2.62%,其中 1 人投保,投保率为 20%;农民合作组织成员有 2 人,占比 1.05%,2 人均投保,投保率为 100%;其他生产组织有 6 人,占比 3.14%,没有人投保。

从统计结果可见,尽管小规模农户占比较大,但是投保率并不高,仅有 20.47%;相反,农民合作组织成员和家庭农场虽然占比不高,但投保率很高,分别为 100% 和 57.14%。

表4-7 不同生产类型农户的农业保险投保率

生产类型	受访人数	占比	投保人数	投保率
小规模农户	171	89.53%	35	20.47%
家庭农场	7	3.66%	4	57.14%
种养专业大户	5	2.62%	1	20.00%
农民合作组织	2	1.05%	2	100.00%
其他	6	3.14%	0	0.00%

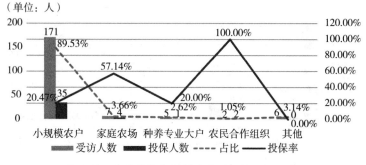

图4-6 不同生产类型农户的农业保险投保率

(二)农户的风险管理需求及状况

1.农户的风险管理需求

农户的风险管理需求可通过"最担心的灾害"这个问题体现。见表4-8和图4-7所示,在191名受访农户中,有107人选择旱灾,占比56.02%,其中30人投保,投保率为28.04%;有68人选择冰雹,占比35.60%,其中20人投保,投保率为29.41%;有58人选择洪水,占比30.37%,其中11人投保,投保率为18.97%;有35人选择"其他",占比18.32%,其中2人投保,投保率为5.71%;有10人选择地震,占比5.24%,其中5人投保,投保率为50%;有8人选择台风,占比 4.19%,其中 3 人投保,投保率为 37.50%。

　　从统计结果可见,农户最担心的灾害是旱灾,其次是冰雹和洪水;但是选择最担心旱灾的农户,投保率并不高,仅有 28.04%;选择最担心地震的农户比例较低,但投保率却最高,达到了 50%,这可能由地震的损失频率低、损失程度大所致。

表 4-8　农户最担心的灾害及投保率

最担心的灾害	选数	占比	投保人数	投保率
干旱	107	56.02%	30	28.04%
冰雹	68	35.60%	20	29.41%
洪水	58	30.37%	11	18.97%
其他	35	18.32%	2	5.71%
地震	10	5.24%	5	50.00%
台风	8	4.19%	3	37.50%

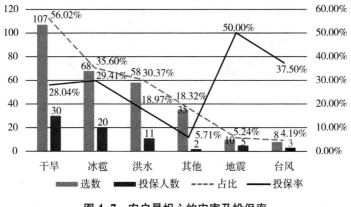

图 4-7　农户最担心的灾害及投保率

2. 农户的灾害经历

农户的灾害经历可通过"近五年您所在地区是否遭灾"这个问题体现。如表4-9和图4-8所示,有100位农户选择近五年"遭灾",占比52.36%,其中23人投保,投保率为23%;有91名农户选择"没遭灾",占比47.64%,其中19人投保,投保率为20.88%。从统计结果可以看出,"遭灾"农户的投保率略高于"没遭灾"农户。

表4-9 农户的灾害经历及投保率

遭灾情况	受访人数	占比	投保人数	投保率
遭灾	100	52.36%	23	23.00%
没遭灾	91	47.64%	19	20.88%
合计	191	100.00%	42	21.99%

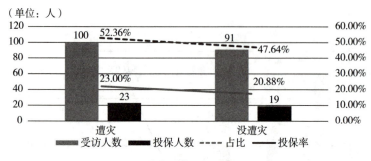

图4-8 农户的灾害经历及投保率

3. 农户的风险管理方式偏好

农户的风险管理方式偏好可通过"遭灾后,您从何种渠道获得帮助"这个问题体现。如表4-10和图4-9所示,有131名农户选择了"用积蓄准备第二年生产",占比68.59%,其中22人投保,

投保率为 16.79%；有 29 名农户选择"等待政府救济"，占比
15.18%，其中 13 人投保，投保率为 44.83%；有 14 名农户选择"靠
亲戚朋友帮助"，占比 7.33%，其中 4 人投保，投保率为 28.57%；有
13 名农户选择"买保险"，占比 6.81%，其中 9 人投保，投保率
69.23%；有 1 名农户选择"等待社会捐助"，占比 0.52%，没有投
保；有 13 名农户选择"其他"，占比 6.81%，其中 1 人投保，投保率
为 7.69%。

表 4-10　农户的风险管理方式偏好

农户的获助渠道	选数	占比	投保人数	投保率
用积蓄准备第二年生产	131	68.59%	22	16.79%
等待政府救济	29	15.18%	13	44.83%
靠亲戚朋友帮助	14	7.33%	4	28.57%
买保险	13	6.81%	9	69.23%
其他	13	6.81%	1	7.69%
等待社会捐助	1	0.52%	0	0.00%

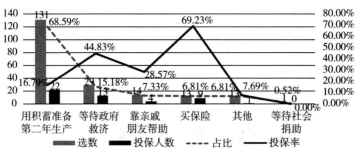

图 4-9　农户的风险管理方式偏好

从统计结果可以看出，农户选择的获助渠道，即农业巨灾损失
补偿渠道，主要依靠"自己积蓄"和"等待政府救济"，"买保险"这种

现代化农业巨灾风险管理方式被农户排在了第四位,说明对保险的认识和应用还很不充分。但是,在 13 名选择"买保险"补偿损失的农户中,有 9 人投保,投保率高达 69.23%,是各组中最高的。这说明一旦农户认识了保险的重要性,投保意愿还是很强的,因此需要政府、保险公司和相关高校加大对农户的风险管理和保险教育。

(三)农户的保险意识状况

1. 农户是否听说过农业保险及听说渠道

(1)农户是否听说过农业保险。如表 4-11 和图 4-10 所示,对于"您是否听说过农业保险"这个问题,有 129 名农户选择"听说过",占比 67.54%,其中 42 名农户投保,投保率为 32.56%;有 62 名农户选择"没有",占比 32.46%,没有听说过农业保险,自然不会投保。可见,对农户进行农业保险宣传,是提高投保率的一个重要途径。

表 4-11　农户是否听说过农业保险及投保率

是否听说过农业保险	受访人数	占比	投保人数	投保率
听说过	129	67.54%	42	32.56%
没有	62	32.46%	0	0.00%

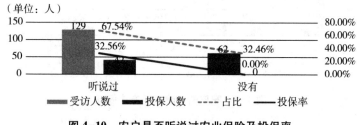

图 4-10　农户是否听说过农业保险及投保率

(2)农户听说农业保险的途径。对 129 名"听说过农业保险"

的农户进一步询问"听说途径",如表 4-12 和图 4-11 所示,有 53 名农户通过"政府宣传",占比 41.09%,其中有 23 人投保,投保率为 43.40%;有 34 名农户通过"广播、电视",占比 26.36%,其中有 10 人投保,投保率为 29.41%;有 22 名农户通过"亲戚朋友或乡亲",占比为 17.05%,其中有 8 人投保,投保率为 36.36%;有 17 名农户通过"保险公司推销",占比为 13.18%,其中有 7 人投保,投保率为 41.18%;有 2 名农户通过"外出打工",占比为 1.55%,2 人均投保,投保率为 100%;有 1 名通过"教育培训",占比为 0.78%,没有投保,投保率为 0。从统计结果可以看出,"政府宣传"在农业保险传播途径中发挥的作用最大,效果也最明显,这可能由于政府的公信力所致。

表 4-12　农户听说农业保险的途径及投保率

农业保险听说途径	选数	占比	投保人数	投保率
政府宣传	53	41.09%	23	43.40%
广播、电视	34	26.36%	10	29.41%
亲戚朋友或乡亲	22	17.05%	8	36.36%
保险公司推销	17	13.18%	7	41.18%
外出打工	2	1.55%	2	100.00%
教育培训	1	0.78%	0	0.00%

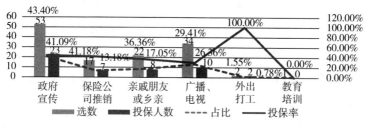

图 4-11　农户听说农业保险的途径及投保率

2. 农户是否购买农业保险及原因

(1)农户是否购买农业保险。如图 4-12 所示,在 191 名农户中,有 42 名"购买了农业保险",占比 21.99%;有 149 名农户"没有购买农业保险",占比为 78.01%。通过统计结果可以看出,广大农户仍然没有购买农业保险,这一方面说明农业保险覆盖面还不理想,另一方面也说明农业保险尚有较大潜力可挖。

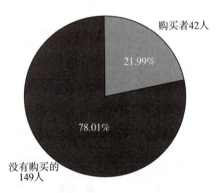

图 4-12 农户是否购买了农业保险

(2)农户购买农业保险的原因。如表 4-13 和图 4-13 所示,在 42 名购买农业保险的农户中,对于"为什么购买"这个问题,有 29 人选择"能补偿灾害损失",占比为 69.05%;有 7 人选择"有国家补贴保费",占比为 16.67%;有 6 人选择"村干部动员",占比为 14.29%;有 5 人选择"别人买了得到了赔款",占比为 11.90%;有 3 人选择"别人买我也买",占比为 7.14%;有 3 人选择"保险公司推销",占比为 7.14%。从统计结果可见,尽管有一小部分农户在购买农业保险时具有盲目的"羊群效应",但在已购买的农户中,有 69.05%的农户已经认识到了农业保险"能补偿灾害损失"。

表 4-13　农户购买农业保险的原因

购买农业保险原因	选数	占比
能补偿灾害损失	29	69.05%
有国家补贴保费	7	16.67%
村干部动员	6	14.29%
别人买了得到了赔款	5	11.90%
别人买我也买	3	7.14%
保险公司推销	3	7.14%

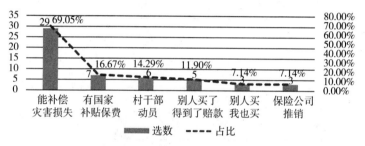

图 4-13　农户购买农业保险的原因

（3）农户没有购买农业保险的原因。从表 4-14 和图 4-14 可以看出,在 149 名没有购买农业保险的农户中,对于"为什么没有购买"的原因,有 54 名农户选择"不知道有农业保险",占比为36.24%;有 41 名农户选择"保险太复杂",占比为 27.52%;有 37名农户选择"遭灾可能性小",占比为 24.83%;有 23 名农户选择"索赔太麻烦",占比为 15.44%;有 20 名农户选择"保险公司赔得太少",占比为 13.42%;有 15 名农户选择"保费太贵",占比为10.07%。从统计结果可以看出,农户不购买农业保险的主要原因是"不知道有农业保险",可见,政府部门和保险公司需要进一步加大宣传力度。

表4-14　农户没有购买农业保险的原因

为什么不购买农业保险的原因	选数	占比
不知道有农业保险	54	36.24%
保险太复杂	41	27.52%
遭灾可能性小	37	24.83%
索赔太麻烦	23	15.44%
保险公司赔得太少	20	13.42%
保费太贵	15	10.07%

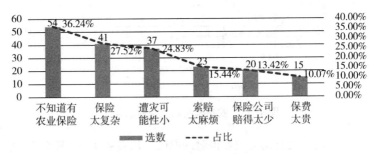

图4-14　农户没有购买农业保险的原因

3. 农户的投保险种需求

如表4-15和图4-15所示,在191名受访农户中,有126名农户选择想投保粮食作物,占比65.97%,其中有34人投保,投保率为26.98%;有59名农户选择想投保经济作物,占比30.89%,其中有10人投保,投保率为16.95%;有6名农户选择想投保养殖的畜禽,占比3.14%,无人投保。

从统计结果可以看出,农户对粮食作物和经济作物的保险需求较大。

表 4-15 农户的投保险种需求

险种期望	选数	占比	投保人数	投保率
粮食作物	126	65.97%	34	26.98%
经济作物	59	30.89%	10	16.95%
养殖的畜禽	6	3.14%	0	0.00%

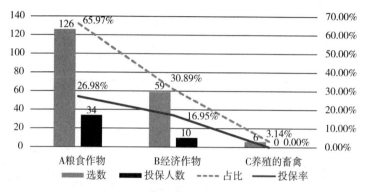

图 4-15 农户的投保险种需求

4. 农户的损失补偿程度期望

如表 4-16 和图 4-16 所示,在 191 位受访农户中,有 119 位农户希望损失补偿程度能达到 90% 以上,占比为 62.30%,其中 17 人投保,投保率为 14.29%;有 41 位农户希望损失补偿程度能达到 70%—90%,占比为 21.47%,其中 13 人投保,投保率为 31.71%;有 26 位农户希望损失补偿程度能达到 50%—70%,占比为 13.61%,其中 10 人投保,投保率为 38.46%;有 3 位农户希望损失补偿程度能达到 30%—50%,占比为 1.57%,其中 1 人投保,投保率为 33.33%;有 2 位农户希望损失补偿程度能达到 30% 以下,占比为 1.05%,其中有 1 人投保,投保率为 50.00%。

从统计结果可以看出,有83.77%的农户希望农业保险的损失补偿程度能达到70%以上。

表4-16 农户期望的损失补偿程度

农户期望的补偿程度	受访人数	占比	投保人数	投保率
90%以上	119	62.30%	17	14.29%
70%—90%	41	21.47%	13	31.71%
50%—70%	26	13.61%	10	38.46%
30%—50%	3	1.57%	1	33.33%
30%以下	2	1.05%	1	50.00%

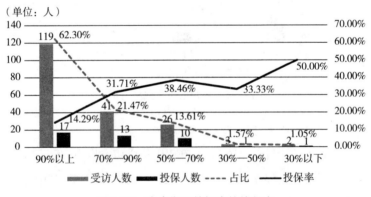

图4-16 农户期望的损失补偿程度

5.农户的保费承受能力

如表4-17和图4-17所示,在191名受访农户中,有81人能够接受10元以下的保费,占比为42.41%,其中9人投保,投保率为11.11%;有50人能够接受30元左右的保费,占比为26.18%,其中13人投保,投保率为26.00%;有38人能够接受50元左右的保费,占比为19.90%,其中15人投保,投保率为39.47%;有6人能够接受70元左右的保费,占比为3.14%,其中1人投保,投保率为16.67%;有16人能够接受90元以上的保费,占比为8.38%,其中4人投保,投保率为25.00%。

从统计结果可以看出,有88.49%的农户能够接受50元以下的保费。

表4-17　农户的保费承受能力

保费承受能力	受访人数	占比	投保人数	投保率
10元以下	81	42.41%	9	11.11%
30元左右	50	26.18%	13	26.00%
50元左右	38	19.90%	15	39.47%
70元左右	6	3.14%	1	16.67%
90元以上	16	8.38%	4	25.00%

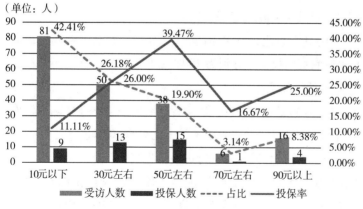

图4-17　农户的保费承受能力

(四)研究结论

根据调查统计分析,我们可以得出农户关于农业风险管理

需求和保险意识的以下结论,可为制度设计和产品研发提供依据:

（1）男性农户的投保意愿较强:男性农户的投保率为26.79%,女性农户的投保率为15.19%。

（2）年纪较大农户的投保意愿较强:在各年龄段中,51—60岁年龄段农户的投保率最高,为30.23%。

（3）初中和大专文化程度农户投保意愿最强:初中和大专文化程度农户的投保率均为27.27%;小学文化程度农户的投保率仅有11.76%,远低于其他文化程度的农户;但是本科以上文化程度的农户投保率也并不高。

（4）收入越高的农户投保意愿越强:年收入在15—50万的农户投保意愿最强,投保率为50%;50万以上农户在样本中没有,说明河北农户的收入水平还较低。

（5）生产规模越大的农户投保意愿越强:生产规模在15亩以上的农户投保率最高,为46.15%。

（6）新型农业经营主体的投保意愿较强:农民合作组织成员和家庭农场的投保率分别为100%和57.14%,远高于小规模农户20.47%的投保率。

（7）农户最迫切的巨灾风险管理需求是旱灾:191名受访农户中,有107人选择"最担心旱灾",占比为56.02%。

（8）农户的保险认知有待进一步提高:有68.59%的农户选择"用积蓄准备第二年生产",选择买保险的农户仅占6.81%;有67.54%的农户"听说过农业保险";仅有21.99%的农户投保了农业保险;农户没有投保的主要原因是"不知道有农业保险";农户主要通过"政府宣传"、"广播、电视"渠道听说农业保险,保险公司的宣传力度还需加强。

（9）了解了农户的农业保险需求和保费承受能力：有96.86%的农户愿意投保粮食作物和经济作物；有83.77%的农户希望农业保险能补偿70%以上的损失；有88.49%的农户能承受每亩50元以下的保费。

二、农户农业保险投保意愿的实证分析

农户是否具有投保意愿是以农业保险为基础的农业巨灾管理机制能否顺利运行的重要条件。通过上述统计分析可以看出，在191名受访农户中，仅有42名农户投保了农业保险，投保率仅为21.99%。报告在统计分析的基础上，进一步通过实证分析方法探究到底是什么因素影响和制约了农户的投保意愿。

（一）数据来源和变量设定

农户农业保险投保意愿实证分析的数据源自上述调查问卷。研究数据是河北省10个市39个县的194份问卷，排除回答自我矛盾等无效问卷后合计有效问卷191份，有效率为98.45%。

如表4-18所示，本文将农户是否投保作为模型的被解释变量（X_1）、农户家庭特征（X_2）、农户的风险管理意识（X_3）和农户的保费承受能力（X_4）。其中，农户个体特征包括性别（X_{11}）、年龄（X_{12}）和文化程度（X_{13}）；农户家庭特征包括家庭年收入（X_{21}）和土地规模（X_{22}）；农户的风险管理意识包括是否担心干旱灾害（X_{31}）和是否听说过农业保险（X_{32}）。

表 4-18 农户投保意愿计量模型的变量及其解释

代码	变量名称	变量定义	均值
Y	农户的投保意愿	投保 = 1 不投保 = 0	0.22
X_1	1. 农户个体特征		
X_{11}	性别	男 = 1 女 = 0	0.59
X_{12}	年龄	20 岁以下 = 1 21—30 岁 = 2 31—40 岁 = 3 41—50 岁 = 4 51—60 岁 = 5 60 岁以上 = 6	3.88
X_{13}	文化程度	小学 = 1 初中 = 2 高中 = 3 专科 = 4 本科及以上 = 5	2.30
X_2	2. 农户家庭特征		
X_{21}	家庭年收入	5 万元以下 = 1 5—15 万元 = 2 15 万元以上 = 3	1.67
X_{22}	土地规模	数值	9.11
X_3	3. 农户的风险管理意识		
X_{31}	是否担心干旱灾害	干旱 = 1 非干旱 = 0	0.56
X_{32}	是否听说过农业保险	听说 = 1 没听说 = 0	0.68
X_4	4. 农户的保费承受能力	10 元左右 = 1 30 元左右 = 2 50 元左右 = 3 70 元左右 = 4 90 元以上 = 5	2.09

（二）二元 Logistic 回归模型构建

二元 Logistic 回归模型最大的特点是被解释变量存在两种情况,通常用 0 和 1 表示,用来处理分类变量特别有效,可以避免残差非正态和异方差性等问题。

在模型中,将农户是否投保设为被解释变量,用 y 表示。$y = 1$ 表示农户购买了农业保险,$y = 0$ 表示农户没有购买农业保险。将农户购买农业保险的概率记为 P,它与自变量 $x_1, x_2, \cdots, x_n$ 之间的 Logistic 回归模型为:

$$p = \frac{\exp(\beta_0 + \sum_{i=1}^{k} \beta_i x_i)}{1 + \exp(\beta_0 + \sum_{i=1}^{k} \beta_i x_i)} \qquad (4-1)$$

农户不投保的概率为:

$$1 - P = \frac{1}{1 + \exp(\beta_0 + \sum_{i=1}^{k} \beta_i x_i)} \qquad (4-2)$$

农户投保农业保险与不投保农业保险的概率之比为:

$$\Omega = \frac{P}{1 - P} = \exp(\beta_0 + \sum_{i=1}^{k} \beta_i x_i) \qquad (4-3)$$

Ω 为发生比,表示农户投保农业保险与不投保农业保险的概率比。然后,对发生比取自然对数得:

$$Logit(P) = Ln \frac{p}{1 - p} = \beta_0 + \sum_{i=1}^{k} \beta_i x_i \qquad (4-4)$$

这个方程就是以 $Logit(P)$ 为因变量建立的包含 k 个自变量的二项 Logistic 回归方程。

（三）模型结果

通过对 191 个样本的截面数据进行 Logistic 回归处理,结果如

表 4-19 所示。在数据处理中,采用最大似然估计向后(条件)筛选法,模型预测效果的整体正确率为 83.2%,说明模型较为稳定。同时,使用 HL(Homsmer and Lemeshow)指标检验 Logistic 模型拟合优度,当 HL 统计量越小时,表明模型拟合越好;反之则拟合效果不好。本模型 HL 的统计量为 4.713,p 值为 0.788 大于显著性水平,说明拟合效果很好。

由表 4-19 所示,对农户的投保意愿具有显著影响的变量总共有四个:土地规模 X_{22}、是否担心干旱灾害 X_{31}、是否听说过农业保险 X_{32} 及保费支付能力 X_4。

表 4-19　农户投保意愿模型的估计结果

	B	S.E	Wals	df	Sig.	Exp（B）	下限	上限
X_{22}	0.181	0.052	11.91	1	0.001	1.198	1.081	1.327
X_{31}（1）	-1.514	0.5	9.174	1	0.002	0.22	0.083	0.586
X_{32}	42.047	2660.378	0	1	0.987	1.82E+18	0	
X_4			7.617	4	0.107			
X_4（1）	1.34	0.576	5.407	1	0.02	3.818	1.234	11.811
X_4（2）	1.374	0.589	5.447	1	0.02	3.95	1.246	12.519
X_4（3）	0.915	1.333	0.471	1	0.493	2.496	0.183	34.054
X_4（4）	1.442	0.811	3.159	1	0.076	4.229	0.862	20.742
常量	-44.246	2660.379	0	1	0.987	0		

注:-2LL 值为 127.017,*Cox & Snell* R^2 为 0.322,*Nagelkerke* R^2 为 0.494。

2. 有的变量检验显著性大于 0.05,但是没有被移出方程。这是因为当似然比检验和 Walds 检验结果冲突时,应以似然比检验为准,因为它是全局性检验,而 Walds 检验未考虑各变量间的综合作用,且 Walds 检验本身就不太准。

（四）研究结论

通过实证分析,关于农户农业保险投保意愿的影响因素得出了以下结论。

1. 土地规模越大的农户投保意愿越强

农户的"土地规模"(X_{22})对农户投保意愿影响显著,影响方向为正,说明随着土地经营规模的增加,农户面临的风险越大,投保意愿就越强。这个实证结论和统计分析结果完全一致,即土地经营规模在15亩以上的农户农业保险投保率最高,为46.15%。这说明新型农业经营主体的农业保险需求更为强烈,在产品设计中应更加关注他们的需求。

2. 担心旱灾的农户投保意愿最强

"是否担心旱灾风险"(X_{31})对农户的投保意愿影响显著,方向为正。结果表明,担心旱灾的农户投保意愿最强,担心其他灾害的农户投保意愿仅为担心旱灾农户的0.22倍。这个实证结果符合全球气候变化背景下我国旱灾风险威胁较大的基本走势,也和统计分析结果基本一致,担心旱灾农户的投保率高达28.04%,尽管不是最高,但也属于较高。

3. 保险认知程度越高的农户投保意愿越强

农户的农业保险认知程度(X_{32})对投保意愿影响显著,方向为正,说明认知程度越高,越容易接受并且购买农业保险。我们用"是否听说过农业保险"代表农户的农业保险认知程度。这个实证结果和统计分析结果完全一致,在191位受访农户中,投保的42位农户均听说过农业保险,投保率为32.56%;没有听说过农业保险的农户,自然不会投保,投保率为0。

4. 农户的保费承受能力对投保意愿影响显著

我们用为1000元保额愿意支出的保费数额(X_4)来反映农户

的保费承受能力。愿意支付 90 元保费农户的投保意愿最小,我们
以此作为参照,愿意支付 10 元左右保费的农户投保意愿是 90 元
以上农户的 3.818 倍,愿意支付 30 元左右保费农户的投保意愿是
90 元以上农户的 3.95 倍,愿意支付 50 元左右保费农户的投保意
愿是 90 元以上农户的 2.496 倍,愿意支付 70 元左右保费农户的
投保意愿是 90 元以上农户的 4.229 倍。可见,愿意支付 70 元左
右保费的农户投保意愿最高。这和统计分析略有差异,统计分析
中愿意支付 50 元左右保费的农户投保率最高,为 39.47%。

5.其他因素对农户投保意愿影响不显著

性别、年龄、文化程度以及家庭年收入这四个因素对农户的投
保意愿影响不显著。性别不显著可能是因为投保决策是由家庭全
体成员共同协商决定;家庭年收入不显著可能是因为一些农户家
庭年收入已经不以农业为主,正如农户所讲的,"地都不种了,还
买什么农业保险"。[1]

三、农户农业保险保费支付
意愿的实证分析

农户是否愿意为农业保险付费,以及付费意愿受何因素影响,
也是农业巨灾风险管理制度设计时需要重点考虑的问题。

(一)数据来源和变量设定

农户农业保险保费支付意愿(以下简称"保费支付意愿")实

---

[1] 冯文丽、史晓:《河北省农户农业保险投保意愿影响因素的实证分析》,《农
村金融研究》2018 年第 6 期。

证分析的数据来源自上述调查问卷。

如表 4-20 所示,选取"农户保费支付意愿"为模型的被解释变量(Y),解释变量概括农户个体特征(X_1)、农户家庭特征(X_2)、农户的灾害及投保经历(X_3)和农业保险损失补偿期望(X_4)。农户个体特征包括性别(X_{11})、年龄(X_{12})和文化程度(X_{13});农户家庭特征包括家庭年收入(X_{21})和土地规模(X_{22});农户的灾害及投保经历包括是否遭灾(X_{31})及是否购买过农业保险(X_{32})。

表 4-20　农户保费支付意愿计量模型的变量及其解释

代码	变量名称	变量定义	均值
Y	农户保费支付意愿	愿意支付 = 1 不愿意支付 = 0	0.58
X_1	1. 农户个体特征		
X_{11}	性别	男 = 1 女 = 0	0.59
X_{12}	年龄	20 岁以下 = 1 21—30 岁 = 2 31—40 岁 = 3 41—50 岁 = 4 51—60 岁 = 5 60 岁以上 = 6	3.88
X_{13}	文化程度	小学 = 1 初中 = 2 高中 = 3 专科 = 4 本科及以上 = 5	2.30
X_2	2. 农户家庭特征		
X_{21}	家庭年收入	5 万元以下 = 1 5 万—10 万元 = 2 10 万—15 万元 = 3 15 万—50 万元 = 4 50 万元以上 = 5	1.67

代码	变量名称	变量定义	均值
X_{22}	土地规模		9.11
X_3	3.农户的灾害及投保经历		
X_{31}	是否遭灾	遭灾 = 1 非遭灾 = 0	0.52
X_{32}	是否购买过农业保险	购买 = 1 没购买 = 0	0.22
X_4	4.农业保险损失补偿期望	30%以下 = 1 30% — 50% = 2 50% — 70% = 3 70% — 90% = 4 90%以上 = 5	4.42

（二）二元 Logistic 回归模型构建

二元 Logistic 回归模型最大的特点是被解释变量存在两种情况,通常用 0 和 1 表示,用来处理分类变量特别有效,可以避免残差非正态和异方差性等问题。

在模型中,将农户对农业保险保费承受能力设为被解释变量,用 y 表示。y = 1 表示农户能承受,y = 0 表示农户不能承受。将农户能承受的概率记为 P,它与自变量 $x_1, x_2, \ldots, x_n$ 之间的 Logistic 回归模型为:

$$p = \frac{\exp(\beta_0 + \sum_{i=1}^{k} \beta_1 x_i)}{1 + \exp(\beta_0 + \sum_{i=1}^{k} \beta_1 x_i)} \qquad (4-5)$$

农户不能承受的概率为:

$$1 - p = \frac{1}{1 + \exp(\beta_0 + \sum_{i=1}^{k} \beta_1 x_i)} \qquad (4-6)$$

农户能承受与不能承受保费的概率之比为:

$$\Omega = \frac{p}{1-p} = exp(\beta_0 + \sum_{i=1}^{k} \beta_1 x_i) \tag{4-7}$$

Ω 为发生比,表示农户能承受与不能承受保费的概率比。然后,对发生比取自然对数得:

$$Logit(p) = Ln\frac{p}{1-p} = \beta_0 + \sum_{i=1}^{k} \beta_1 x_i \tag{4-8}$$

这个方程就是以 $Logit(p)$ 为因变量建立的包含 k 个自变量的二项 Logistic 回归方程。

(三)模型结果

通过对 191 个样本的截面数据进行 Logistic 回归处理,结果如表 4-21 所示。在数据处理中,采用变量全部进入法。同时,使用 HL(Homsmer and Lemeshow)指标检验 Logistic 模型拟合优度,当 HL 指标统计显著时,表示模型拟合不好;反之亦然。本模型 HL 的卡方检验值为 6.960,p 值为 0.541,统计指标不显著,说明拟合效果较好。

由表 4-21 可知,对农户保费支付意愿影响显著的因素包括年龄 X_{12}(0.074)、文化程度 X_{13}(0.024)、家庭年收入 X_{21}(0.012)、土地规模 X_{22}(0.13)、是否购买过农业保险 X_{32}(0.117)及农业保险损失补偿期望 X_4(0.000)。

从影响程度大小来看,影响最大的变量是农业保险损失补偿期望 X_4(-1.120),然后依次为是否购买过农业保险 X_{32}(0.743)、家庭年收入 X_{21}(0.590)、文化程度 X_{13}(0.393)、年龄 X_{12}(0.307)和土地规模 X_{22}(-0.012)。

从影响方向来看,年龄 X_{12}(0.307)、文化程度 X_{13}(0.393)、家庭年收入 X_{21}(0.590)和是否购买过农业保险 X_{32}(0.743)这四个

变量的系数均为正,表明这些变量与农户保费支付意愿呈正向变动关系;农业保险损失补偿期望 X_4(-1.120)、土地规模 X_{22}(-0.012)这两个变量的系数均为负,表明这些变量与农户保费支付意愿呈负向变动关系。

表 4-21　农户保费支付意愿的估计结果

X	B	S.E	Wals	df	Sig.	Exp(B)
X_{11}	0.237	0.36	0.432	1	0.511	1.267
X_{12}	0.307**	0.172	3.199	1	0.074	1.36
X_{13}	0.393**	0.174	5.103	1	0.024	1.482
X_{21}	0.590**	0.236	6.265	1	0.012	1.805
X_{22}	$-0.012*$	0.008	2.288	1	0.130	0.988
X_{31}	0.359	0.34	1.11	1	0.292	1.431
X_{32}	0.743*	0.475	2.451	1	0.117	2.103
X_4	$-1.120***$	0.275	16.603	1	0.000	0.326
常量	1.98	1.621	1.492	1	0.222	7.242

注:1. $-2LL$ 值为 209.887, $Cox \& Snell\ R^2$ 为 0.232, $Nagelkerke\ R^2$ 为 0.312。

　　2. * 、** 、*** 分别表示在 15%、5% 和 1% 的水平下显著。

(四)研究结论

1. 年龄越大的农户保费支付意愿越强

在农户个体特征方面,年龄是影响农户保费支付意愿的显著因素,回归系数为正,与保费支付意愿呈正向变化,说明农户的年龄越大,保费支付意愿越强。这可能因为农户年龄越大,越谨慎,风险厌恶程度越高,保费支付意愿就越强。

2. 文化程度越高的农户保费支付意愿越强

在农户个体特征方面,文化程度是影响农户保费支付意愿的另一个显著因素,回归系数也为正,与保费支付意愿呈正向变化,说明农户的文化程度越高,保费支付意愿越强。这可能是因为农户的文化程度越高,越能理解风险管理和保险的重要性,保费支付意愿就越强。

3. 家庭年收入越高的农户保费支付意愿越强

在农户家庭特征方面,家庭年收入通过了影响保费支付意愿因素的显著性检验,系数为正,与保费支付意愿呈正向变动。说明家庭年收入越高,保费支付意愿越强。这个结论符合保险经济学的基本判断,与调查统计分析的结果也一致,即家庭年收入在 15万—50 万的农户投保率最高。

4. 土地规模越大的农户保费支付意愿越弱

在农户家庭特征方面,土地规模也通过了影响保费支付意愿因素的显著性检验,系数为负,与保费支付意愿呈负向变动。说明土地规模越大,保费支付意愿越弱。这个实证结果与我们土地经营规模越大、保费支付意愿越强的规范性判断不一致。这可能是因为,农户土地经营规模越大,对保障程度要求越高。但我们所选取的是否接受保费水平的判断标准是低保障所对应的每千元保额10 元左右的保费,这可能不符合大规模经营农户的需求。也就是说,经营规模越大的农户越能接受高保障和高保费,而对低保障对应的低保费觉得"保障太小,没有用"而不愿支付。

5. 投保过农业保险的农户保费支付意愿较强

农户的投保经历通过了保费支付意愿影响因素的显著性检验,回归系数为正,与保费支付意愿呈正向变动,说明有投保经历的农户,保费支付意愿就强。这可能因为投保过农业保险的农户,如果获得过赔款,对农业保险功能的认识更加到位,就更愿意支付保费。

6. 损失补偿期望越高的农户保费支付意愿越弱

损失补偿期望也通过了保费支付意愿影响因素的显著性检验,系数为负,说明损失补偿期望越高的农户,保费支付意愿越低。这个结论也与统计分析结果一致,即损失补偿期望在90%以上的农户,投保率反而最低,只有14.29%。这可能因为损失补偿期望越高的农户,对现行农业保险产品的较低保障程度越不满意,支付意愿就越低。

第五章 我国农业巨灾
风险管理现状

目前,我国农业巨灾风险管理的主体主要有农业生产经营者和政府。本章对农业生产经营者和政府所采取的农业巨灾风险管理措施及管理现状进行分析,为我国农业巨灾风险管理制度设计提供基础素材。

一、农业生产经营者:对农业
巨灾风险态度不一

(一)大多数小农户仍愿意自留农业巨灾风险

近些年来,尽管农业保险发展速度很快,但我国农民长期以来受收入水平、风险意识、保险意识、农业收入比重较小等多因素影响,对待农业巨灾风险仍以自留方式为主,采取了一些事前的缓释措施、分散措施、转移措施及事后的应对措施。

农户采取的缓释措施主要有:(1)尽量避免在沿江、沿海和沿河等易发生洪水区种植;(2)种植生产周期较短的作物,降低遭受巨灾损失的概率;(3)提前注意天气预报和气象信息,提前采取诸如秋冬季节在地头点火防霜冻等措施,降低农业巨灾损失;(4)采用现代耕作技术,如灌溉、施肥、抗病/倒伏品种等降低农业巨灾损失。

农户采取的分散措施主要有：(1)通过农作物多样化种植和间作缓解由于天气、虫灾造成的作物减产；(2)通过收入多元化降低农业巨灾风险影响。

农户采取的转移措施主要是参加农业保险，但参与比例并不高。如第四章调查统计中显示，在191名受访农户中，仅有42名购买了农业保险，占比21.99%；有149名农户没有购买农业保险，占比为78.01%。

农户采取的应对措施主要有动用储蓄、减少生活开支、改变消费模式或寻找亲戚朋友帮助等方式来解决农业巨灾造成的困境。第四章调查统计中显示，对于遭灾后从何种渠道获得帮助这个问题，有131名农户选择了"用积蓄准备第二年生产"，占比为68.59；有14名农户选择"靠亲戚朋友帮助"，占比为7.33%。

(二)新型农业经营主体更倾向于转嫁农业巨灾风险

当前，我国农村正发生深刻变化，集约化、专业化、组织化、社会化相结合的新型农业经营体系逐渐兴起，专业大户、家庭农场、专业合作社等新型农业经营主体越来越多，成为农业现代化发展的引领力量。

到2016年底，我国家庭农场、农民专业合作社、农业产业化龙头企业等新型农业经营主体总量达到280万个，新型职业农民总数超过1270万人。其中，全国有各类家庭农场87.7万家，种植业家庭农场平均经营耕地170多亩，年均纯收入达到25万元左右，劳动人口人均纯收入近8万元，高于普通农户收入；全国依法登记的农民合作社有179.4万家，入社农户占全国农户总数的44.4%；全国各类农业产业化组织有38.6万个，辐射带动种植业生产基地约占全国农作物播种面积的六成，带动畜禽饲养量占全国的2/3

以上;各类龙头企业达到 12.9 万家,销售收入 9 万多亿元,所提供的农产品及加工制品占农产品市场供应量的 1/3,占主要城市"菜篮子"产品供给的 2/3 以上。新型农业经营主体不断壮大,有力地助推了土地流转型、服务带动型等多种形式的适度规模经营稳步发展,多种形式适度规模经营面积占比超过 30%。①

以家庭农场、专业大户、农民合作社等为代表的新型农业经营主体,农业生产投入大,对农业巨灾风险更加敏感,愿意通过保险等方式转嫁巨灾风险。如第四章调查统计分析显示,15 亩以上农户的农业保险投保率较高,为 46.15%;农业合作组织成员和家庭农场的投保率更高,分别为 100% 和 57.14%。

二、政府层面:对农业巨灾风险高度重视并采取多种措施

(一)政府对农业巨灾风险管理问题高度重视

近年来,中央政府对农业巨灾风险管理问题开始高度关注,在 2007—2017 年的中央一号文件中对农业巨灾风险管理问题均有所提及。

2007 年中央一号文件《中共中央国务院关于积极发展现代农业扎实推进社会主义新农村建设的若干意见》提出,"扩大农业政策性保险试点范围,各级财政对农户参加农业保险给予保费补贴,完善农业巨灾风险转移分摊机制,探索建立中央、地方财政支持的农业再保险体系。"

① 余瑶:《我国新型农业经营主体数量达 280 万个》,《农民日报》2007 年 3 月 8 日。

2008 年中央一号文件《中共中央国务院关于切实加强农业基础建设进一步促进农业发展农民增收的若干意见》提出，"完善政策性农业保险经营机制和发展模式。建立健全农业再保险体系，逐步形成农业巨灾风险转移分担机制。"

2009 年中央一号文件《中共中央国务院关于 2009 年促进农业稳定发展农民持续增收的若干意见》提出，"加快建立农业再保险体系和财政支持的巨灾风险分散机制，鼓励在农村发展互助合作保险和商业保险业务。"

2010 年中央一号文件《中共中央国务院关于加大统筹城乡发展力度进一步夯实农业农村发展基础的若干意见》提出，"健全农业再保险体系，建立财政支持的巨灾风险分散机制。"

2011 年中央一号文件《中共中央国务院关于加快水利改革发展的决定》提出，"鼓励和支持发展洪水保险"。

2012 年中央一号文件《关于加快推进农业科技创新持续增强农产品供给保障能力的若干意见》提出，"健全农业再保险体系，逐步建立中央财政支持下的农业大灾风险转移分散机制。"

2013 年中央一号文件《中共中央国务院关于加快发展现代农业 进一步增强农村发展活力的若干意见》提出，"推进建立财政支持的农业保险大灾风险分散机制"。

2014 年中央一号文件《关于全面深化农村改革加快推进农业现代化的若干意见》提出："完善大中型水利工程建设征地补偿政策。谋划建设一批关系国计民生的重大水利工程，加强水源工程建设和雨洪水资源化利用，启动实施全国抗旱规划，提高农业抗御水旱灾害能力。"

2015 年中央一号文件《关于加大改革创新力度加快农业现代化建设的若干意见》提出，"实施植物保护建设工程，开展农作物病虫害专业化统防统治"。

2016 年中央一号文件《关于落实发展新理念,加快农业现代化实现全面小康目标的若干意见》提出,"进一步完善农业保险大灾风险分散机制"。

2017 年中央一号文件《关于深入推进农业供给侧结构性改革,加快培育农业农村发展新动能的若干意见》提出:"持续推进农业保险扩面、增品、提标,开发满足新型农业经营主体需求的保险产品,采取以奖代补方式支持地方开展特色农产品保险。鼓励地方多渠道筹集资金,支持扩大农产品价格指数保险试点。探索建立农产品收入保险制度。"

2013 年 11 月,中共中央十八届三中全会决议提出建立巨灾保险制度;2014 年 7 月,李克强总理在国务院常务会议上提出保险业发展的五条意见,明确指出"将保险纳入灾害事故防范救助体系,逐步建立财政支持下以商业保险为平台、多层次风险分担为保障的自然灾害保险制度"。

2016 年 3 月,李克强总理在《2016 年国务院政府工作报告》中再次强调了"建立自然灾害保险制度"。

2016 年保监会发布的《保险业发展"十三五"规划纲要》提出,争取各级政府支持,将保险纳入灾害事故防范救助体系和特大型城市公共安全管理体系,逐步形成财政支持下的多层次巨灾风险分散机制。

(二)多方面加强综合性防灾减灾

1. 防灾减灾法制建设

面对各种灾害的巨大威胁,政府已经充分意识到加强农业巨灾风险管理的紧迫性和重要性。因此,开始重视防灾减灾工作,将其作为经济发展和社会进步的重要保障机制,努力降低损失,减少伤亡人数。为了建立健全应对突发重大自然灾害救助体系和运行机制,规范应急救助行为,提高应急救助能力,国家出台了一系列防灾减灾的法规和制度,如1997年颁布、2009年和2015年修订的《中华人民共和国防洪法》,1997年颁布、2008年修订的《中华人民共和国防震减灾法》,1999年颁布的《中华人民共和国气象法》,2010年颁布的《自然灾害救助条例》以及2016年最新修订的《国家自然灾害救助应急预案》等。这些法律法规为农业巨灾风险管理提供了一定的法律依据。

2. 防灾减灾机构建设

目前,国内的防灾减灾机构主要有国家减灾委员会、国家减灾中心和全国减灾救灾专业标准化技术委员会等。

(1)国家减灾委员会。2005年,经国务院批准将"中国国际减灾委员会"更名为"国家减灾委员会"(简称"国家减灾委"),其主要任务是:研究制定国家减灾工作的方针、政策和规划;协调开展重大减灾活动;指导地方开展减灾工作;推进减灾国际交流与合作。国家减灾委员会的具体工作由民政部承担。

(2)国家减灾中心。2002年4月,民政部国家减灾中心成立;2003年5月正式运转;2009年2月加挂"民政部卫星减灾应用中心"牌子。该中心主要承担国家减灾救灾数据信息管理、灾害及风险评估、产品服务、空间科技应用、科学技术与政策法规研究、技术装备和救灾物资研发、宣传教育培训和国际合作交流等职能,为政府减灾救灾工作提供信息服务、技术支持和决策咨询。

(3)全国减灾救灾专业标准化技术委员会。该委员会由39名委员组成,主要负责全国减灾救灾、灾害救助等领域的标准化工作。

3.防灾减灾规划建设

2016年12月29日,国务院办公厅发布了《国家综合防灾减灾规划(2016—2020年)》,对"十二五"期间的防灾减灾工作成效做了系统总结,提出了"十三五"期间防灾减灾的规划目标,部署了"十三五"期间防灾减灾的重要任务和重大项目,强调了落实防灾减灾规划的保障措施。

"十三五"期间的防灾减灾规划目标为:(1)防灾减灾救灾体制机制进一步健全,法律法规体系进一步完善;(2)将防灾减灾救灾工作纳入各级国民经济和社会发展总体规划;(3)年均因灾直接经济损失占国内生产总值的比例控制在1.3%以内,年均每百万人口因灾死亡率控制在1.3人以内;(4)建立并完善多灾种综合监测预报预警信息发布平台,信息发布的准确性、时效性和社会公众覆盖率显著提高;(5)提高重要基础设施和基本公共服务设施的灾害设防水平,特别要有效降低学校、医院等设施因灾造成的损毁程度;(6)建成中央、省、市、县、乡五级救灾物资储备体系,确保自然灾害发生12小时之内受灾人员基本生活得到有效救助;完善自然灾害救助政策,达到与全面小康社会相适应的自然灾害救助水平;(7)增创5000个全国综合减灾示范社区,开展全国综合减灾示范县(市、区)创建试点工作,全国每个城乡社区确保有1名灾害信息员;(8)防灾减灾知识社会公众普及率显著提高,实现在校学生全面普及;防灾减灾科技和教育水平明显提升;(9)扩大防灾减灾救灾对外合作与援助,建立包容性、建设性的合作模式。

"十三五"期间防灾减灾的重要任务为:(1)完善防灾减灾救灾法律制度;(2)健全防灾减灾救灾体制机制;(3)加强灾害监测预报预警与风险防范能力建设;(4)加强灾害应急处置与恢复重建能力建设;(5)加强工程防灾减灾能力建设;(6)加强防灾减灾

救灾科技支撑能力建设;(7)加强区域和城乡基层防灾减灾救灾能力建设;(8)发挥市场和社会力量在防灾减灾救灾中的作用;(9)加强防灾减灾宣传教育;(10)推进防灾减灾救灾国际交流合作。

"十三五"期间防灾减灾的重大项目有:(1)自然灾害综合评估业务平台建设工程;(2)民用空间基础设施减灾应用系统工程;(3)全国自然灾害救助物资储备体系建设工程;(4)应急避难场所建设工程;(5)防灾减灾科普工程。①

4. 防灾减灾工程建设

从20世纪50至70年代开始,我国各地每年冬季就开河修渠、加固防汛大堤,目的就是为了防范次年的洪水灾害。近年来,国家实施了防汛抗旱、防沙治沙、防风防潮等一系列重大农业防灾减灾工程。

以水利工程设施为例,2014年国务院常务会议确定,在2014、2015年和"十三五"期间分步建设纳入规划的172项重大水利工程,建成后将实现新增年供水能力800亿立方米和农业节水能力260亿立方米、增加灌溉面积7800多万亩。截至2015年年底,全国已建成各类水库97988座,水库总库容8581亿立方米;全国灌溉面积72061千公顷,耕地灌溉面积65873千公顷,占全国耕地面积的48.7%。2016年,先后开工了甘肃红崖山水库加高扩建、黑河黄藏寺水利枢纽、青海引大济湟西干渠灌区等20项重大水利工程。

5. 防灾减灾机制改革

2017年1月,中共中央、国务院印发《关于推进防灾减灾救灾

---

① 中华人民共和国国务院:《国务院办公厅关于印发国家综合防灾减灾规划(2016—2020年)的通知》,2017年2月10日。

体制机制改革的意见》,强调要正确处理人和自然的关系,正确处理防灾、减灾、救灾和经济社会发展的关系,坚持以防为主、防抗救相结合,坚持常态减灾和非常态救灾相统一,努力实现从注重灾后救助向注重灾前预防转变,从应对单一灾种向综合减灾转变,从减少灾害损失向减轻灾害风险转变,落实责任、完善体系、整合资源、统筹力量,切实提高防灾、减灾、救灾工作法治化、规范化、现代化水平,全面提升全社会抵御自然灾害的综合防范能力。

(三)抢险救灾和灾后重建成效显著

在农业巨灾发生后,我国通过抢险救灾应急体系、财政救济和社会捐助等措施尽量降低灾害损失程度,减轻灾害的不利影响,弥补灾害损失。

1. 建立抢险救灾应急体系

为了在灾害发生后积极采取措施,降低损失,我国根据灾情大小将中央应对突发自然灾害划分为四个响应等级,明确规定了各响应等级对应的工作措施,将救灾工作纳入规范的管理工作流程。建立了以应急救援队伍、应急响应机制和应急资金拨付机制为主要内容的救灾应急体系,使应急救援、运输保障、生活救助、医疗救助、卫生防疫等应急能力大大增强。建立了包括自然灾害生活救助资金、农业救助资金、林业救助资金在内的中央抗灾救灾补助资金拨付机制。[1]

2. 充分利用财政救济

在过去几十年,政府在抗灾救灾中,尤其是特大自然灾害爆发

---

[1] 王和、王俊:《中国农业保险巨灾风险管理体系研究》,中国金融出版社 2013 年版。

后,都及时无偿分发救灾物资,组织与实施灾后重建工作,发挥了非常重要的作用。如图 5-1 所示,2009—2015 年,财政部和民政部分别下拨中央救灾资金 174.5 亿元、113.4 亿元、86.4 亿元、112.7 亿元、121.3 亿元、98.73 亿元和 94.72 亿元,这些救灾资金对灾区重建发挥了重要作用。

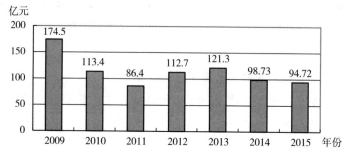

图 5-1　2009—2015 年中央救灾资金

数据来源:2009—2015 年民政事业发展统计公报。

2008 年,我国重特大自然灾害频发,南方低温雨雪冰冻灾害和汶川特大地震两场历史罕见的巨灾发生后,共造成约 47795 万人(次)不同程度受灾,因灾死亡 88928 人,是自 1976 年唐山大地震以来,因灾死亡人数最多的一年;倒塌房屋 1097.8 万间,直接经济损失 11752.4 亿元,比上年增长 397.4%。面对历史罕见的两场巨灾,民政部门全年共启动国家救灾应急响应 38 次,先后向灾区派出 50 个救灾工作组,指导地方政府紧急转移安置人口 2682.2 万人(次),完成灾区恢复重建民房 631.5 万间。2009 年拨付中央救灾资金 174.5 亿元,是近些年来最高的一年。

3. 积极组织社会捐助

在发生巨灾后,政府除了进行大范围的财政救济外,还积极组织和推动全社会捐助灾区,这在我国过去几十年的巨灾风险管理方面也发挥了重要作用。以因灾损失最为严重的2008年为例,民政部先后开展了三次大规模的救灾捐赠活动,特别是汶川地震后,社会各界捐款热情空前高涨,掀起了新中国成立以来规模最大的救灾捐赠热潮,先后接收了160多个国家、10个国际组织提供的资金、物资和人员援助,共接收社会各界捐款共计764亿元,使5202.9万人(次)困难群众受益。

(四)积极探索非工程性减灾措施

1. 建立灾害监测预警预报体系

近年来,我国建立了包括地面、海洋海底和天空在内的自然灾害立体监测体系,灾害监测预警预报体系初步形成。例如,在气象预警预报体系建设方面,初步建立全国大气成分、酸雨、沙尘暴、雷电、农业气象、交通气象等专业气象观测网;在病虫害监测预报系统建设方面,初步建立了农作物和病虫害测报网和草原虫鼠害监测预报网;在森林和草原火灾预警监测系统建设方面,完善卫星遥感、飞机巡航、视频监控和地面巡视的森林和草原火灾监测体系,初步建立了森林火险分级预警响应和森林火灾风险评估技术体系。

2015年,试用移动报灾APP软件,中央、省、市、县四级灾情管理网络体系进一步完善。灾情管理网络逐步向乡镇延伸,17个省份的1.8万个乡镇试点构建灾情管理网络。启动实施高分卫星、北斗国家重大科技专项等减灾救灾高科技项目,带动地方减灾救灾技术支撑体系建设和人才培养,提高了灾害信息的获取、分析、管理和服务能力。

2. 加大农业科技投入,积极鼓励研发抗灾作物品种

近年来,我国政府加大农业科技投入,鼓励农业科研机构研发

抗灾作物新品种,降低大规模农业灾害发生的可能性。例如,渭北旱原是陕西省重要的粮食基地,主产小麦。但由于长期以来,该区干旱少雨,影响小麦高产,而且由于小麦品种晋麦47已推广种植10多年,逐渐丧失了抗病性。针对这种情况,西北农林科技大学食品学院与中国农科院作物科学研究所合作,成功培育出具有抗旱、抗病的小麦新品种——普冰9946。2011年,该品种通过陕西省农作物品种审定委员会的审定,在陕西多个地区、河南省三门峡和洛阳市的旱地地区以及甘肃平凉陇东高原引种示范种植。

3. 重视环境保护,改善农业生态环境

随着全球环境的恶化,人们把环境保护提上重要日程,越来越注重整体生态环境的保护。2014年4月25日,十二届全国人大常委会第八次会议表决通过了新修改的环境保护法,并于2015年1月1日起施行。新《环境保护法》规定,保护环境是国家的基本国策;确定了"保护优先、预防为主、综合治理、公众参与、污染者担责"的保护原则;规定每年6月5日为环境日,提倡公民采用低碳节俭的生活方式,要求公民遵守环境保护法律法规,按规定分类放置生活废弃物;要求各级人民政府加强环境保护宣传,学校应当将环保知识纳入教育内容,培养公民的环保意识,营造保护环境的良好风气。[1]

2016年12月,国务院印发了《"十三五"生态环境保护规划》,提出以提高环境质量为核心,实施最严格的环境保护制度,做好大气、水、土壤污染防治工作,加强生态保护与修复,严密防控生态环境风险,加快推进生态环境领域国家治理体系和治理能力现代化,

---

[1] 陈丽平:《强化政府责任 完善基本制度——解读新修改的环境保护法》,《法制日报》2014年4月25日。

不断提高生态环境管理系统化、科学化、法治化、精细化、信息化水平。

随着政府对环境保护日益重视,有助于改善农业生态环境,预防或减少农业巨灾的发生。

(五)支持和推动农业保险蓬勃发展

农业保险是农业巨灾风险管理中重要的市场机制,自 2003 年以来,农业保险在各级政府的高度重视和大力支持下快速蓬勃发展。

1. 政府对农业保险高度重视

2003 年,我国政府文件中首次提出政策性农业保险的概念,即党的十六届三中全会报告《中共中央关于完善社会主义市场经济体制若干问题的决定》提出,要"探索建立政策性农业保险制度"。2004—2017 年的 14 个中央一号文件均对发展农业保险提出了政策指导意见,为农业保险发展指明了方向,具有很强的导向性。例如,2004 年中央一号文件提出,加快建立政策性农业保险制度,要进行农业保险试点,鼓励有条件地区进行保费补贴;2014 年中央一号文件提出,加大农业保险支持力度,扩大农业保险的覆盖范围和区域,鼓励开展互助合作保险,加快建立财政支持的农业保险大灾风险分散机制;2016 年中央一号文件提出,把农业保险作为支持农业的重要手段,扩大农业保险覆盖面、增加保险品种、提高风险保障水平;进一步完善农业保险大灾风险分散机制;2017 年中央一号文件提出,持续推进农业保险扩面、增品、提标,开发满足新型农业经营主体需求的保险产品,采取以奖代补方式支持地方开展特色农产品保险。鼓励地方多渠道筹集资金,支持扩大农产品价格指数保险试点。探索建立农产品收入保险制度。

2. 农业保险规模逐年增加

自 2007 年中央政府试点保费补贴政策以来,我国农业保险发展非常迅猛。如图 5-2 所示,农业保险保费收入从 2007 年的 8.5 亿元逐年增加到了 2017 年的 479.06 亿元,2017 年的农业保险保费收入是 2006 年没有实施保费补贴政策时农业保险保费收入的 56.36 倍。目前,我国是仅次于美国的农业保险第二大国,农业保险也成为财险业仅次于车险的第二大险种。

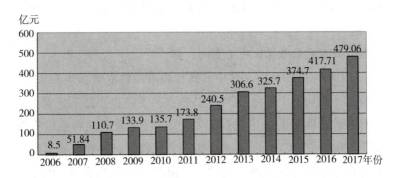

图 5-2 2006—2017 年农业保险保费收入

数据来源:中国保监会。

3. 农业保险补贴规模逐步增大

2007 年,我国开始按照"政府引导、市场运作、自主自愿、协同推进"的原则,实施农业保险保险费补贴政策,在农户和地方自愿参加的基础上,为投保农户提供一定的保险费补贴,引导和支持其参加农业保险。

2007 年,财政部拟定了种植业保险和能繁母猪保险的保费补贴试点方案,首次列支 21.5 亿元的预算额度,对六省区的 5 种主要粮食作物和能繁母猪进行保费补贴试点,正式开启了我国政策性农业保险之旅。

2012 年,财政部进一步加大对农业保险的支持力度,增加保费补贴品种,扩大补贴区域,提高保障水平,提高补贴比例。中央财政补贴险种达到了 15 个,中央财政补贴险种的补贴区域扩大到了全国,各级财政补贴比例达到 80% 左右。

2016 年 12 月,财政部发布了《中央财政农业保险保险费补贴管理办法》,对我国自从 2007 年开始实施的农业保险保费补贴政策进一步规范和完善:规定中央财政保费补贴的品种有种植业、养殖业、林业和藏区品种及天然橡胶四类 15 种;中央财政对产粮大县三大粮食作物(小麦、水稻和玉米)保险进一步加大支持力度;对省级财政补贴的比例进行了明确规定;财政补贴向规模经营主体、贫困地区和贫困户倾斜等。2017 年,中央财政保费补贴约179.04 亿元,撬动风险保障 2.8 万亿元,杠杆效应达到 156.39 倍。

4. 农业保险经营体系初步形成

2003 年,我国经营农业保险的机构仅有中国人民财产保险股份有限公司和中华联合财产保险股份有限公司两家。近十几年,随着几家专业性农业保险公司相继成立、一些财产保险公司开始经营农业保险,我国农业保险市场经营主体逐渐增多。

目前,我国农业保险经营主体主要分为四类:综合性保险公司(如中国人保公司和中华联合公司等)、专业性农业保险公司(如上海安信农业保险股份公司等)、合作组织(阳光农业相互保险公司)和非盈利性社团法人(如中国渔业互保协会和陕西、湖北和湖南的农机安全协会等)。截至 2016 年 12 月 31 日,全国共有 31 家主体公司经营农业保险,很多地区都有两个或两个以上的保险机构经营农业保险,初步实现了适度竞争。

这些农业保险经营主体,积极探索各种农业保险经营模式,逐步形成了以北京市为代表的"政府扶持、商业运作"模式、以上海市为代表的专业农险公司经营模式,以江苏省为代表的联办共保模式、以浙江省为代表的"共保体"模式及以黑龙江为代表的互助保险公司模式等多种农业保险经营模式。

5. 开始彰显巨灾损失补偿功能

农业保险快速发展后,开始彰显农业巨灾风险补偿功能,对弥补农民损失、保障农业生产、促进社会稳定发挥了积极作用。2013年,黑龙江省遭受严重洪涝灾害,农业保险向 50.9 万农户支付赔款 27.16 亿元,占全省洪灾直接经济损失的 13.86%;户均赔款达到 5335.95 元,占全省农村居民年人均收入的 62%。2017 年,全国参加农业保险农户 2.13 亿户次,农业保险提供风险保障 2.80万亿元,支付赔款 366.10 亿元,同比增长 22.36%。

第六章　我国农业巨灾风险管理存在的问题

农业巨灾风险属于"准公共风险",需要农业生产者、政府和市场充分发挥各自的优势和作用,共同参与,协同管理。但目前,我国农业巨灾风险管理无论从单一主体来看,还是从各主体的协同管理来看,都存在一些问题。

一、农业巨灾风险管理相关立法空白

农业巨灾风险是"准公共风险",完善的农业巨灾风险管理机制涉及灾前预防、灾中救援以及灾后重建等一系列工程,涉及各级政府、农户、保险机构、财政部门、气象部门和税收部门等多个主体间的关系协调,需要制定完善的法律体系为各主体的农业巨灾风险管理行为提供法律依据和法律保障。

我国从 20 世纪 90 年代就先后颁布并多次修订了《中华人民共和国防洪法》、《中华人民共和国防震减灾法》、《中华人民共和国气象法》、《自然灾害救助条例》、《国家自然灾害救助应急预案》等相关法律,为农业巨灾风险管理提供了一定的法律依据和法律保障,但这些法律法规都是针对综合性防灾减灾工作的,到目前为止我国还没有一部专门的《农业巨灾风险管理法》对农业巨灾风险管理提供法律保障。

可喜的是,2013 年 3 月,我国已经实施了《农业保险条例》,对农业保险的经营组织、经营原则和补贴制度等内容进行了规范,为构建我国农业巨灾风险管理的法律支持体系奠定了基础。但农业保险仅是农业巨灾风险管理的工具之一,仅实施《农业保险条例》还不能满足构建系统性农业巨灾风险管理制度的法律要求。

二、农业生产者进行农业巨灾风险管理存在的障碍

(一)小农户进行农业巨灾风险管理的积极性不高

1. 农户缺乏先进的农业巨灾风险管理理念

长期以来,我国广大农户充分利用多元化生产、生产低风险农作物、非农收入补偿等传统工具进行农业巨灾风险管理,但对农业保险这种重要的市场化风险管理工具的认识却极端匮乏,认可度和接受度也比较低。如第四章农户风险管理需求和保险意识调查统计结果显示,农户遭灾后应对巨灾风险损失首选"用积蓄准备第二年生产",占比为 68.59%;其次为"等待政府救济",占比为 15.18%;第三为"靠亲戚朋友帮助",占比为 7.33%;排在第四位的才是"买保险",占比仅为 6.81%(见图 6-1)。这个数据在一定程度上显示,目前我国农户的农业巨灾风险管理理念是:首选"自己扛",然后"等靠要",利用保险机制转嫁风险的意识还没有培养起来。

2. 对农业保险的认知度和认可度不高

(1)农户对农业保险认知度不高

农业保险是国家高度重视的一项惠农政策。但如第四章农户风险管理与保险意识调查结果显示,在 191 位被访农户中,仍有

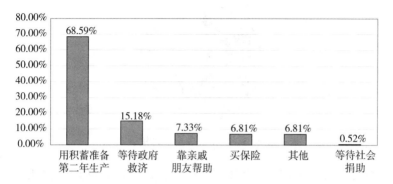

图6-1　农户应对农业巨灾风险损失的方式

62名农户根本没有听说过农业保险,占比为32%(见图6-2);在191户受访农户中,仅有42位农户投保了农业保险,占比为22%,未投保农户占比高达78%。(见图6-3)。如果农户根本没有听说过农业保险,就不能指望其将农业保险作为重要的风险管理手段。

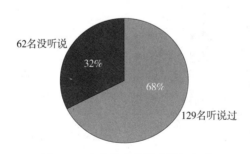

图6-2　农户的农业保险认知程度

(2)农户对农业保险认可度不高

在未投保的149名农户中,问及未投保的原因,有54名农户选择"不知道有农业保险",占未投保人数的36.24%;有41名农户认为"保险太复杂",占比为27.52%;有37人认为"遭灾可能性

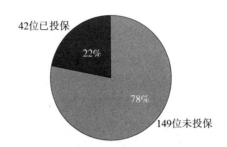

图6-3 农户的农业保险投保率

小",占比为 24.83%;有 23 名农户认为"索赔太麻烦",占比为 15.44%;有 20 名农户认为"保险公司赔得太少",占比为 13.42%; 有 15 名农户认为"保费太贵",占比为 10.07%(见图 6-4)。从这 些数据可以看出,农户不认可农业保险的原因有对农业保险认知 不足、对现有农业保险不满意以及侥幸心理等。

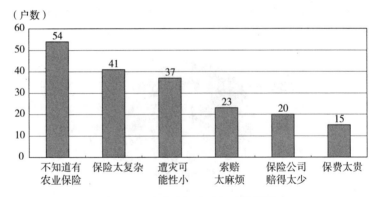

图6-4 农户不投农业保险的原因

3. 农业收入占比持续降低弱化了保险需求

小农户生产规模小,投入资本少,面临的风险相对较小,同时 受保险认知度和认可度较低的影响,小农户的农业保险需求较低。 尤其近年来,农业收入在小农户总收入中的占比持续下降,使小农户对农业保险愈发不感兴趣。2004—2013年,农民人均总收入中农业收入占比由47.6%持续下降到31.8%,增收贡献率由64.4%下降到10.8%;工资性收入占比由34.0%上升到45.2%,增收贡献率由25.5%提高到58.9%。农业收入占比和增收贡献率持续降低,弱化了农户的保险需求,正如农民所讲的"地都不种了,还买什么农业保险"。

4.农户缺乏进行农业巨灾风险管理的经济能力

无论是多元化生产、生产低风险农作物还是采用其他的风险管理措施,都需要较高的风险管理费用。以农业保险为例,农业巨灾风险造成的高成灾率、高受灾率和农业保险经营的高费用率导致农业保险价格非常高,为2%—15%,是一般家庭财产和企业财产保险价格(0.4‰—1‰)的50—150倍。而我国农民在长期二元经济体制下,收入一直很低,但恩格尔系数较高,即收入中相当部分都用于生活支出,很难有充裕资金购买保险。2017年,我国农村居民人均现金收入年度累计13432元,比上年增长了7.30%,但在恩格尔系数较高的情况下,进行农业巨灾风险管理的财力仍然有限。

(二)新型农业经营主体的风险管理需求难以满足

相对于小农户,新型农业经营主体生产规模大,投入多,产值大,预期收益高,受灾后的损失也大,因而他们具有较强的风险管理意识,对农业保险具有较强的参保动机和内生有效需求。同时,新型农业经营主体的保费支付能力也较高,通常把保费支出作为正常生产成本进行考虑和核算。

但目前,我国农业保险的保障水平不高,主要保物化成本。截至2015年底,三大口粮作物的保险保障程度约占直接物化成本的

84%,但仅占全部生产成本的33%,即灾害发生后达到理赔条件,农业保险也只能赔偿所投入全部成本的三分之一左右。在发达国家,这一比例要高得多。如美国的农业保险保障,无论是产量保障还是收入保障,保障水平都可以达到90%。

对新型农业经营主体而言,我国目前主要保物化成本的农业保险无法覆盖其支出占比较高的人力成本和土地流转费用,因此,尽管他们对农业保险非常渴望,内生需求较大,但同时又认为"保物化成本"的保障程度太低,不解渴,从而难以形成现实的投保行为。

三、缺乏"社会化"农业巨灾 风险管理主体

如前所述,农业巨灾风险是"准公共风险",需要政府、农业生产者甚至社会公众参与其中,并形成职责分明的协同管理关系。但目前,我国还存在政府层面农业巨灾风险管理主体缺位、农业巨灾风险管理相关主体尚未形成合力等问题。

(一)政府层面的农业巨灾风险管理机构缺位

农业巨灾风险管理涉及灾前防御、灾中救援和灾后补偿重建等全流程工作,也涉及各级政府、财政部门、农业部门、农户、保险公司等多个相关主体的协调问题。因此,需要在中央政府层面和省级政府层面有一个专门的机构负责农业巨灾风险管理相关事宜。

目前,在我国中央政府层面,还没有一个类似美国农业风险管理局这样的专门机构研究和管理农业巨灾风险相关事宜,农

业巨灾风险管理的政府职能分散在财政部、保监会、民政部、发改委和农业部等不同部门,各部门之间沟通协调困难,效率较低,不利于建立农业巨灾风险管理的责任归属和长效机制(见表6-1)。

表6-1　中央政府部门在农业巨灾风险管理中的职责划分

中央政府部门	分管部门	职　责
财政部	社会保障司	负责特大自然灾害救济补助费和灾后重建补助费的测算和管理
中国保险监督管理委员会	财产保险监管部(再保险监管部)	负责再保险公司的监管、审核和备案,管理财产保险和保险费率工作
民政部	救灾司	负责组织自然灾害救助应急体系建设,拟定减灾规划、承办国际减灾合作事宜
国家发展和改革委员会	价格司	利用价格调节基金参与地方蔬菜和生猪价格保险
农业部	财务司	成立相关处室,专门负责农业保险制度的研究和实施工作

资料来源:范丽萍、张朋:《中国农业巨灾风险管理制度的发展现状及优化建议》,《世界农业》2015年第10期,第205—213页。

例如,根据《中华人民共和国抗旱条例》规定:"旱情由县级以上人民政府防汛抗旱指挥机构统一审核、发布;旱灾由县级人民政府水行政主管部门会同同级民政部门审核、发布;农业灾情由县级以上人民政府农业主管部门发布;与抗旱有关的气象信息由气象主管机构发布。"由此可见,仅仅一个与旱灾有关的信息发布问题就牵扯了五个部门,而这五个部门相互独立,对旱灾信息的收集和发布"铁路警察各管一段",缺乏有效沟通,很容易造成信息发布不及时或不充分。

由于我国没有专门的农业巨灾风险管理机构，农业巨灾发生后，政府一般会成立一个临时工作领导小组来协调应急救灾和灾后重建工作，一些与农业巨灾风险管理有关的部门临时参加到这个领导小组中来。但灾害过后，补偿问题处理完毕，这个临时小组也就解散了，农业巨灾风险管理中出现的经验和教训也没有机构负责总结和整理。①

（二）农业巨灾风险管理的相关主体尚未形成合力

如前所述，农业巨灾风险是整个国家和每个私人主体都需要面对的"准公共风险"，需要由政府和相关私人主体形成农业巨灾风险管理的有机整体，共同采取相应措施来预防和应对。从上述我国农业巨灾风险管理的现状分析来看，农户、保险公司、政府和社会团体等多个主体，分别通过多元化生产、生产低风险农作物、个人储备、非农收入、农业保险、减灾工程、财政救济和社会捐助等方式进行了一定程度的农业巨灾风险管理和损失补偿，但这些风险管理活动都是一种自发的、临时应对的、相互割裂的行为，缺乏系统规划性，没有对各主体的农业巨灾风险管理责任与权利进行准确界定，各主体之间也没有形成农业巨灾风险管理的有机整体和管理合力。

四、缺乏系统化的农业巨灾 风险管理体系

系统化的农业巨灾风险管理体系，是指充分利用市场机制和

---

① 刘丽:《农业巨灾风险管理保障体系中政府责任研究》，安徽财经大学学位论文，2015 年。

财政手段,对农业巨灾进行灾前预警与防备、灾中抢险与救灾、灾后补偿与重建等全流程管理。但目前,我国政府主导的农业巨灾风险管理活动,还存在以下几点不足。

(一)重灾后抢救重建,轻灾前防灾减灾

由于灾后抢救重建具有紧迫性,抢救重建的效果也比较显著,因而受到了各级政府的重视。例如,2008 年 6 月,为了保障汶川地震灾后重建工作有力、有序、有效地开展,国务院第十一次常务会议通过了《汶川地震灾后恢复重建条例》,以行政法规的法律级别对汶川地震灾后重建的过渡性安置、调查评估、恢复重建规划、恢复重建的实施、资金筹集与政府扶持、监督管理和法律责任等具体事宜进行了规定。再如,2015 年,民政部等九部门联合制定了《关于加强自然灾害救助物资储备体系建设的指导意见》,旨在着力构建"中央—省—市—县—乡"纵向衔接、横向支撑的五级救灾物资储备体系,增强抵御和应对自然灾害的能力,不断提高自然灾害救助水平。2015 年,中央财政为中西部地区 1096 个多灾易灾县购置救灾应急专用车辆,救灾装备和救灾物资储备建设取得重大进展。

而灾前防灾减灾不具紧迫性,见效也慢,是一项需要长期坚持的系统性工程,需要灾害信息科技技术、自然灾害评估技术等技术支撑,从而很难得到真正重视或流于形式。

(二)重政府和财政,轻市场和分散

现阶段,我国遭遇巨灾风险损失时,主要依靠政府救济、社会捐款进行抢险救灾和灾后重建,对于市场化的风险分散和损失补偿机制——保险应用得还不充分。2016 年,全球自然巨灾损失

1750 亿美元,保险赔付约 500 亿美元,占总损失的比例近 30% 左右。在图 6-5 所示的 2016 年全球最惨重的五起自然灾害中,中国的保险赔偿比例仅有 2%,未保险部分即保险缺口高达 98%,保险所发挥的损失补偿作用是五起巨灾中最低的。2008 年汶川地震的直接经济损失 8451 亿元,保险仅赔付了 18.06 亿元,占比仅为 0.2%;其中农业保险赔付了 2.02 亿元,占农业损失的比例不足 0.5%。而在发达国家,保险补偿巨灾损失的比重甚至高达 60% —70%,由此比例的巨大差距可以看出保险在我国农业巨灾风险损失补偿中发挥的作用非常有限。①

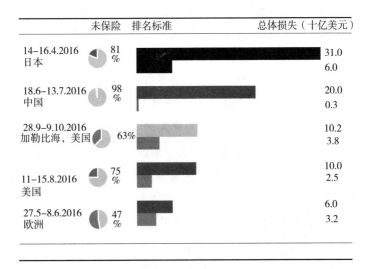

图 6-5　2016 年全球最惨重的五起自然灾害

资料来源:王晓易:《2016 年全球自然巨灾损失 1750 亿美元　保险赔付占近 30%》,见《21 世纪经济报道》2017 年 1 月 15 日。

----

① 王晓易:《2016 年全球自然巨灾损失 1750 亿美元　保险赔付占近 30%》,《21 世纪经济报道》2017 年 1 月 15 日。

至于发达国家普遍使用的其他市场化农业巨灾风险管理工具,如指数保险、农业再保险、巨灾风险基金、巨灾债券和巨灾彩票等,在我国要么刚起步试点,要么尚未发展,运用更是不足。报告第九章将对我国农业巨灾损失补偿市场化发展对策进行详细阐述。

(三)重工程手段,轻非工程手段

长期以来,我国农业巨灾风险管理的更多社会资源都投入到了各种实体性的防御工程方面,对巨灾风险管理立法、巨灾风险管理教育和保险机制等非工程手段重视不够,应用不足。例如,第四章农户风险管理需求和保险意识的调查统计结果显示,对于农业保险这样一种重要的支农惠农政策,各级政府保费补贴比例高达80%,补贴时间已经长达十年,但是仍然有32%的农户没有听说过农业保险。

五、政府财政救灾手段存在不足

(一)财政救灾相对于农业巨灾损失杯水车薪

财政救济作为政府一种常用的农业巨灾风险管理工具,在过去几十年的抗灾救灾中,能够及时保证灾后救援和恢复重建,起到了十分重要的作用。但随着经济体制改革和行政体制改革的进一步深化,以高度集权为特征的经济运行方式逐渐被放权让利政策所代替,政府所集中的财力资源越来越难以满足农业巨灾损失补偿的资金需求。

如表6-2和图6-6所示,2009—2016年,因灾直接经济损失平均为3018.70亿元,中央救灾资金110.11亿元,中央救灾资金占因灾直接损失的比例仅为 3.08%。即使在中央救灾资金较多(174.50 亿元)、因灾直接经济损失较低(2523.70 亿元)的 2009 年,这一比例也仅为 6.91%,其余六年均在 1.57%—3.50%。

表 6-2　2009—2016 年因灾直接经济损失与中央救灾资金

（单位:亿元）

年份	因灾直接经济损失 A	中央救灾资金 B	比例(B/A)(%)
2009	2523.70	174.50	6.91
2010	5339.90	113.44	2.12
2011	3096.40	86.40	2.79
2012	4185.50	112.70	2.69
2013	5808.40	121.30	2.09
2014	3373.80	98.73	2.93
2015	2704.10	94.72	3.50
2016	5032.90	79.10	1.57
平均值	3018.70	110.11	3.08

数据来源:2009—2016 年民政事业发展统计公报。

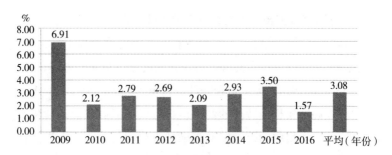

图 6-6　2009—2016 年中央救灾资金占因灾直接经济损失的比例

数据来源:2009—2016 年民政事业发展统计公报。

再如,2014 年 7 月 18 日,17 级台风"威马逊"造成海南省直接经济损失 119.5 亿元,其中海洋经济损失共计 28.6 亿元。海南省海洋与渔业厅获得国家财政救灾款 2500 万元,占海洋经济损失的比例仅为 0.9%。可见,财政救济与农业巨灾损失相比真可谓是杯水车薪。

(二)财政救济造成政府负担过重

每次巨灾发生后,政府都要承担灾后重建等巨额资金支出,这些支出势必给政府造成沉重的财政负担。例如,2008 年汶川地震发生后,全国财政支出决算表增加了地震灾后恢复重建支出项目,作为汶川地震灾后重建支持专项资金,仅 2009 年和 2010 年,这一项支出就分别达到了 1174.45 亿元和 1132.54 亿元。除了灾后重建资金支出以外,防灾救灾体系建设也是一项宏大的工程。"十二五"期间,财政部累计安排中央各类防灾减灾救灾资金 2339.97 亿元,发改委安排中央预算内投资近 3900 亿元。[1] 这些支出连同灾后补偿支出,如果都仅依靠政府,就会形成庞大的财政支出,给政府造成沉重的财政负担。

(三)财政救济造成政府预算不稳

目前,我国农业巨灾风险评估体系不完善,也没有针对农业巨灾进行专门的、单独的、常态化的财政年度预算安排。面对突发的、难以预测的农业巨灾,政府通常采取临时性措施匆忙应对,只能通过调整财政预算结构、挪用本应拨付给其他部门的资金,用于

---

① 窦玉沛:《防灾减灾救灾工作五年成就回顾和 2016 年重点工作安排》,《中国应急管理》2016 年第 3 期,第 69—71 页。

灾后救助与重建。这就增加了政府财政预算的不确定性,降低了政府财政预算的可靠性,容易使政府陷入被动局面。

表6-3列示了中国2008—2011年财政支出中自然灾害救助资金的决算情况,预算数为财政支出预算金额,决算数为实际财政支出金额。2008年、2010年的自然灾害生活救助决算数分别为预算数的3倍和2.5倍。2009年和2010年,汶川地震灾后重建支持专项资金分别为1174.45亿元和1132.54亿元,为当年自然灾害生活救助资金的9.6倍和3.4倍。2011年自然灾害预算数只有19亿元,但因为2010年玉树地震等因素,实际支出是预算数的9.18倍。由此可见,一旦发生巨灾,在现有的以财政为主的资金投入模式下,将会对政府财政预算造成一定冲击,甚至会影响政府财政的稳定性。

表6-3 全国财政支出自然灾害救助资金预算数和决算数

(单位:亿元)

年份	项　目	预算数	决算数	决算数占预算数比例(%)
2008	自然灾害生活救助	118.46	356.92	301.3
2009	自然灾害生活救助	433.01	122.82	28.4
	地震灾后恢复重建支出	1180.0	1174.45	99.5
2010	自然灾害生活救助	130.5	333.72	255.7
	地震灾后恢复重建支出	1193.0	1132.54	94.9
2011	自然灾害生活救助	19.00	174.45	918.2
	地震灾后恢复重建支出	351.66	231.65	65.9

资料来源:中华人民共和国财政部预算司。

(四)财政救济容易淡化国民的风险意识

我国政府主导的农业巨灾风险管理体制容易淡化国民的风险

意识,助长其依赖思想,产生"等靠要"现象。尽管大多数农户承认存在巨灾风险,但都不愿意以购买保险的方式转移风险,明确表示想依靠政府救助。在第四章农户风险管理及保险意识调查中,对于"灾后获助渠道"这个问题,有15.18%的农户选择"等待政府救济",有7.33%的农户选择"靠亲戚朋友帮助",只有6.81%的农户选择"买保险"。

我国是一个巨灾多发国家,如果每次巨灾发生后,只依靠政府救助,将会使政府疲于应付。如图6-7所示,2008—2017年,我国发生五级以上地震共408次,年平均41次,这就意味着政府每年仅地震救助就已达41次。

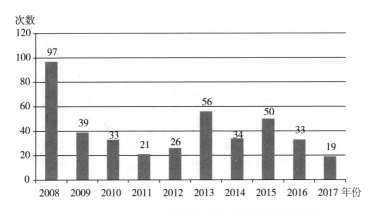

图6-7 2008—2017年我国五级以上地震年频次图

资料来源:中国地震信息网。

六、社会捐助只能发挥补充作用

在汶川地震、舟曲泥石流、玉树地震和雅安地震后,社会捐助在凝聚人心、灾后重建过程中发挥了重要作用。但是从可持续发

展的角度来看,社会捐助在农业巨灾风险管理体系中只能发挥补充作用,而不是主导作用。理由如下:

(一)社会捐款金额的波动性较大

农业巨灾发生后,到底捐不捐款、捐多少、什么时候捐都是由捐款人决定的,因此社会捐款的随意性和波动性较大,无法充当农业巨灾风险损失补偿的稳定资金流。如图 6-8 所示,民政部门接受社会捐赠款的数额波动很大,在 2004 年仅为 34.00 亿元,2008年则高达 744.50 亿元,2011 年下降为 490.10 亿元,2016 年又达到了 827.00 亿元。

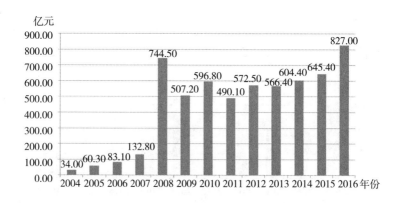

图 6-8　2004—2016 年社会捐赠款情况

资料来源:2011—2016 年民政事业发展统计公报。

(二)社会捐款对农业巨灾风险损失的补偿作用有限

表 6-4 和图 6-9 显示了 2008—2016 年社会捐赠款占因灾直接损失的比例。总体来看,该比例并不高,9 年平均为 15.01%,最高为 23.87%,最低为 6.33%。值得注意的是,这些社会捐赠款并

非全都用于农业巨灾风险损失的补偿,因此用于农业巨灾风险损失补偿的比例则更低。可见,社会捐款对农业巨灾风险损失补偿的作用非常有限。

表6-4　2008—2016年社会捐赠款占因灾直接经济损失的比例

(单位:亿元)

年份	接收社会捐赠款	因灾直接经济损失	比例(%)
2008	744.50	11752.40	6.33
2009	507.20	2523.70	20.10
2010	596.80	5339.90	11.18
2011	490.10	3096.40	15.83
2012	572.50	4185.50	13.68
2013	566.40	5808.40	9.75
2014	604.30	3373.80	17.91
2015	645.40	2704.10	23.87
2016	827.00	5032.90	16.43
平均	617.14	4868.57	15.01

资料来源:2008—2016年民政事业统计公报。

(三)近年来社会捐款的信心和热情有所下降

最近几年,随着灾后恢复重建资金违规挪用信息相继披露及慈善系统的一些负面事件频发,导致社会公众对慈善捐款的信心和热情有所下滑,依靠社会捐款对农业巨灾风险损失进行补偿的作用大打折扣。

第一,灾后恢复重建资金违规挪用。2010年2月,审计署对规划总投资2607.72亿元的6960个汶川地震灾后重建项目进

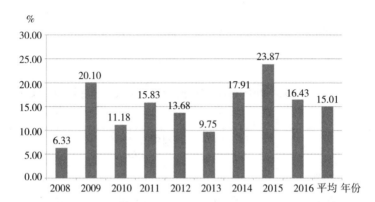

图 6-9　2008—2016 年民政部接收社会捐赠款占因灾直接损失的比例
资料来源:2008—2016 年民政事业发展统计公报。

行跟踪审计,审计调查结果表明,灾后违规挪用资金达 2.3 亿元,重复申请重建资金 2.4 亿元。此外,还发现 4 起违法违纪案件:四川省绵阳市投资控股(集团)有限公司违规挪用 1.4 亿元永安大道灾后恢复重建资金、甘肃省陇南通途公路工程处等单位违规挪用 704.71 万元灾后恢复重建资金、四川省广元市疾病控制中心和甘肃省成县城区生活垃圾处理工程等 5 个项目,重复申请灾后恢复重建资金 7483.79 万元。截至 2009 年 9 月 30 日,全国共筹集社会捐赠款物 797.03 亿元,到 2010 年 2 月,全国共支出捐赠款物 527.69 亿元,意味着大笔公众捐赠的资金在重建过程中"去向不明"。①

　　第二,慈善系统的负面报道。从 2004 年开始,我国慈善系统的负面报道频发,导致我国刚刚起步的慈善事业遭受信任危机。

---

① 于佳莉:《2.3 亿灾后重建资金违规再次引发善款透明呼吁》,《公益时报》2010 年 2 月 3 日。

尤其是 2011 年 6 月,湖南女孩郭美美微博炫富后,将成立百年的中国红十字会拖入公众舆论的旋涡,使这个以人道主义救助为使命的机构遭遇了前所未有的信任危机。2011 年,红十字会接收社会捐赠约 28.67 亿元,同比减少了 59.39%。

七、缺乏巨灾损失补偿的资金保障体系

农业巨灾风险管理成功与否,最关键的问题在于巨灾损失发生后,是否有足够的资金补偿损失。农业巨灾风险所具有的损失巨额性特征,要求在农业巨灾风险管理中搭建多渠道的损失补偿资金保障体系,主要包括农户的巨灾风险储备、市场化运作的农业再保险、农业保险大灾准备金和资本市场筹集的资金等。目前,我国农业巨灾风险所造成的损失主要由农户和政府承担,农业再保险、农业保险大灾准备金、农业巨灾贷款及资本市场等尚未充分发挥农业巨灾损失补偿的作用,尚未形成"多渠道"农业巨灾风险损失补偿资金保障体系。

第七章 国外农业巨灾 风险管理制度 比较及启示

针对我国农业巨灾风险管理中存在的诸多问题,本章比较研究了美国、加拿大、日本、澳大利亚和西班牙五国的农业巨灾风险管理制度,提炼出五国农业巨灾风险管理制度的共性特征,为完善我国农业巨灾风险管理制度提供可资借鉴的经验。

一、美国的农业巨灾风险管理制度

美国的农业巨灾风险管理始于 20 世纪 80 年代,目前是全球农业巨灾风险管理水平较高的国家之一。经过几十年的探索,美国建立了以农业保险为主体、以灾害援助为辅助的农业巨灾风险管理体系,并辅以完备的自然灾害预警系统、有效的风险管理教育培训体系等。

(一)农业巨灾风险管理体系

如图 7-1 所示,美国的农业巨灾风险管理体系由美国农业部(USDA)牵头创立,主要有两大分支:一是由风险管理局(Risk Management Agency,RMA)牵头管理的农业保险制度体系;二是由农场服务局(Farm Service Agency,FSA)牵头管理的农业自然灾害援助制度体系。① 此外,国家海洋和大气管理局负责自然灾害预警预报,研究机构负责收集农产品市场信息,州立大学的农业推广中心负责风险管理教育培训等。②

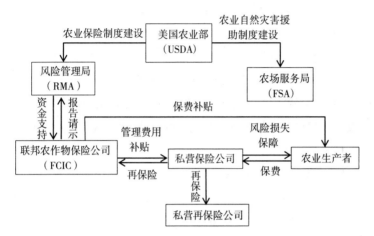

图 7-1　美国农业巨灾风险管理体系

(二)联邦农作物保险项目

联邦农作物保险项目始于 20 世纪 30 年代,由美国农业部风险管理局牵头管理,旨在保护农作物生产者免受极端天气及与天气有关的病虫害所致风险事件的影响。1938 年,美国政府制定了《联邦农作物保险法》,即 1938 年获国会通过的《农业调整法》(*Agriculture Adjustment Act*)的第五部分,同年成立了联邦农作物保险公司(Federal Crop Insurance Corporation,FCIC),开始试验农作

① 范丽萍:《OECD 典型国家农业巨灾风险管理制度研究》,中国农业科学院博士学位论文,2015 年。

② 张国鹏、华静、王丽明、王玉斌:《美国农业风险管理体系及对中国的借鉴》,《世界农业》2015 年第 3 期,第 85—95 页。

物保险。1980 年,《联邦农作物保险法》在历经 12 次修订、42 年试验后,正式在美国全面推行。1994 年,在对《联邦农作物保险法》修订的基础上产生了《联邦农作物保险改革法》,经过几十年的发展,逐步确立了农业保险在农业巨灾风险管理体系中的主导地位。

联邦农作物保险项目是美国农业生产经营者的重要风险管理工具。美国政府通过风险管理局对农业保险提供保费补贴、对保险公司提供经营管理费用补贴、税收优惠和再保险支持,为 100 多种农作物提供巨灾损失、产量损失和收入损失三大类保险计划。

1. 巨灾保险

巨灾保险(CAT Coverage),1994 年建立,承保风险有干旱、洪涝、火灾、风灾、雹灾、病虫害等,法律规定农民只有参加农业巨灾保险,才有资格向政府申请补贴、贷款援助和灾害援助,有些强制执行的性质。该保险的保险费全部由联邦政府补贴,农场主只需缴纳 50—200 美元管理费。不过,该保险只是提供普惠性的基本保障,保障程度并不高,保障产量按平均历史产量的 50%计算,保障价格按管理部门确定价格的 60%计算。

2. 产量损失保险

(1)实际历史产量保险计划(Actual Production History, APH)。该保险主要承保由于干旱、涝灾、冰雹、大风、霜冻、虫害和疫病等自然因素或灾害引起的减产。投保人按以往平均产量的一定比例(从 50%—85%不等)进行投保,同时也要选择农作物的保障价格(通常是风险管理局公布的农作物价格的 55%—100%)。发生合同规定的灾害时,保险公司根据保障产量与实际产量的差额乘以保障价格和保险份数赔付,即(保障产量-实际产量)×保障价格×保险份数。

（2）产量保障保险计划（Yield Protection）。产量保障保险与APH保险计划类似，不同的只是计算保险金额时要使用预期价格来计算，预期价格由期货结算价格和商品交易所的价格条目决定。保障价格一般是预期价格的55%—100%。

3. 收入损失保险

（1）实际历史收入保险计划（Actual Revenue History，ARH）。该保险与实际历史产量保险有很多相同之处，所不同的是对历史平均收入进行投保，是对《普通农作物保险政策基本条款》（Common Crop Insurance Policy Basic Provisions）的补充，以减轻农业生产经营者由于农作物低产量、低价格、低质量等引起的损失。

（2）调整后总收入保险计划（Adjusted Gross Revenue，AGR）。该保险以农场平均总收入的一定比例对农场整体收入（而非单个农作物）进行承保，可以包括少量的畜禽养殖收入。

（3）区域风险保障保险计划（Area Risk Protection Insurance，ARP）。该保险以县域所有农场的平均收入为参照，当所承保县域的平均每英亩实际收入低于农场主所选择的保障收入水平时，农场主即可获得赔偿，而不管其实际收入是否发生损失。

（4）美元计划（Dollar Plan）。该计划主要为草莓、辣椒和柑橘等农作物提供风险保障，当风险事故引起产量下降、从而收入下降时，提供损失补偿。

（5）畜牧业保险计划（Livestock Policies）。这类保险计划的保险标的为猪、牛、羊和牛奶，为因市场价格下降而引起的收入损失提供风险保障。该保险计划包括畜牧业风险保障保险（Livestock Risk Protection）和畜牧业毛利润保险（Livestock Gross Margin），前者当市场价格低于保障价格时启动赔付，后者当实际毛利润低于保障毛利润时启动赔付。价格参照芝加哥商品交易所的相关期货和期权价格。

（6）收入保障保险计划（Revenue Protection）。为由于干旱、涝灾、冰雹、大风、霜冻、虫害和疫病等自然因素或灾害引起的减产或因实际价格低于预期价格引起的收入损失提供保障。投保人可以按照平均产量的一定百分比（50%—85%）进行投保。预期价格和实际价格则分别由特定期货合约的每日结算价格和商品交易所的价格条目决定，投保时按两者中的高者确定。如果实际产量乘以实际价格小于保障收入，投保人就可以得到保障收入与实际收入差额的赔款，即赔偿金额＝保障收入-实际收入。

（7）不考虑实际价格的收入保障保险（Revenue Protection With Harvest Price Exclusion）。该保险与收入保障保险相似，只是收入测算仅根据预期价格。当实际收入小于保障收入时，投保人就可以获得两者之间差额的赔款，即赔偿金额＝保障收入-实际收入。表7-1对美国联邦农作物保险的10个计划进行了比较。

表 7-1　美国联邦农作物保险计划

	类　别	损失起因	投保对象	投保价格（P）	投保产量（Q）	触发条件	赔付金额
巨灾保险	巨灾风险保障修正条例保险计划	重大灾害	单一品种农作物产量			当农作物损失超过50%时	风险管理局公布的农作物价格的55%×损失部分超过50%的部分
产量损失保险计划	实际历史产量保险计划	自然灾害、虫害、疫病	单一品种农作物产量	官方公布价格的55%—100%	农作物历史平均产量的50%—85%	农作物实际产量小于保障产量	实际产量与保障产量的差额×P
	产量保障保险计划	类似于实际历史产量保险计划	类似于实际历史产量保险计划	预期价格（特定期货合约结算价格或商品交易所的价格条目）的55%—100%	类似于实际历史产量保险计划	类似于实际历史产量保险计划	类似于实际历史产量保险计划

续表

类　别		损失起因	投保对象	投保价格（P）	投保产量（Q）	触发条件	赔付金额
收入损失保险计划	实际历史收入保险计划	农作物低产量、低质量、低价格	单一品种农作物收入	类似于实际历史产量保险计划	类似于实际历史产量保险计划	农作物实际收入小于历史平均收入	农作物实际收入与保障收入的差额
	调整后总收入保险计划	自然灾害、市场波动	农场整体收入			实际收入小于平均收入的一定比例	农作物实际收入与保障收入差额的一定比例
	区域风险保障保险计划	地区性灾害	单一品种农作物收入	取特定期货合约每日结算价格或商品交易所的价格条目	农作物种植地区预期产量	地区农作物产量水平下降或农产品价格下降或低于预期	因具体项目不同而各异
	美元计划	损害性事故	单一品种农作物收入			农作物年度总收入小于保障收入	因所选择的保障水平而不同
	畜牧业政策（风险保障保险计划、毛利润保险计划）	市场价格下降	猪、牛、羊、牛奶	由芝加哥商品交易所的相关期货和期权价格决定	由生产者自己决定	市场价格低于保障价格或实际毛利润小于保障毛利润	实际收入与保障收入之间的差额
	收入保障保险计划	自然灾害、虫害、疫病或实际价格低于预期价格	单一品种农作物收入	取特定期货合约的每日结算价格或商品交易所价格中的较高者	农作物平均产量的50%—85%	实际收入小于保障收入	农作物实际收入与保障收入之间的差额
	不考虑实际价格的收入保障保险计划	类似于收入保障保险计划	类似于收入保障保险计划	取特定期货合约的每日结算价格	类似于收入保障保险计划	类似于收入保障保险计划	类似于收入保障保险计划

资料来源：张国鹏、华静、王丽明、王玉斌：《美国农业风险管理体系及对中国的借鉴——从农业风险损失补偿的视角》，《世界农业》2015年第3期，第88—90页。

（三）农业灾害援助项目

农场服务局为在农业生产者遭遇旱灾、涝灾、火灾、冰冻、龙卷风、虫害等灾害损失时提供援助。灾害援助主要包括以下种类。

1. 适用于农作物、畜牧养殖以及农业资产损失的灾害援助项目

（1）紧急贷款计划（Emergency Loans, EM）。当某地区因旱灾、水灾等自然灾害和检疫隔离遭受损失、且被美国农业部部长或总统宣布为灾区时，该县及与之毗邻县的农业生产者即可通过农业部农场服务局申请利率较低的紧急灾害贷款恢复农业再生产。贷款金额为符合条件的农业生产者实际遭受的损失金额，最高为50万美元，贷款利率很低。被认定为灾区的农业生产者必须同时满足下列条件，才能申请紧急灾害贷款：①为美国公民或永久居民，且为家庭农场的一员；②遭受超过30%以上的农作物损失或者家畜、畜产品、房地产等有形财产损失；③无法获得商业贷款但仍具有还贷潜力，还款期限因标的财产和具体情况而不同，变动范围为1—40年。[1]

（2）灾难债务延期计划（Disaster Debt Set-Aside, DSA）。如果农业生产经营者在遭受灾害时，有未还清的农场服务局提供的贷款，并且无法在规定期限内按时偿还，贷款还款期限最多可以延后一年。

2. 仅适用于农作物损失的灾害援助项目

（1）非保险作物灾害援助计划（Non-Insured Crop Disaster Assistance Program, NAP）。该项目对那些不能投保联邦农作物保险的农作物因自然灾害导致无法耕种、低产和库存损失时，向生产经营者提供现金援助。当自然灾害导致农作物产量损失达到50%以上或因灾无法耕种面积超过35%时，农业生产者就可获得该项目援助，援助金额最高可达10万美元/作物·人。该项目资金由

---

[1] 范丽萍、张朋：《美国农业巨灾风险管理政策研究》，《世界农业》2016年第6期，第97—103页。

美国农业部商品信贷公司发放,援助总额取决于财政部农业项目基金规模。

(2)补充收入援助计划(Supplemental Revenue Assistance Payments Program,SURE)。该计划补偿农作物保险未赔偿部分的农作物损失。农户申请该援助计划的条件为:①属于灾区县及灾区相邻县,或农场收入损失超过50%;②购买了农业巨灾保险;③参与了非保险农作物灾害援助项目。补偿金额大概为农场预期收入与实际收入之差的60%,预期收入根据农业生产者购买农作物保险时选择的保障水平而定。农户获得的援助总额不超过正常年份收入的90%。

(3)树木援助计划(Tree Assistance Program,TAP)。果农或苗圃种植者的果树、苗木如果因自然灾害死亡率超过15%时,可以获得该计划的现金援助用以补种或修复,补偿金额大概为70%的补种费用和50%的修复费用。

3.仅适用于畜牧养殖损失的灾害援助项目

(1)畜牧饲料灾害援助计划(Livestock Forage Disaster Assistance Program,LFP)。该计划为符合条件的畜牧生产者原生态草场或牧草种植专用草场遭遇旱灾或火灾所致损失提供补偿。其中,因旱灾获得的损失补偿约为每月饲料成本的60%,补偿期限最长5个月。

(2)畜牧养殖补偿计划(Livestock Indemnity Program,LIP)。该项目为畜牧生产者因极端天气或联邦政府放归野外动物攻击造成超出正常死亡率的牲畜损失提供补偿,补偿金额一般为平均市值的75%。[①]

---

① 范丽萍、张朋:《美国农业巨灾风险管理政策研究》,《世界农业》2016年第6期,第97—103页。

（3）土地休耕紧急打草和放牧计划（Emergency Haying and Grazing of Conservation Reserve Program，CRP）。该计划允许遭遇严重干旱等自然灾害的农业经营者在所授权的牧场打草和放牧。

（4）对畜牧养殖、蜜蜂养殖、水产养殖的紧急援助计划（Emergency Assistance for Livestock，Honeybees，and Farm-Raised Fish Program，ELAP）。该项目对符合条件的、因疫病、恶劣天气、暴风雪、大火等原因遭受损失且其他灾害援助项目无法惠及的养殖者提供紧急援助。

4. 仅适用于农业资产损失的灾害援助项目

紧急保护计划（Emergency Conservation Program，ECP）。该项目在农场的农业资产因自然灾害遭受严重损失时，对生产者提供紧急资金以便及时修复农业资产。

以上介绍的 10 种紧急援助计划涵盖了常见的自然灾害及其引起的各种损失，是目前美国主要的灾害援助项目（见表7-2）。①

表7-2 美国主要的灾害援助项目

灾害援助项目的适用范围	计划类别	损失起因	触发条件	援助形式	援助金额
适用于农作物、畜牧养殖及农业资产损失	紧急贷款计划	自然灾害、检疫隔离	由官方确定	贷款	实际损失减去所得的其他补偿的差额
	灾难债务延期计划	自然灾害	有未还清的农场服务局提供的贷款，且无法在规定期限内按时偿还	贷款还款期限延期一年	

---

① 张国鹏、华静、王丽明、王玉斌：《美国农业风险管理体系及对中国的借鉴——从农业风险损失补偿的视角》，《世界农业》2015 年第 3 期，第 88—90 页。

续表

灾害援助项目的适用范围	计划类别	损失起因	触发条件	援助形式	援助金额
仅适用于农作物损失	非保险农作物灾害援助计划	自然灾害	该农作物无法投保联邦农作物保险,且损失达到50%以上	现金	产量损失50%以上部分的55%
	补充收入援助计划	自然灾害	属于灾区县及灾区相邻县,或农场收入损失超过50%	现金	农场预期收入与实际收入之差的60%
	树木援助计划	自然灾害	果树、苗木死亡率高于15%	现金	70%的补种费用+50%的修复费用
仅适用于畜牧养殖损失	畜牧养殖饲料灾害援助计划	干旱	干旱超过一定程度	现金	每个月饲料成本的60%,最多补偿5个月
	畜牧养殖补偿计划	恶劣天气	所养殖牲畜死亡率超过正常死亡率	现金	损失牲畜平均市值的75%
	紧急打草和保护储备计划	严重干旱	由农场服务局确定	在授权的牧场放牧和收割牧草	
	对畜牧养殖、蜜蜂养殖、水产养殖的紧急援助计划	自然灾害、疫病、大火等	其他灾害援助项目无法有效提供援助	现金	
仅适用于农业资产损失	紧急保护计划	自然灾害	严重破坏农业资产	现金	更换、维护成本的75%

资料来源:张国鹏、华静、王丽明、王玉斌:《美国农业风险管理体系及对中国的借鉴——从农业风险损失补偿的视角》,《世界农业》2015年第3期,第88—90页。

(四)农业保险居于核心地位

从1938年开始,美国通过一系列立法奠定了农业保险在农业巨灾风险管理中的基础地位和核心地位。表7-3列示了美国主要农业保险法案的立法时间和主要内容。①

① 吴本健、汤佳雯、马九杰:《美国农业保险的发展:定价、影响及支持计划》,《世界农业》2016年第11期,第87—93页。

表 7-3 美国主要农业保险法案

时间	法案	主要内容
1938 年	联邦农作物保险法	设立联邦农作物保险公司（FCIC），详细规定农作物保险的承保风险、保障水平、准备金、保费补贴、定损理赔和纠纷处理等事宜。
1980 年	联邦农作物保险法	在农业保险经营中引入私人保险公司合营。
1994 年	联邦农作物保险改革法案	对农业保险和灾害救助进行调整，重构农产品安全网：一是只保留联邦农作物保险未覆盖的农作物灾害救助计划，覆盖的则取消；二是建立并强制推行巨灾保险计划，农场主只有参加巨灾保险计划，才有资格获得政府补贴、援助贷款和灾害援助；保费由联邦政府全部补贴，农场主只需缴纳 50—200 美元的管理费；巨灾保险仅提供基本保障，保障产量为实际历史产量的 50%，保障价格为管理部门确定价格的 60%；三是政府提供保费补贴鼓励农场主购买高保障水平的补充保险。
1996 年	联邦农业完善与改革法案	废除了价格和收入支持政策，改为农场主提供收入保险，对农场主因自然灾害导致的产量损失或因价格波动产生的收入损失提供保障。该法的出台，标志联邦农作物保险已成为美国农业巨灾风险保障的最重要政策工具。
2000 年	农业风险保障法	大幅提高了保费补贴，增加了研究经费，使农业保险参与率达到 60%。
2012 年	农业改革、食品和就业法案	把农作物保险覆盖的作物范围扩充至水果、蔬菜和棉花收入保险及其他作物的补充保险计划。
2014 年	食品、农场和就业法案	取消一批每年 50 亿美元左右的补贴项目，加大对农业保险的补贴力度；标志着美国的支农手段由黄箱政策逐步向绿箱政策转变。①

资料来源：吴本健、汤佳雯、马九杰：《美国农业保险的发展：定价、影响及支持计划》，《世界农业》2016 年第 11 期，第 87—93 页。

二、加拿大的农业巨灾风险管理制度

加拿大对农业巨灾风险没有明确的定义，只是在农业保险计划中将巨灾风险定义为"年均发生概率在 7% 以下、发生频率在 15

———————

① 范丽萍：《OECD 典型国家农业巨灾风险管理制度研究》，中国农业科学院博士论文，2015 年。

年以上/次的风险"。因此,加拿大对农业巨灾风险的定义比较宽泛,没有具体标准,根据实际情况把需要临时公共援助的风险列为巨灾风险,甚至是大的市场风险都可以归为农业巨灾范畴。

(一)加拿大农业巨灾风险管理体系

加拿大的农业巨灾风险管理体系主要由联邦政府、省政府和农业生产者组成,旨在最大限度地减少干旱、洪涝、冰雹、霜冻、动植物疫病等巨灾损失造成的经济影响,稳定农户收入。三方主体的主要职责有:(1)联邦政府:为农业保险提供保费补贴、管理费用补贴和再保险;确保省级农业风险管理项目合法;开展农业巨灾风险预警工作;启动临时性灾害援助措施等。(2)省级政府:设计并实施农业保险计划;为农业保险提供保费补贴、管理费用补贴、再保险财政保障等支持;为农业保险提供理赔和保费定价等服务;启动省级临时性灾害援助等。(3)农业生产者:是农业巨灾风险管理制度的受益者,参加省政府组织的农业保险计划,根据自身实际选择参保农作物、保险险种和保障水平。

联邦政府层面,主要由加拿大农业及农业食品部(AAFC)和加拿大食品检验署(CFIA)牵头开展农业巨灾风险管理工作。其中,加拿大食品检验署负责与动物疫病相关的巨灾风险防控与预警工作;加拿大农业及农业食品部负责牵头管理联邦政府组织开展的农业保险计划、临时性灾害援助和商业风险管理项目,具体工作则由农业收入项目管理局(Farm Income Programs Directorate,FIPD)和生产保险与风险管理局(Production Insurance and Risk Management Division,PIRMD)负责实施。

农业收入项目管理局负责联邦政府组织开展的临时性灾害援助和商业风险管理项目的协调管理工作;生产保险与风险管理局

负责联邦农业保险计划的协调管理,下设两个独立处室:一是国家农业保险运营处(National Operations Unit),负责保险业务管理、机制建设和报告查询服务;二是保险精算与问题预测处(Actuarial & Forecasting Unit),负责确保省级农作物生产保险计划财务平衡和精算审核事宜等。此外,联邦政府、省政府和地区政府联合成立了农业保险工作组(AgriInsurance Working Group,AIWG),作为三方进行有关农业保险交流的平台。①

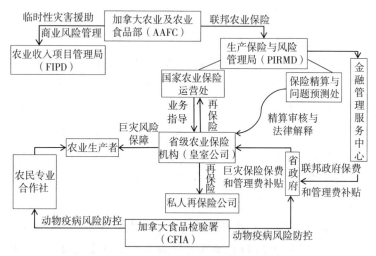

图7-2 加拿大农业巨灾风险管理体系框架图

资料来源:范丽萍:《OECD 典型国家农业巨灾风险管理制度研究》,中国农业科学院博士论文,2015 年。

(二)加拿大农业巨灾风险管理措施

加拿大对农业巨灾风险管理问题非常重视,因此将农业巨灾

---

① 范丽萍:《OECD 典型国家农业巨灾风险管理制度研究》,中国农业科学院博士论文,2015 年。

风险管理融于整个农业风险管理体系中进行。如表 7-4 所示,加拿大的个人、涉农行业和政府分别采取了相应的农业巨灾风险管理措施。

表 7-4　加拿大农业巨灾风险分散体系

层面	风 险 管 理 措 施		
个人	少量的私人巨灾保险、农场多元化经营、非农收入和债务融资。		
涉农行业	有少量的商业保险业务和再保险业务,主要通过游说、引起媒体和公众关注等方式争取政府援助。		
政府	临时应对措施		临时项目,如产业转型支持项目、农场收入支付项目和生产成本支付项目等。
	二级应对措施	农业风险管理计划	融于"未来增长的政策框架"(GF 框架)的农业风险管理(BRM)中:农业保险计划、农业稳定计划、农业投资计划和农业恢复计划,前 3 项中有农业巨灾风险,农业恢复计划在必要时进行临时援助。
		再保险政策	省级再保险,联邦再保险和国际再保险公司的再保险业务。
	长期应对措施		启动额外的危机应对项目,建立长期干预机制。

资料来源:蒲应龚、吕晓英:《加拿大农业巨灾风险分散体系及启示》,《世界农业》2015 年第 9 期,第 97—111 页。

1. 个人应对农业巨灾风险的措施

个人层面应对农业巨灾风险的措施非常少,有少量的私人巨灾保险,主要依靠农场多元化经营、非农收入和债务融资等方式来弥补农业巨灾损失。

2. 涉农行业应对农业巨灾风险的措施

涉农行业应对农业巨灾风险主要通过向政府施压来寻求临时

援助,施压手段有游说或者举行引起媒体关注和激起公众意识的运动,也有少量的保险和再保险业务。

3.政府应对农业巨灾风险的措施

加拿大政府是农业巨灾风险应对措施的主要提供者,应对措施包括临时性应对措施、二级措施(农业风险管理计划和再保险计划)和长期措施。

(1)临时应对措施

加拿大政府对农场主遭遇的因天气巨变、动物疫情和食品安全等引起的巨灾采取临时性应对措施。对于天气巨灾,由各省农业保险公司及时赔付,减少农场主的损失,甚至还帮助农场主尽快补种其他作物挽回损失;对于动物疫情巨灾,加拿大食品检验局和当地农业保险公司在第一时间采取措施控制疫情,然后对受损动物进行赔付;对于食品安全巨灾风险,加拿大食品检验局与省级政府机构、相关公司和行业协会一起做出迅速反应。

另外,加拿大政府还通过一些临时项目对由于自然灾害、动物疫情、植物病害以及市场因素遭遇巨大损失的农场主提供帮助。在启动农业巨灾临时性应对措施时,联邦和省级政府有时候是联合作战,有时候单独采用项目和政策应对。如联邦政府层面的支持项目有产业转型支持项目(Transition Industry Support Program,TISP)、农场收入支付项目(Farm Income Payment,FIP)和生产成本支付项目(Cost of Production Paymen,CPP)等,2004年联邦政府对禽类养殖户因禽流感造成的损失拨付5000万—6000万加元应对;省级政府层面的项目有艾伯塔农场收入援助项目(Alberta Farm Income Assistance Program)、安大略谷物稳定支付项目(Ontario Grain Stabilization Payment)、新斯科舍农场收入支持计划(Farm Income Support Program in Nova Scotia)及新不伦瑞克省的农场援助计划

（Farm Assistance Program in New Brunswick）等。①

（2）二级应对措施

二级应对措施主要有农业风险管理计划和再保险计划。农场主因天气巨变或植物病害等造成的巨灾损失，可通过农业保险计划、农业投资计划和农业稳定计划进行补偿；对于农场主因市场因素造成的巨灾损失，可通过农业投资项目和农业稳定项目获得赔偿，如果还有利润损失就不能再接受支持了。

①农业风险管理计划

2003 年，加拿大开始实施"农业政策框架"（Agricultural Policy Framework，简称 APF），这是由联邦—省—地方政府联合构建"一体化农业政策"的尝试，形成了农业风险管理、食品安全、创新、环境保护等综合协调的支持政策体系。

APF 实施期限为 5 年，在 2008 年实施期满后，针对未来农业发展可能面临的机遇和挑战，加拿大制定了"未来增长的政策框架"（Growing Forward Policy Framework，简称 GF），试图通过协调联邦、省和地方政府的农业支持政策，增强农业部门的长期竞争力和可持续发展能力。GF 覆盖农业监督管理、商业风险管理、可持续农业、食品安全、贸易与市场、农业创新增长等内容，主要包括农业稳定计划、农业投资计划、农业保险计划、农业恢复计划、特设项目等具体支持政策，同时强调地方应根据自己实际情况灵活掌握政策，更好地为农业部门提供公共服务。GF 实施期同为 5 年（2009—2013 年），基本达到预期效果，加拿大农业部门竞争力、创新能力和风险管理能力显著增强。

---

① 蒲应龚、吕晓英：《加拿大农业巨灾风险分散体系及启示》，《世界农业》2015 年第 9 期，第 97—111 页。

2013年3月31日GF实施期满后,一个为期5年的新农业政策框架——"未来增长的政策框架(二)"(Growing Forward 2 Policy Framework,简称GF2)自2013年4月1日开始实施。GF2强调实施更加积极主动的、前瞻性和战略性的支持项目,以提升农业部门的创新力、竞争力和适应性。GF2继续沿用了GF政策框架中的农业投资计划、农业稳定计划、农业保险计划、农业恢复计划等项目,但在项目覆盖范围、支持力度、农户对市场信号反应、便利性等方面进行了调整和完善,增加了3项非农业风险管理的支持项目,进一步提高加拿大农业竞争力、创新力和可持续发展能力。

a. 收入稳定计划

收入稳定计划是加拿大最重要的收入补贴措施。GF2中收入稳定计划包括农业投资(AgriInvest Program)、农业稳定(AgriStability Program)、农业恢复(AgriRecovery Program)和特设项目(Ad Hoc Disaster)。

第一,农业投资计划。农业投资计划是一个自我管理的、生产者和政府的储蓄账户,可以使生产者从小幅收入下滑中得到恢复,降低农场投资风险。当农户当期利润低于历史平均利润的0—30%时启动该计划,由政府补贴生产者净销售额的1%,每年最高补贴额不超过15000加元。补贴成本由联邦政府和省政府按6∶4分摊。

第二,农业稳定计划。相比农业投资计划应对小幅生产损失,农业稳定计划则为更高程度的生产损失提供保障,是收入稳定计划的基础和核心。农业稳定计划在农户当期利润低于历史平均利润30%以上时启动,由政府补贴当期利润与历史平均利润差额的70%。

第三,农业恢复计划。农业恢复计划的性质是临时性灾害援助,没有明确的定义,不会轻易触发,只有在出现农作物巨灾保险项目、农业投资计划和农业稳定计划不能覆盖的罕见的自然灾害巨灾损失时,加拿大政府才能启动该计划进行临时救助。该计划也没有明确的补贴标准,一般由咨询或商讨决定,是加拿大主要的巨灾风险管理工具。例如,2012 年大范围旱灾损失发生之后,加拿大政府通过 6 个农业恢复计划支出了 2750 万加元的援助款。

第四,特设计划。该计划是临时性计划,没有明确的启动程序,一般用来应对当前计划无法覆盖的社会风险损失,只补贴一次或最长持续两年。2003 年疯牛病恢复计划、2007 年生产成本补贴计划等都属于该计划类型。①

b. 农业保险计划

1959 年 7 月,加拿大联邦政府通过了"农作物保险法",协助各省向生产者提供负担得起的农作物保险。联邦政府根据该法与任何建立农作物保险计划的省份达成协议。联邦农作物保险计划演变为"生产保险计划"(Production Insurance Program),现在称农业保险计划(AgriInsurance program)。联邦农业保险计划遵循"农场收入保护法"、"加拿大生产保险条例" 和 "GF2" 的规定。

加拿大的农业保险计划是一个联邦—省—生产者分摊成本、通过降低自然灾害产量损失经济影响的方式稳定农户收入的计划。该计划由省政府实施,各省的皇冠公司或农业部的一个部门负责管理农业保险计划。联邦政府承担一部分保费和管理费用,对各省政府提供再保险或赤字融资支持。目前,阿尔伯塔、萨斯喀

---

① 朱满德、袁祥州、江东坡:《加拿大农业支持政策改革的效果及其启示》,《湖南农业大学学报(社会科学版)》2014 年第 10 期,第 61—69 页。

彻温、曼尼托巴、新不伦瑞克和新斯科舍等五个省参加了再保险计划。联邦政府还为农业保险计划提供监管,确保"农场收入保护法","加拿大生产保险条例"和"GF2"中的义务得到履行。

每个省自主开发和经营农业保险计划以满足本省生产者的需求,弥补产量损失、产品质量下降等引起的损失等。农业保险计划涵盖小麦、玉米、燕麦、大麦等传统作物和莴苣、草莓、胡萝卜、茄子等园艺作物,甚至还包括蜜蜂死亡率和枫糖浆生产等项目。各省通过不断调整现有计划和实施新计划来满足不断变化的行业要求。根据 GF2 的指引,各省必须将农业保险的范围扩大到包含牲畜保险。

目前,农业保险计划有标准和灾难两个等级来弥补自然灾害产量损失。农业保险赔付标准级产量损失的 60%,赔付灾难级产量损失的 90%—100%。

加拿大农业保险计划是稳定农户收入的基础计划,保障责任尽可能广泛,以最大程度减少农场主对农业稳定计划(农业稳定计划是农业保险计划的完善和补充,两者有些重合)等政府援助项目的需求。相比农业稳定计划,农业保险计划对农户的损失赔付更加及时,因此在稳定农场现金流和迅速恢复农业生产方面发挥了重要作用。农业保险计划的费用由联邦政府、省政府和农场主共同承担。联邦政府与省政府一起制定"国家标准",各省政府参照"国家标准"灵活设计本省的农业保险方案,农场主自愿选择是否参加农业保险计划。加拿大农业保险参与率很高,达到 75%—85%,小麦等作物的参与率甚至更高。

表 7-5 对 2013—2018 年加拿大农业风险管理计划中的农业投资计划、农业稳定计划、农业恢复计划、标准级农业保险计划、灾

难级农业保险计划和特设项目等的适用情况、补偿标准、风险来源及补贴频率等进行了比较分析和总结。①

表7-5　2013—2018年加拿大农业风险管理计划内容

计划名称	适用情况	补贴标准	风险来源	补贴频率
农业投资计划	当期利润减少0—30%	净销售额的1%	所有	很高
农业稳定计划	当期利润减少大于30%	损失的70%	所有	高
农业恢复计划	现有计划未覆盖的罕见损失	咨询或商讨决定	自然	很少
标准级农业保险计划	产量减少10%—50%	损失的60%	自然(特定)	中等
灾难级农业保险计划	罕见时间（概率低于7%）	损失的90%—100%	自然(特定)	非常少
特设项目	没有明确规定	特设决定	市场	很少

注:当期利润:某一年份可支配收入减去相应费用,并对应收款项、应付款项和库存进行调整;历史平均利润:过去五年利润(最高值和最低值除外)的算术平均。

②农业再保险计划

加拿大的农业再保险计划实际是一个对农业保险公司的债务融资计划,是加拿大农业巨灾风险管理的另一重要措施。当农业保险公司赔款超过保险基金累积的保费收入时,不足部分由再保险基金支付。加拿大的农业再保险包括联邦再保险和省级再保险。有的省与联邦政府签署再保险协议,有的省向私营再保险公司购买再保险,或者同时与联邦政府和私营再保险公司签署再保

① 朱满德、袁祥州、江东坡:《加拿大农业支持政策改革的效果及其启示》,《湖南农业大学学报(社会科学版)》2014年第10期,第61—69页。

险协议。传统上,农业再保险纯粹属于政府项目,由省级农业部门进行管理,但现在也有一些省级政府授权皇室公司提供再保险服务。

每一个省的农业保险公司独立制订再保险计划,如艾伯塔省农业金融服务公司 2010 年的再保险计划为:对 130% 以下的赔付率不参加再保险;对 130%—220% 的赔付率,根据不同层次部分地(30%—40%)参加私营公司的再保险;对高于 220% 的赔付率,参加联邦或省政府的再保险。也有一些省份向国际再保险公司投保再保险业务。虽然有个别私营保险公司也向省级农业保险项目提供再保险,但在农业再保险业务中所占比重很小。如果农业再保险基金赔付完仍然不足以弥补灾害损失,则由省级财政部门向保险公司发放无息贷款用于补偿损失,贷款要用保险公司将来收取的保费偿还。

(3)长期应对措施

天气、动物疫情、植物病害和食品安全等引起的农业巨灾,影响一般都比较短,不需要长期应对措施。但加拿大政府对于农业生产者因市场因素引起的巨灾和长期利润损失,会启动长期应对项目或市场干预机制弥补。①

三、日本的农业巨灾风险管理制度

日本的农业巨灾风险管理制度体系比较健全,分为市町村级(相当于中国的市镇村级)、都道府县级(相当于中国的省级)和国

---

① 蒲应龚、吕晓英:《加拿大农业巨灾风险分散体系及启示》,《世界农业》2015 年第 9 期,第 97—111 页。

家级三级。

（一）市町村一级农业巨灾风险管理措施

在市町村一级,农业巨灾风险管理工作主要由农业共济组合负责。农业共济是由所辖区域可保农作物达到法定最低限的农户自动组成的互助保险组织。农业共济组合的会员农户向其缴纳互助保险费和手续费,当投保农作物遭受风险损失时,就会获得农业共济组合返还的互助保险金。农业共济组合经营的农业保险有农作物保险、家畜保险和果树保险等。农业共济组合接受都道府县知事的指导和监督,保险业务必须向其上级组织——农业共济组合联合会分保,分保比例为保险金额的90%,自留10%。目前,农业共济组合几乎涵盖了日本所有地区。

（二）都道府县一级农业巨灾风险管理措施

在都道府县一级,农业巨灾风险管理工作由农业共济组合联合会(简称"联合会")负责。联合会是由辖区内农业共济组合组成的非营利性机构,向农业共济组合提供再保险分散农业巨灾风险。共济组合和联合会之间没有任何隶属关系,彼此在经营上相互独立,联合会只负责向共济组合提供比例再保险和防灾防损指导。联合会收取再保险费,建立补偿基金,承担大部分灾害损失的赔偿责任。为有效分散农业巨灾风险,联合会将部分保费交给农林水产省管理局保险课管理的农业共济再保险特别账户,向全国分散巨灾风险。一般而言,农业共济组合、联合会、农林水产省的保险责任分担比例分别为 10%—20%、20%—30%、50%—70%。如遇特大灾害,农林水产省承担的保险责任会增至 80%—100%,

从而保证了农业共济组合和联合会经营的稳定性。联合会的工作受农林水产省大臣的指导和监督。

(三)国家一级农业巨灾风险管理措施

在国家一级,由日本农林水产省的大臣官房(相当于中国农业部办公厅)统计部和管理局保险课负责。大臣官房统计部负责农业巨灾风险管理的法律制定、预算(包括农林渔业信用基金①的政府出资预算)、统计研究、基准费率厘定与国际交流等工作。大臣官房统计部在厘定费率时,对各地每年可保农作物产量进行抽样调查、计算平均产量、确定保险金额,再根据都道府县过去 20 年的灾损记录测算基准费率,一般 3 年修订一次。管理局保险课负责向参保农户发放保费补贴;接受都道府县农业共济组合联合会缴纳的再保险费,分担农业巨灾风险损失;负责管理农业共济再保险特别账户;收集、整理和分析农业保险和再保险的数据,向大臣官房统计部提出农业巨灾风险管理预算和保险政策建议。

东京都、福井县、熊本县和神奈川县等 4 个都县的农业巨灾风险管理体系只有两级组织,他们合并了农业共济组合与农业共济组合联合会的功能,只同农林水产省开展农业保险业务。② 日本农业巨灾风险管理制度体系框架请见图 7-3。

---

① 农林渔业信用基金是日本政府设立的独立行政法人,接受农业共济组合联合会和农业共济组合的信托投资,充当农户保费补贴的风险基金。如约定时间内没有发生自然灾害,农林渔业信用基金会将部分保费返还给投保农户。根据日本现行法律,该基金接受农林水产省大臣的指导监督。

② 范丽萍、张朋:《美国、加拿大、日本经验对中国农业巨灾风险管理制度体系构建的启示》,《世界农业》2015 年第 11 期,第 24—30 页。

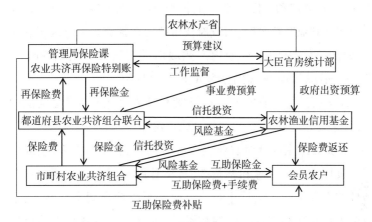

图7-3 日本农业巨灾风险管理制度体系框架

四、澳大利亚的农业巨灾风险管理制度

在澳大利亚,农业巨灾风险主要有自然灾害和动植物疫病。澳大利亚政府制定了三项农业巨灾风险管理政策:一是自然灾害救助及灾后重建计划(Natural Disaster Relief and Recovery Arrangement,NDRRA),主要为自然灾害引起的巨灾(旱灾除外)设立专项资金,为农村社区和个体农户提供灾后援助;二是国家干旱管理政策(National Drought Policy,NDP),对干旱引起的巨灾进行风险分散;三是生物安全伙伴计划(Bio-Security Partnership Arrangement,BSPA),对动植物疫病引起的巨灾,通过公私合作方式分担风险。

(一)自然灾害救助及灾后重建计划

该计划的自然灾害包括丛林大火、地震、洪水、暴雨、风暴潮、气旋、滑坡、海啸、龙卷风、陨击等(不包括干旱、霜冻、人类及动物疫病)。计划启动条件是灾害事件所致损失超过 24 万澳元。该计划由澳大利亚联邦政府、州政府及市政府根据灾害事故区域和性质联合开展实施。联邦政府对州政府的灾害援助报销 50% —75%。该计划的灾害援助分为 A、B、C、D 四类。

A 类援助与农业生产无关,主要包括衣食住等生活必需品的供给、家具修理或更换、房屋修葺或重建等。

B 类援助主要针对农业生产者,帮助他们减少损失,恢复生产。具体措施有优惠利率贷款、货运补助和利率补贴等。符合条件的农业生产者灾后申请贷款时都可以获得利率补贴,运送有关灾后重建和恢复生产的物资时,可以获得最高 50% 的货运补贴。

C 类援助是经联邦司法部部长批准的重大灾害援助,对重灾地区、社区、行业提供的一揽子援助,主要包括三项:一是灾害损失评定前向受灾农业生产者提供最高 1 万澳元的一次性拨款用于恢复生产;二是灾害损失评定后向符合条件的农业生产者追加最高 1.5 万澳元的恢复生产拨款;三是受灾的农业生产者还可以申请优惠利率贷款,条件是申请者遭受了重大财产损失,无法获得商业贷款但具有恢复农业生产且长期发展的能力。

D 类援助也是经联邦司法部部长批准的重大灾害援助,但较少启用。

自然灾害援助及重建计划仅对自然灾害造成的巨大损失进行援助,如果灾害损失属于农业保险承保范围,农业生产者就不能得到该项援助。各个州政府根据自身情况,制定了不同的灾害评估标准、援助启动标准以及灾害援助措施等。

（二）国家干旱管理政策

在澳大利亚，由于气候变化的影响，降水减少，干旱情况日益严重，旱灾成为影响农业生产的一个重要灾害。1992 年，澳大利亚联邦政府和州政府把旱灾从自然灾害救助及灾后重建计划中剥离出来，专门出台了国家干旱管理政策，由联邦政府独资实施，以帮助遭受旱灾损失、但具有长期发展潜质的农业生产者尽快恢复生产。

国家干旱管理政策在联邦政府认为干旱程度达到"异常情况"（Exceptional Circumstances）时启用。"异常情况"是指超出农户承受范围的、罕见的、重大的旱灾，认定标准为：（1）平均 20—25 年发生一次；（2）灾害损失对农民收入造成长期（如 1 年以上）影响；（3）不属于长期经济结构调整或者正常物价波动的结果。除上述标准外，联邦政府还结合受灾地区气象条件、作物产量、畜牧生产情况、供水情况、农民收入水平等要素进行综合评定。如果联邦政府认定某地干旱属于"异常情况"，就向受灾农户提供异常情况救济金、异常情况利率补贴和异常情况转业补贴等援助。

异常情况救济金主要用于支付受灾损失严重的农户的日常生活费用，发放金额相当于非农行业失业保险金的标准，一般标准是 848 澳元/（人·月）、1696 澳元/（户·月）。

异常情况利率补贴用于帮助符合条件的、有发展潜力的灾区农业及相关行业企业走出灾害损失困境，获助企业在第一年可以获得高达 50%的应付贷款利息补贴，之后年度可以拿到高达 80%的应付贷款利息补贴。补贴期限一般为 5 年，年补贴限额最高为 10 万澳元，5 年总补贴限额为 50 万澳元。这项政策与异常情况救济金不冲突，农民可以同时申请。

异常情况转业补贴用于帮助不具生存能力的受灾农场转行。补贴有 3 种形式：一是向符合条件的农场主一次性支付 15 万澳元的转业金;二是向符合条件的农民追加 1 万澳元,用于支付转业咨询费用和再就业培训费用;三是向符合条件的农民提供 1 万澳元的再就业金。接受该补贴的农民保证未来 5 年内不再从事农业。

(三)生物安全伙伴计划

在澳大利亚,动植物疫病引起的巨灾由生物安全伙伴计划进行管理。联邦政府、州政府和行业组织联合成立非营利性澳大利亚动物健康公司和澳大利亚植物健康公司,协助管理全国动植物健康项目。遇到重大疫情、需要销毁发病动植物时,受灾农户只要事先制订了详细的风险管理方案、采取了相应的控制措施,并在发现潜在疫情的 24 小时内向有关机构报告,生物安全伙伴计划就可以向遭受损失的农户提供经济赔偿,赔偿农户采取检疫措施时的资产市价与最初评定价值的差值部分。损失赔偿金以及相关疫病防控费用由政府和相关行业组织分担。①

五、西班牙的农业巨灾风险管理制度

在西班牙,农业巨灾风险一般指超越了保险公司承保范围的农业风险。西班牙的农业巨灾风险管理制度体系由临时性农业巨灾援助制度和农业保险制度两部分组成。

(一)临时性农业巨灾援助制度

1.临时性农业巨灾援助制度的相关主体

临时性农业巨灾援助制度的相关机构由两个部委(农业、食

---

① 范丽萍:《澳大利亚农业巨灾风险管理政策研究》,《世界农业》2014 年第 2 期,第 35—38 页。

品及环境部、经济与财政部)和四个机构(西班牙官方信贷基金
会、国营农业合资公司、国家农业保险局和农业保险有限公司①)
组成。它们的职责分别为:①农业、食品及环境部:负责起草除农
业税收政策外的临时性财政援助措施;向国家农业保险局拨付临
时性巨灾损失补偿预算;牵头实施巨灾防控政策和巨灾风险应对
措施等;②经济与财政部:负责起草农业税收方面的巨灾援助政
策;③西班牙官方信贷基金会和国营农业合资公司分别负责落实
有关具体工作;④国家农业保险局负责管理中央政府向农民提供
的临时性巨灾损失补偿资金;⑤农业保险有限公司协助进行巨灾
损失评估和资金发放。②

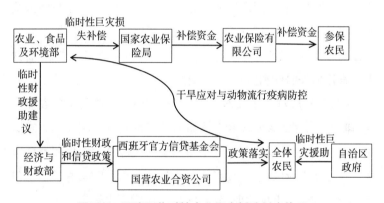

图 7-4　西班牙临时性农业巨灾援助制度体系

资料来源:范丽萍:《OECD 典型国家农业巨灾风险管理制度研究》,中国农业科学院
　　　　博士论文,2015 年。

---

① 农业保险有限公司是由西班牙境内经营农险的保险公司组成的农险共
　保体。
② 范丽萍:《OECD 典型国家农业巨灾风险管理制度研究》,中国农业科学院
　博士论文,2015 年。

2. 临时性农业巨灾援助制度的有关措施

（1）中央政府直接提供的临时性巨灾损失赔偿。针对农业保险承保范围外的巨灾事件而设立的，由国家农业保险局负责管理、农业保险公司协助进行巨灾损失评估。农民获得该项援助的条件是：①参加了农业保险；②巨灾损失不在农业保险赔偿的范围内；③损失超过申请人平均产量的30%。

（2）中央政府采取的临时财政措施和信贷政策。主要包括与收入、增值税、燃油税相关的临时性财政措施以及政府担保贷款和贷款利率优惠等信贷措施。

（3）自治区政府采取的临时援助措施。在农业巨灾风险管理体系中，中央政府负责设计整体的风险应对方案，并给予自治区政府一定的财政支持；17个自治区政府负责落实中央政府拟定的灾害援助政策，同时制定并实施符合自身条件的灾害援助措施，通常也是直接损失赔偿和信贷优惠两种形式。

（4）干旱应对与灌溉政策。干旱是西班牙面临的主要农业巨灾风险之一，灌溉农业区和非灌溉农业区都受其影响。在非灌溉农业区，农业保险承保了易受干旱影响的大部分农作物和家禽家畜。在灌溉农业区，节水政策是应对干旱的主要工具，相关措施包括：水量分配、水市场管理、节水技术及制度应用等。①

（二）农业保险制度

西班牙农业保险体系也涉及两个部委（农业、食品及环境部、经济与财政部）和四个机构（国家农业保险局、保险与养老基金监

---

① 范丽萍：《西班牙农业巨灾风险管理制度研究》，《世界农业》2014年第4期，第152—157页。

管总局、保险赔偿集团、农业保险有限公司)。它们在农业保险制度中的职责分别为:

(1)农业、食品及环境部:负责审批农业保险保费补贴年度预算,制定农业保险补贴政策。

(2)经济与财政部:农业保险公司的监管机构,负责监控私营保险公司的偿付能力;对年度农业保险计划安排财政补贴资金;合理调节保险费率;确定各保险公司的份额;审核监督保单价格。

(3)国家农业保险局:隶属于农业、食品及环境部,是主要的农业保险决策机构,负责向政府提交农业保险年度计划;推进和监管农业保险计划的执行;确定各险种的补贴标准和比例;向农业保险公司划拨保费补贴;进行农业生产损失、农业风险防御等相关研究;宣传并鼓励农民参加农业保险;评估农业保险制度绩效;仲裁农业保险合同争议等。总务委员会是国家农业保险局的管理机构,由农业保险相关利益主体的代表组成。

(4)保险与养老基金监管总局:隶属于西班牙经济与财政部,是农业保险市场的监管机构,协助国家农业保险局确定补贴标准和补贴比例,向经济与财政部提出农业再保险建议。

(5)保险赔偿集团:隶属于西班牙经济与财政部,是农业保险有限公司的股东之一,代表政府充当农业保险的最终再保险人,应对商业保险不能承保的农业巨灾风险,清算偿付能力不足的保险公司等。

(6)农业保险有限公司:是一家由私营农业保险公司组建的私营共保组织,代表股东管理农业保险业务;建立并管理保险数据库;进行精算研究,根据农业保险年度计划,制定保费价格和其他规定;与国内外保险公司共同管理私营再保险业务;为政府工作提供经济损失评估、技术支持等。①

六、五国农业巨灾风险管理制度的启示

通过分析上述五国的农业巨灾风险管理制度,得出了一些共性经验,为完善我国农业巨灾风险管理制度提供有益的启示。

(一)农业巨灾风险管理范围比较宽泛

各个国家对农业巨灾没有特别明确的定义,基本上界定为罕见的、重大的、农户或者保险公司无法承担的风险损失,把自然灾害、动植物疫病甚至大的市场风险都归为农业巨灾,因此,农业巨灾风险管理的范围比较宽泛。例如,加拿大对在农业保险计划中将巨灾风险定义为"年均发生概率在7%以下、发生频率在15年以上/次的风险",没有具体的标准,根据实际情况把需要临时公共援助的风险甚至是大的市场风险都归为农业巨灾范畴。再如,澳大利亚把动植物疫病引起的大的损失也列为农业巨灾,通过生物安全伙伴计划进行管理;西班牙把超越了保险公司承保范围的农业风险界定为农业巨灾。

(二)非常重视农业巨灾风险管理立法

这五个国家都比较重视以农业保险为基础的农业巨灾风险管理的相关立法。

美国1938年的《农业调整法》第五部分就是关于农业保险

---

① 范丽萍:《OECD 典型国家农业巨灾风险管理制度研究》,中国农业科学院博士论文,2015年。

的;1980 年美国国会通过了卡特政府提出的《联邦农作物保险法》;1994 年通过了《联邦农作物保险改革法案》;1996 年通过了《联邦农业完善与改革法案》;2000 年通过了《农业风险保障法》;2012 年通过了《农业改革、食品和就业法案》;2014 年通过了《食品、农场和就业法案》。

日本于 1929 年出台了《牲畜保险法》,于 1938 年出台了《种植业保险法》,1947 年上述两项法律合并,形成了《农业灾害补偿法》。

加拿大在 1959 年颁布了《联邦农作物保险法》,来推行本国的政策性农业保险,各省也分别立法确定自己的经营模式;1991 年通过了《农业收入保障法》取代了《联邦农作物保险法》,强调了农户收入稳定的重要性,呼吁全社会向农民家庭提供更多支持。

西班牙在 1978 年通过了《农业保险法》,规定农业保险认购遵循自愿原则,国家负责农业保险的统计和精算研究,农业保险涉及的标的、地域和风险将逐步实现全覆盖,政府对农业保险提供20%—50%的补贴。[①]

(三)中央政府层面都有明确的管理机构

在美国联邦政府层面,有农业部风险管理局和农场服务局,分别牵头负责实施农业保险制度体系和农业自然灾害援助制度体系。

在加拿大联邦政府层面,有加拿大农业及农业食品部和加拿大食品检验署牵头开展农业巨灾风险管理工作,加拿大食品检验

---

① 范丽萍:《OECD 典型国家农业巨灾风险管理制度研究》,中国农业科学院博士论文,2015 年。

署负责与动物疫病相关的巨灾风险防控与预警工作;加拿大农业及农业食品部负责牵头管理联邦政府组织开展的农业保险计划、临时性灾害援助和商业风险管理项目等。

在日本中央政府层面,由农林水产省的大臣官房(相当于中国农业部办公厅)统计部和管理局保险课负责农业巨灾风险管理事宜。

在西班牙中央政府层面,有农业、食品及环境部、经济与财政部、国家农业保险局、西班牙官方信贷基金会、国营农业合资公司等机构负责农业巨灾风险管理事宜。

(四)农业巨灾损失分担主体多元化

在这五个国家中,除了农户和保险公司承担农业巨灾风险损失外,还通过再保险、紧急贷款等方式构建了多元化农业巨灾风险损失分担体系。例如,美国由联邦农作物保险公司为商业性公司提供再保险,由政府所属的"商品信贷公司"为责任准备金不足以支付赔款的商业保险公司提供贷款;日本则由农业共济联合会和农业共济再保险特别账户处提供两级再保险,当农业共济组合联合会补偿基金不足以支付赔款时,则由共济基金向联合会提供贷款;在加拿大,如果省农作物保险公司出现了不能赔款,则可以向省政府和联邦政府申请无息贷款;等等。

(五)组合利用系列农业巨灾风险管理措施

在五国的农业巨灾风险管理体系中,充分调动政府和市场两种资源,充分发挥政府和市场两种机制的作用,组合利用政府灾害援助项目、农业保险计划、再保险计划、优惠利率信贷和资本市场工具等系列农业巨灾风险管理措施。例如,美国建立了以完善的农业保险为主体,以灾害援助为辅助的农业风险管理体系,综合利用 10 种农业保险项目和 10 种农业灾害援助项目;加拿大组合利用临时措施、农业风险管理计划、再保险计划和长期措施等;日本组合利用农业保险、再保险和紧急贷款等措施;澳大利亚则综合利用自然灾害救助及灾后重建计划、国家干旱管理政策和生物安全伙伴计划等措施;西班牙组合利用农业保险和政府援助措施。

此外,这些国家还探索应用资本市场工具作为农业巨灾风险管理的新型工具,如美国推出的巨灾期货、巨灾期权、巨灾债券和巨灾赔付专门票据,日本发行的可赎回地震债券和农业巨灾债券,等等。

(六)农业保险发挥重要的基础作用

这五个国家政府都高度重视农业保险在农业巨灾风险管理中的基础地位和优先地位,有的国家正在逐步利用农业保险替代灾害援助项目,有的国家灾害援助措施只对农业保险无法覆盖的部分进行补充,有的国家把农户投保农业保险作为获得政府灾害援助的先决条件。

例如,1994 年美国在重构农产品安全网时,取消联邦农作物保险所覆盖农作物的灾害救助计划,只保留联邦农作物保险未覆盖的"非保险农作物灾害救助计划";把购买联邦农作物保险作为农场主获得政府各种支持政策的先决条件;建立巨灾保险计划,保险费全部由联邦政府补贴;1996 年的《联邦农业完善和改革法》,废除了政府为农场主提供价格和收入支持的政策,转而为农场主提供收入保险,使农作物保险成为美国政府对农业进行风险保障的最重要政策工具。2012 年,美国遭遇五十年一遇的大旱,联邦农作物保险赔付额高达 172 亿美元,显示了农业保险在美国农业巨灾风险管理和农业安全网中的地位。

在加拿大,农业保险的设计原则是,保障范围要尽可能广泛,尽量减少农场主对政府其他援助项目(如农业收入稳定计划)的需求,政府其他援助项目是农业保险的补充,即农业保险是农业巨灾风险管理的首选工具。

在澳大利亚,如果农业生产者遭遇的自然灾害损失属于农业保险承保范围,农业生产者就不能得到自然灾害援助及重建计划的援助。

西班牙采取了农业保险和政府援助互相结合、互相补充的农业巨灾风险管理模式,主要依靠农业保险分散农业风险。

(七)对旱灾等重要巨灾进行单独管理

随着全球气候变化的大趋势,干旱成为影响很多国家农业生产的重要巨灾,因此一些国家对旱灾高度重视,出台专门的政策单独管理。例如,澳大利亚把对全国农业生产影响较大的旱灾从自然灾害救助及灾后重建计划中剥离出来,专门出台了国家干旱管理政策,进行单独管理,帮助遭受旱灾损失的农业生产者尽快恢复生产;再如,西班牙也出台了专门的干旱应对与灌溉政策,对非灌溉农业区主要通过农业保险承保大部分农作物和家禽家畜,在灌溉农业区主要采取水量分配、水市场管理、节水技术及制度等节水政策应对旱灾。另外,在澳大利亚,对动植物疫病引起的巨灾也建立了专门的生物安全伙伴计划进行管理。

第八章　完善我国农业巨灾风险管理制度的总体思路

本章根据农业巨灾风险的"准公共性"属性，针对我国农业巨灾风险管理中存在的现实问题，结合国情，充分借鉴发达国家农业巨灾风险管理的先进经验，提出了完善我国农业巨灾风险管理制度的总体思路。

一、确立"政府机制+市场机制"的基本方针

长期以来，我国农业巨灾风险管理坚持的是政府主导机制，市场机制的作用基本没有发挥。政府主导机制在很多情况下发挥了重要作用，农户得到了救助，体现了社会公平性，但如果仅依靠政府机制管理农业巨灾风险会产生一些问题。

（一）农业巨灾风险管理仅依靠政府机制难以为继

（1）政府进行灾后补偿的能力有限。政府财政收入规模大小决定了政府灾后补偿的能力大小。与不断增大的农业巨灾损失规模相比，政府灾后补偿的数额也只是杯水车薪。

（2）政府灾后补偿的机会成本较高。政府一定时期内可支配

收入是有限的,农业巨灾发生后,突发的政府救灾支出会挤占其他项目的财政预算,可能会影响到经济发展后劲,产生较大的机会成本。例如,2008 年汶川地震发生后,当年中央财政救灾支出约是 2007 年的 7.5 倍,为了在短时期内筹集巨额的救灾资金,国家不得不从其他领域调集资金,当年中央国家机关的公用经费支出一律比预算减少 5%,用于抗震救灾。

(3)政府灾后救助的效率较低。政府灾后救灾方式、救灾程度和救灾速度受到管理体制的束缚,灾后资源分配存在一定不公平性,补偿效率较低。

(二)农业巨灾风险管理市场机制具有很多优势

农业巨灾风险管理的市场机制一般包括保险机制、再保险机制和资本市场机制三个主要部分。相比而言,市场机制在农业巨灾风险管理的有效性、确定性、公平性和便捷性方面比政府机制更有优势。

(1)市场机制更有效。例如,在农业保险这种风险管理市场机制中,保险公司根据农户的风险水平进行定价,这些价格可以帮助农户根据自己的风险成本作出决策,并积极采取相应措施降低风险水平和风险管理成本。

(2)市场机制更确定。在巨灾发生后,农户可从保险公司获得多少损失补偿,由保单中的条款规定,因而补偿金额很确定。但政府机制中,是否对受灾农户进行补偿以及补偿多少都是不确定的。

(3)市场机制更公平。在市场机制中,损失补偿是在购买保险的人之间进行分担,但政府机制的损失补偿则是在纳税人之间进行分配,存在低风险纳税人向高风险纳税人交叉补贴的现象,从而不公平。

(4)市场机制更便捷。政府救灾款的拨付,通常要经过比较复杂的程序和流程,相对来说速度较慢。而农业保险赔款的支付,相对就要快很多。《农业保险条例》第 14 条规定:"保险机构应当在与被保险人达成赔偿协议后 10 日内,将应赔偿的保险金支付给被保险人。农业保险合同对赔偿保险金的期限有约定的,保险机构应当按照约定履行赔偿保险金义务。"

因此,为了提高农业巨灾风险管理的有效性、确定性、公平性和便捷性,我国农业巨灾风险管理机制应确立"政府机制+市场机制"的基本方针,充分发挥两种机制的优势,调动全社会资源参与农业巨灾风险管理,提高农业巨灾风险管理的效率。例如,在防灾减灾、应急准备和应急救灾环节,政府机制应占主导地位,充分发挥其能够迅速调动大量社会资源的优势,进行防灾减灾工程建设、预警机制和信息系统建设、迅速抢险救灾等市场机制无能为力或做不好的工作;而在灾后补偿方面,则应由农业保险等市场机制占主导地位,充分发挥农业巨灾风险管理有效性、确定性、公平性和便捷性优势。

二、出台专门的农业巨灾风险管理法规

农业巨灾风险管理是一个系统工程,涉及财政部门、保险公司、农户和金融市场投资者等多方面主体,有很多权利、义务和责任需要界定。农业巨灾风险管理法律法规的缺失,会使相关主体的合法权益无从保障,也不利于建立农业巨灾风险管理的长效机制。根据国际经验,完善的法律规范对形成"社会化"农业巨灾风险多分担体系具有举足轻重的作用。

2013年3月,我国已经实施了《农业保险条例》,对农业保险的经营组织、经营原则和补贴制度等内容进行了规范,为构建我国农业巨灾风险管理的法律体系奠定了基础。但农业保险仅是农业巨灾风险管理的工具之一,仅实施《农业保险条例》对建立健全农业巨灾风险管理制度是远远不够的。

建议政府尽快出台农业巨灾风险管理的相关法律法规,为完善我国农业巨灾风险管理制度提供法律依据和保障。相关法律法规可对以下重点问题作出规定:(1)对农业巨灾风险进行界定;(2)明确农业巨灾风险管理的相关机构;(3)明确政府机构、保险公司、农民等主体在农业巨灾风险管理过程中的职责分工、权利与义务;(4)明确灾前预防、灾中救灾和灾后补偿重建的管理措施与启动程序;(5)明确农业巨灾风险损失补偿的市场机制,如保险、再保险、巨灾债券、巨灾彩票、巨灾风险基金等;(6)明确农业巨灾风险管理的财政补贴、税收优惠等支持政策。[①]

三、成立专门的农业巨灾风险管理机构

农业巨灾风险管理工作,涉及财政部门、农业部门、保险公司、气象部门等多个部门、行业及农户,有很多复杂的关系需要协调和理顺。建议在中央层面成立一个类似美国农业风险管理局那样的管理机构,专门负责农业巨灾风险管理的组织、协调、推动和研究等事宜。该管理机构的具体职责有:(1)提出农业巨灾风险管理的年度计划和中长期规划,并制定相关政策组织实施;(2)向财政

---

① 蔡梦阳:《我国农业巨灾风险管理中政府与市场的定位探讨》,《农业灾害研究》2012年第2期,第81—87页。

部提交农业巨灾风险管理补贴的提议和方案,对参保农户提供保费补贴;(3)对农业保险公司提供费用补贴和再保险支持,并监管其业务;(4)研发和制定农作物保险费率和核灾定损的方法、程序;(5)对保险公司开发的新险种进行初步审核,促进新险种推广;(6)负责搜集农业巨灾的相关数据和信息,组织农业巨灾风险管理的理论和实务研究,为政策制定和产品研发提供依据;等等。各省也可以成立相应的分支机构。①

四、构建"社会化"农业巨灾
风险分担体系

农业巨灾风险的"准公共风险"属性,决定了农业巨灾风险管理必须增强"社会性",改变以往政府"孤军奋战"的局面,吸引更多的相关利益主体参与,充分利用市场机制和政府机制,构建"社会化"农业巨灾风险分担体系。

"社会化"农业巨灾风险分担体系主要包括政府主体和市场主体。具体来讲,政府主体指中央政府及省以下各级政府,市场主体包括承灾主体(即农业生产者,可以是农户,也可以是农业生产组织)、保险公司、再保险公司和资本市场投资者等。

(一)农业生产者

农业生产者是农业巨灾风险的承灾主体,是农业巨灾损失的直接承受者,因此是农业巨灾风险分担体系中的重要主体。但由

---

① 王克、张峭:《美国、加拿大农业保险的经验和启示》,《农业展望》2007 年第 10 期,第 25—27 页。

于农业生产者资金实力和承担风险的能力有限,因此只能承担农业巨灾损失中的一部分损失。要求农业生产者承担部分损失,主要是为了提高其减灾救灾的意识和动力,提高整个农业巨灾风险分担体系的运行效率。

(二)政府

农业巨灾风险是"准公共风险",风险损失巨大,损失最终会影响全体社会成员的利益,因此,不能仅靠市场主体承担,政府需要在其中发挥重要作用。美国、加拿大等五国政府在农业巨灾风险管理制度中均发挥了重要作用,从实际情况看也充分说明了这一点。我国政府在农业巨灾风险分担体系中的职责可定位为以下几种。

1. 制度供给者

根据制度变迁理论,制度变迁主体包括初级行动团体和次级行动团体。初级行动团体是一个决策单位,是制度变迁的创新者、策划者和推动者,当他们认识到存在制度变迁机会时,他们就发动制度变迁。次级行动团体是帮助初级行动团体进行制度变迁的决策单位。

农业巨灾风险管理制度变迁的主体是农业巨灾风险的承受者,包括政府、农户、保险公司和社会公众等。其中,政府充当农业巨灾风险管理制度变迁的初级行动团体的可能性较大,原因在于:

(1)政府进行农业巨灾风险管理的动力最强。制度变迁的诱致性因素是潜在利润,初级行动团体只有发现存在巨大的潜在利润,才会在收入增加的激励下改变制度。因此,潜在利润的大小决定初级行动团体进行制度变迁的动力强弱,即所发现的潜在利润越大,进行制度创新的动力就越强。如第二章所述,农业巨灾影响国家粮食安全、农民收入稳定和保险业可持续发展,进行农业巨灾风险管理可以获得保障国家粮食安全、稳定农民收入、保证保险业可持续发展等潜在利润,而政府是这些潜在利润的最大受益者,因此政府推动农业巨灾风险管理制度变迁的动力最强。

(2)其他各方主体缺乏充当初级行动团体的能力和动力。首先,农民虽然是农业巨灾风险的最直接承受者,但由于农民的风险意识、保险意识及经济实力较弱,缺乏推动农业巨灾风险管理制度变迁的能力;而且由于农民可以利用非农收入、多元化种植等传统方式分散风险和补偿损失,因而也缺乏推动农业巨灾风险管理制度变迁的动力。其次,保险公司的风险管理水平和经济实力均较强,但由于保险公司以追逐利润为经营目标,对容易产生巨额损失的农业巨灾风险持谨慎进入的态度,因此也缺乏充当农业巨灾风险管理制度变迁初级行动团体的动力。再次,社会公众虽然是农业巨灾风险管理的受益者,享受农业稳定、农产品价格低廉的好处,但由于社会公众和农业生产之间没有直接的利益链条,认为农业巨灾风险管理"事不关己,高高挂起",因此,社会公众也不会充当制度变迁的初级行动团体。

可见,在农业巨灾风险管理制度变迁中,政府应充当初级行动团体和制度供给者,做好农业巨灾风险管理制度的顶层设计,积极推动农业巨灾风险管理制度实施。农民、保险公司和社会公众等充当次级行动团体,帮助政府进行制度变迁。

2.财政支持者

农业巨灾风险属于"准公共风险",完全通过市场机制分散风险和承担损失是行不通的。根据国际经验,在多元化农业巨灾风险分担体系中,政府对农户和保险公司均提供多种财政支持,具体包括向农户支付保费补贴,向保险公司提供经营管理费用补贴、税收优惠、巨灾风险基金和优惠贷款等支持。如果建立国有性质的农业巨灾风险管理机构或农业保险公司,政府还要提供资本金支持。

需要注意的是,政府对农业巨灾风险管理提供财政支持,与政府直接承担农业巨灾损失有所不同,前者通过保险机制等建立农业巨灾风险承担的市场机制,最终由全社会承担农业巨灾损失,具有较强的财政支持杠杆效应;后者则由政府直接进行损失补偿,没有杠杆效应。

3. 协调推进者

制度变迁的方式有强制性制度变迁和诱致性制度变迁。诱致性制度变迁即通常所讲的"自下而上"的制度变迁,由一个人或一群人发现获利机会时自发倡导、组织和实行的制度变迁。强制性制度变迁即通常所讲的"自上而下"的制度变迁,主要由政府法令及法律引入和实行。一般来说,诱致性制度变迁是需求主导型的,强制性制度变迁则是供给主导型的。[①]

多元化农业巨灾风险分担主体包括农户、中央政府、地方政府、财政部门、农业部门、保险公司、气象部门和投资公众等众多利益主体,同时由于农业巨灾风险管理制度变迁是由政府充当初级行动团体、"自上而下"推动的强制性制度变迁,因此,应由政府充当各方主体利益的协调者和制度变迁的推进者。

4. 有限责任者

由于农业巨灾风险不是纯粹的私人风险或公共风险,而是"准公共风险",因此,政府完全不承担风险损失或承担全部风险损失都是不可取的,应该承担一部分风险损失。在"社会化"农业巨灾风险分担体系中,必须合理界定政府承担农业巨灾风险损失的界限。根

---

① 冯文丽:《中国农业保险制度变迁研究》,厦门大学学位论文,2004 年。

据损失的可能性和严重程度,农业巨灾风险可分为农户可以承受的"风险保持层"、农户可以通过市场而分散的"市场保险层"及市场不提供分散工具的"市场失灵层"。其中,"市场失灵层"就是政府承担风险损失的层面,一般来说是损失程度比较高的层面。

5. 临时贷款人

当发生农业巨灾损失,保险公司的准备金不足以赔付时,根据国际经验,政府可通过财政部门或政策性银行向保险公司提供低息贷款,或由政府提供担保使保险公司获得低成本融资。需要注意的是,政府在这里只充当"临时贷款人",所以贷款期限一般较短,保险公司在解决了流动性不足的燃眉之急后,应及时用以后年度的保费收入和盈利偿还贷款。

6. 风险教育者

由于农户对农业巨灾风险及其危害性和风险防范措施缺乏充分认识,也缺乏利用保险机制转嫁农业巨灾风险的意识和意愿,因此,需要对农户进行风险管理教育。保险公司虽然具有风险教育的技术优势,但由于担心其他保险公司"免费搭车"风险教育结果,进行风险教育的积极性不高,动力不强。因此,最好由政府充当农业巨灾风险管理的教育者,通过多渠道、多方式提高农户的风险意识和保险意识,改变农业保险投保率低的现状,为构建"社会化"农业巨灾风险分担体系奠定基础。在第四章农户风险意识和保险意识的现状调查中也显示,在"听说农业保险途径"这个选项中,选择经由"政府宣传"途径听说的农户比例最高,达到了41.09%,这说明政府在风险教育方面的确具有优势。

(三)保险公司

保险公司是专门经营风险的企业,具有技术优势和资金优势,抗风险能力较强,可以承担较大部分的农业巨灾损失。保险公司在农业巨灾风险分担体系中的作用主要有:(1)对农业巨灾保险产品进行设计和定价,提供经验数据和精算支持;(2)提供农业巨灾保险产品的销售、核保及服务;(3)对农业巨灾进行风险评估、建设减灾工程和开展防灾防损等风险管理活动;(4)按照事先签订的保险合同及时理赔;(5)利用市场化手段对农业巨灾损失提前融资,解决损失补偿的资金问题,缓解政府财政压力。

(四)再保险公司

为了防止保险公司承担风险太多、巨灾发生时偿付能力可能不足,保险公司可借助再保险公司分担部分损失。再保险公司在农业巨灾风险分担体系中的作用主要有:(1)平均保险人的风险责任,提高财务稳定性。对于农业巨灾中保额巨大的风险单位,保险人可以通过分保、转分保,将大额风险在众多的再保险人之间分散,保险责任一次一次地被平均化。当巨灾损失发生时,庞大的再保险网络可以迅速支付巨额赔款。(2)从空间上分散农业巨灾风险。农业巨灾风险损失具有较强的空间相关性,一旦爆发,相邻几个省市或市县的农户可能同时产生损失。再保险使集中在某个地区的风险向区域外甚至国外转移,从而能进一步分散风险。

总之,再保险公司通过平均保险公司的风险责任,从空间上分散巨额风险,扩大了保险公司的可保风险范围,增强了经营稳定性,这都是直接保险无法具备的作用。

(五)资本市场投资者及其他主体

为了进一步扩大农业巨灾风险损失补偿的资金来源,可借鉴国际经验,通过巨灾债券等金融工具吸引资本市场投资者参与农业巨灾风险分担。此外,也可以考虑发行巨灾彩票,让一部分彩民通过购买彩票进行农业巨灾风险分担。

从国际经验来看,这部分主体虽然占比不大,但发展潜力较大。资本市场投资者和彩民参与农业巨灾风险分担体系的好处主要有:第一,资本市场和彩票市场资金潜力巨大,可以为农业巨灾风险损失补偿提供大量资金;第二,农业巨灾风险类金融工具与金融市场的风险不相关,能够为投资者的资产组合提供多元化选择;第三,农业巨灾风险类金融工具一般收益较高,对投资者具有较大的吸引力。

五、重视"全流程"农业巨灾
风险管理环节

如图 8-1 所示,农业巨灾风险管理应该包括防灾减灾、应急准备、应急救灾和灾后救助等四个环节。长期以来,我国各级政府和民政部门等相关机构在应急准备和应急救灾方面做得很好,发挥了很重要的作用,本报告不做重点研究,有关灾后救助的内容将在后文详细阐述。本章针对我国农业巨灾风险管理"重灾后救灾重建,轻灾前预警预防"的现实问题,重点阐述农业巨灾灾前风险评估和预警问题。

农业巨灾风险的灾前风险评估与预警,是农业巨灾风险管理的关键环节,直接影响农业巨灾风险应急管理的时效性和及时性。科学的农业风险监测技术的运用,不但有利于直接减少和控制农业风险损失,降低风险管理成本,也是巨灾风险应急管理、农业保险精算理赔技术、农业风险证券化技术等其他管理手段运用的前

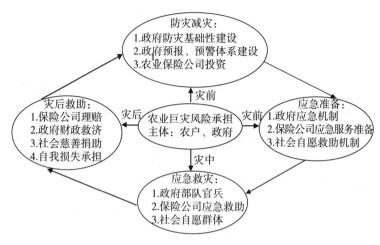

图 8-1 农业巨灾风险管理流程图

提和基础。

根据农业巨灾风险的成灾机理,农业巨灾风险的监测和评估主要包括致灾因子危害性评估、承灾体脆弱性评估和孕灾环境易损性评估。致灾因子危害性评估主要从灾害风险的类型进行界定和监测,不同灾害类型的表现方式和反应特征是有差异的,主要对灾害风险的预期发生强度和频率进行预判和跟踪监测;承灾体的脆弱性评估主要是对该区域农作物的基本情况和暴露风险程度、农业承灾体承灾能力等方面进行监测;而孕灾环境主要是对农业生产的基础设施、农村发展情况以及生态系统的灾害恢复能力进行检测。最后,在三种因子信息采集综合分析的基础上,实时确定农业巨灾风险的评估等级,并启动相应灾情预警机制。

一是注意利用先进的信息采集技术,为农业巨灾风险评估和预警提供准确的数据依据。发达国家在灾害风险评估与监测方面,大力利用包括 GIS、GPS、RS 的 3S 技术和数据库技术来进行灾害应急管理中的灾情获取和评估已经成为主流和趋势,现代的卫

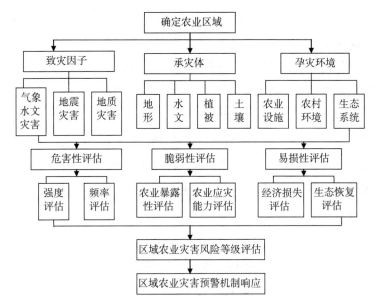

图 8-2　农业灾害风险评估与监测流程图

星技术、通信技术和网络技术为灾害损失的控制和风险管理提供了很好的技术平台。卫星的减灾应用是一个正在兴起的新领域，已引起各国的普遍关注和重视。

　　二是要在广大农村地区重视农业灾害监测预警系统的建设，主要包括灾害及其相关要素和气象的观测网络，观测资料的收集传输和交换的电信系统，灾害全程动态监测及资料处理、分析、模拟和预报警报制作系统，预报警报的传播、分发和服务系统等，相关部门应将灾害信息通过多种通信渠道定期或不定期向农民和农业企业发布。①

---

① 谢家智、周振:《农业巨灾风险管理理论与实践》,西南师范大学出版社 2014年版,第 178—179 页。

例如,2016 年我国南方地区遭遇多次强降雨袭击,有近 200 条河流发生超警戒水位洪水,强降雨引发多起山洪地质灾害。江西、湖南、广东、贵州等 15 个省(自治区、直辖市)的 686 个县(市、区),在山洪灾害防御工作中充分利用已建山洪灾害监测预警系统和群测群防体系,强化预警信息发布,共发布 8988 次县级山洪灾害预警,利用山洪灾害监测预警平台向 38.8 万名相关防汛责任人发送预警短信 432.5 万条,启动预警广播 26860 次,转移受山洪灾害威胁群众 57.1 万人,有效避免了人员伤亡,防灾避灾效益显著。[①]

六、形成"多层级"农业巨灾
损失补偿体系

农业巨灾风险的"准公共风险"属性,决定了必须增强农业巨灾损失补偿的"社会性"特征,吸引更多的利益主体参与,充分利用财政手段和市场工具,形成"多层级"农业巨灾损失补偿体系,具体框架如图 8-3 所示。

(一)第一层级:农户

农户是农业巨灾损失补偿的第一层级。农户包括投保农户和未投保农户,他们承担了一些损失频率高但损失额度小的农业巨灾损失。投保农户通过免赔额或自留额的方式承担,未投保农户则承担了全部损失。投保农户及未投保农户自留部分的农业巨

---

① 政务报道组:《山洪灾害防治非工程措施发挥显著防灾减灾效益》,《中国水利报》2016 年 6 月 30 日。

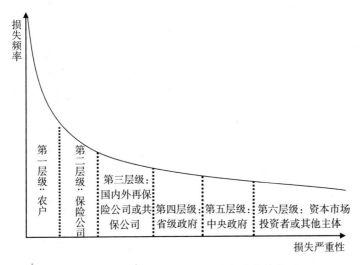

图 8-3　我国"多层级"农业巨灾损失补偿体系

损失可以通过自我储蓄、多元化种植及非农收入等方式进行补偿。

(二)第二层级:保险公司

保险公司是农业巨灾损失补偿的第二层级。在我国,保险公司主要通过政策性农业保险补偿农业巨灾损失。保险公司和投保农户签订保险合同,通过保险机制将农户面临的农业巨灾风险在众多的被保险人之间分摊,但农户遭遇农业巨灾损失时,保险公司根据保险合同及时赔偿农户损失。一般来说,保险公司承担年度赔付率 150% 以下的风险,以确保农业保险机构的稳定经营。①

———————————

① 保险公司承担 150% 以下、省级政府承担 150% — 300%、中央政府承担 300% — 500% 赔付率的损失都是假设数据,这三方主体具体应承担多少损失,还需积累更多实践数据进一步准确测算。

（三）第三层级：国内外再保险公司或共保公司

国内外再保险公司和共保公司是农业巨灾损失补偿的第三层级。在这一层级，国内外再保险公司或共保公司与农业保险经营机构就其承担的部分保险赔偿责任签订再保险合同或共保合同，当合同约定的巨灾损失发生时，再保险公司或共保公司根据合同进行再保险摊赔或赔偿。

（四）第四层级：省级政府

省级政府是农业巨灾损失补偿的第四层级，主要通过建立省级农业保险大灾风险基金，对辖区内农业保险机构一定赔付率（如150%—300%）的农业巨灾损失承担补偿责任。

（五）第五层级：中央政府

中央政府是农业巨灾损失补偿的第五层级，主要通过建立中央级农业保险大灾风险基金，对任一省级农业保险机构一定赔付率（如300%—500%）的农业巨灾损失承担补偿责任。

由省级和中央政府承担农业巨灾风险损失时，有两个问题需要注意：第一，为了体现"风险共担、利益共享"原则，省级和中央农业保险大灾风险基金在承担农业巨灾损失时，都和省级农业保险机构按照一定比例（如9：1）承担，以约束保险机构的道德风险；第二，把省级和中央政府承担的农业巨灾损失补偿责任锁定在一定范围之内，防止政府承担"无限兜底"的补偿责任，实现要通过市场机制补偿大部分农业巨灾损失的目的。例如，省级政府承担赔付率在150%—300%之间的损失，中央政府承担赔付率在300%—500%之间的损失。

（六）第六层级：资本市场投资者或其他主体

资本市场投资者或其他主体是农业巨灾损失补偿的第六层级。经前五层主体损失补偿后如果还有剩余损失，如超过 500% 赔付率的损失，可由农业保险经营机构在资本市场发行巨灾债券或向政策性金融机构借款等方式筹集资金补偿。[①]

七、搭建"多渠道"损失补偿
资金保障体系

上述"多层级"农业巨灾损失补偿体系可持续运作的关键在于，当农业巨灾损失发生后能有充足的资金进行损失补偿。因此，需要对"多层级"农业巨灾损失补偿体系搭建"多渠道"损失补偿资金保障体系。

（一）第一渠道：保险公司建立的农业保险大灾风险准备金

由于农业保险机构经常受巨灾风险威胁，因此其经营风险大约是普通财产保险公司的 10 倍（Miranda 和 Glauber，1997）。因此，为了保证农业保险机构对巨灾风险损失具有充足的偿付能力，就需要在一般责任准备金基础上，建立应付巨灾风险损失的大灾风险准备金制度。一般来说，保险公司层面的大灾风险准备金为赔付率在 150% 以下的巨灾损失补偿提供资金保障。

2013 年 12 月 8 日，财政部发布《农业保险大灾风险准备金管理办法》，要求经营政策性农业保险的保险机构都要建立大灾风

[①] 冯文丽、苏晓鹏：《构建我国多元化农业巨灾风险承担体系》，《保险研究》2014 年第 5 期，第 31—37 页。

险准备金,按照农业保险保费收入和超额承保利润的一定比例计提大灾准备金,逐年滚存,专项用于弥补农业大灾风险损失。当农业保险机构赔付率超过规定阀值时,即可动用保费准备金;保费准备金不足以支付赔款的,保险机构可以动用利润准备金;仍不足的,可以通过统筹其他机构的大灾风险准备金。这样,无论农业保险经营机构是否愿意及是否已经建立了大灾准备金,都要按照该办法要求,建立这种企业级大灾风险准备金,这在一定程度上提高了农业保险经营机构的偿付能力,为农业保险的大灾风险分散提供了有力的资金保障。

(二)第二渠道:省级政府建立的农业保险大灾风险基金

省级政府建立的农业保险大灾风险基金一般为赔付率在150%—300%之间的巨灾损失提供损失补偿资金保障。省级农业保险大灾风险基金的资金来源可以有三种思路:第一种完全由各省级政府筹集,如北京,从上年农业 GDP 中提取 1‰形成农业保险大灾风险基金;第二种是政府和保险公司共同筹资,政府每年拿出一定财政拨款,各家保险公司再贡献一定比例的赔付结余,共同形成大灾风险基金,例如内蒙古自治区设计的是各公司贡献每年结余的 5%;第三种是完全由保险公司筹集,即从保费中提取一定比例,提取的具体比例由各省主管部门和保险公司协商确定。

(三)第三渠道:中央政府设立的农业保险大灾风险基金

中央政府设立的农业保险大灾风险基金主要是为赔付率在300%—500%之间的巨灾损失提供资金保障。中央级农业保险大灾风险基金的资金筹集需要考虑两个问题。第一,出资人及出资比例。中央级农业保险大灾风险基金的出资人应是中央政府和地方政府,但各自的出资比例应为多少值得进一步深入研究。我们认为,出资比例的划分应主要依据地方政府的财力大小来确定,例如对农业大省和中西部贫困省份,中央政府可以多承担一些。第二,资金来源。中央级农业保险大灾风险基金的资金来源可包括财政拨款、农业保险公司税收减免部分及财政部委托专门机构发行农业巨灾彩票,等等。①

(四)第四渠道:资本市场或其他融资

对于上述三层次资金还不能满足的巨灾赔偿责任,可由保险公司或再保险公司在资本市场上发行巨灾债券、向政策性金融机构借款、发行巨灾彩票等方式筹集资金,也可由社会捐款作为农业巨灾损失补偿的补充来源。②

八、强化"多维度"农业巨灾
风险管理支撑体系

(一)加大农业巨灾风险管理的财政支持力度

农业巨灾风险是"准公共风险",因而农业巨灾风险管理离不开政府的财政支持。政府对农业巨灾风险管理的财政支持,主要体现在农业保险方面,因此,目前需要解决农业保险补贴制度中存在的一些问题。第一,增加农业保险补贴方式,如增加资本金支持、经营管理费用补贴和农业保险大灾风险基金等补贴方式;第

①　庹国柱、王克、张峭、张众:《中国农业保险大灾风险分散制度及大灾风险基金规模研究》,《保险研究》2013 年第 6 期,第 3—15 页。
②　冯文丽、苏晓鹏:《构建我国多元化农业巨灾风险承担体系》,《保险研究》2014 年第 5 期,第 31—37 页。

二,扩大农业保险补贴规模,通过扩大农业保险补贴范围、提高保障水平和扩大农业保险覆盖面来实现;第三,减少农业保险补贴层级,逐渐减少或取消产粮大县县级保费补贴,最终实现由中央和省两级政府进行补贴;第四,实行差异化农业保险补贴政策,如提高中西部经济欠发达地区和产粮大省的中央财政保费补贴比例。①

(二)加大农业巨灾风险管理的税收优惠力度

目前,我国政府对农业保险的税收优惠幅度不大。根据 2016 年实施的《营业税改征增值税试点过渡政策的规定》,农业保险免征增值税;根据 2013 年实施的《农业保险大灾风险准备金管理办法》,只有保险机构提取的保费准备金可以在税前列支,享受税收优惠;保费准备金当年的省税效应为农业保险保费收入的 1%—10%,多年累积的省税效应仅为当年自留的农业保险保费。所以,所得税优惠幅度很小。但在美国、日本等国家,政府对农业保险这种农业巨灾风险管理基础工具实行一切税赋全免的政策。因此,建议我国适时加大对农业保险等农业巨灾风险管理措施的税收优惠力度。

(三)加强农业巨灾风险管理的教育宣传力度

在我国"社会化"农业巨灾风险管理体系中,农户认可并购买市场化运作的农业保险、充当第一层农业巨灾损失补偿的主体,是这个"社会化"农业巨灾风险管理体系良性运行的基础。

在目前我国以政府为主导的农业巨灾风险管理体系中,对农

---

① 冯文丽、苏晓鹏:《我国农业保险"高补贴低覆盖"问题分析》,《南方金融》2012 年第 3 期,第 70—73 页。

业巨灾风险管理偏重于采用工程性措施,对于非工程性措施,尤其农业巨灾风险管理教育和宣传方面,长期忽视使得社会群体和个人的农业巨灾风险意识和管理意识非常薄弱。很多农民一方面对农业巨灾风险持"宿命论"和"听天由命"的态度,不积极采取任何防御措施,在巨灾损失发生后坐等政府救济;另一方面,对市场化农业巨灾风险管理的基础工具——农业保险持排斥态度。这种思想意识对构建我国"社会化"农业巨灾风险管理体系非常不利。

因此,各级政府和农业保险机构需要积极开展广泛的风险管理和保险宣传教育。第一,教育农户正确认识巨灾风险并积极防灾减灾。基层政府有关部门和保险机构要向农户积极宣传当地主要农业巨灾风险的防范措施,给农民灌输"以防为主,防救结合"的观念,强化农民的风险责任意识,提升其防灾救灾的能力,最大可能地降低灾害损失。例如,充分利用每年5月12日的"防灾减灾日",通过多种媒体、多种方式宣传和进行灾害模拟训练,提升公众的防灾减灾意识。同时,要健全防灾减灾救灾法治,完善法律法规体系,坚持依法行政,普及防灾减灾法律知识。要通过开展一系列防灾减灾活动,将科学思维和法制理念贯穿防灾减灾救灾的全过程,有力提升防灾减灾救灾工作的科学化和法制化水平。

第二,对农户进行保险理念和保险知识宣传。通过基层政府、农业保险经办机构、农村经济合作组织以及当地有影响力的乡镇干部等多种渠道,利用多种媒体和宣传方式,引用农业保险典型的赔付案例,采取老百姓喜闻乐见的方式进行农业保险宣传,让农民真正懂得农业保险的功能与作用,让农民真正了解农业保险是政府实施的一项卓有成效的强农惠农政策。通过广泛的宣传教育,使广大农民认识保险，接受保险，并且购买保险，形成"社会化"农业巨灾风险分担体系良性运行的坚实基础。①

（四）加强农业巨灾风险管理的人才培养力度

农业巨灾风险管理体系，是一个庞大的系统工程，需要多学科、高素质的综合性人才队伍，如保险、农业、灾害、动物防疫、财政、税收、金融及空间信息技术等各方面人才。多元化、高层次、高效能的人才团队，可以为农业巨灾风险管理提供坚实的人才保证和智力支撑，可以不断进行农业巨灾风险管理工具和管理制度的创新，从而持续提高农业巨灾风险管理水平和管理效果。建议农业保险经办机构与相关高校应加强产学研合作办学，迅速培养既有理论知识，又有实践经验的、符合我国农业巨灾风险管理需要的专门人才。例如，2013 年 10 月，安华农业保险股份有限公司与吉林农业大学进行全面战略合作，成立安华农业保险学院，双方确定了共同协商制定人才培养方案、联合培养双师型队伍、联合共建专业实训教学基地等众多合作内容，联合培养农业保险专门人才。

---

① 黄小敏：《论农业巨灾风险管理中的政府责任》，《农业经济》2011 年第 5 期，第 64—65 页。

第九章　农业巨灾损失补偿市场化发展对策

第八章基于农业巨灾风险的"准公共风险"属性这个理论基础和逻辑起点,形成了完善我国农业巨灾风险管理制度的总体思路:农业巨灾风险管理不是农户、政府或保险公司任何一方的事情,应在"政府机制+市场机制"基本方针的指引下,在农业巨灾损失补偿方面充分发挥农业保险等市场机制的重要作用。

一、持续优化农业保险制度

(一)农业保险应成为农业巨灾损失补偿的基础方式

一般而言,灾害发生后的救助资金主要来自政府财政拨款、社会捐赠和保险赔付三方面,在我国主要以财政拨款与社会捐赠为主,保险赔付发挥的作用非常有限,近年来历次重大地震灾害中保险赔付资金占地震损失的比例均不到1%。但在国际上,保险业在灾害救助中发挥着非常重要的作用,如2012年全球自然灾害损失为1700亿美元,保险覆盖了约700亿美元的损失。从美国、加拿大、日本、澳大利亚等国家农业巨灾风险管理制度来看,农业保险也发挥了重要的损失补偿基础作用。与财政救灾机制相比,农业保险在灾后补偿方面具有很多优势:

（1）保险补偿具有杠杆效应。农业生产者每年支付少量保险费购买农业保险,政府花费少量的财政资金补贴农业保险,在合同约定的巨灾损失发生时,就可以获得多倍于保险费和补贴资金的赔款,损失补偿具有杠杆效应。对农户而言,在目前各级政府承担80%左右保费补贴的情况下,农业保险的杠杆效应则更强。例如,能繁母猪保险中,投保人支付12元保费,政府支付48元保费补贴,就可以获得1000元赔款,对于政府而言杠杆比率为21倍,对于农户而言杠杆比率更大,为83倍。

（2）平滑灾害救助产生的财政波动性风险。根据许闲（2016）①等人的研究,保险公司对地震灾害赔付100亿元,政府需要支付的巨灾保险纯保费为6.28亿元;保险公司对地震灾害赔付1000亿元,政府需要支付的巨灾保险纯保费为17.38亿元。因此,保险机制可以大幅降低政府灾害救助的成本,减轻财政压力,减少政府因灾害救助产生的财政波动性风险。

（3）成为灾害损失蔓延的"防火墙"。在农业巨灾损失发生后,农业保险及时赔付可以避免灾害混乱向全社会扩散,防止产生更大范围的间接损失。

（4）符合支持农业发展的国际趋势。农业保险属于"绿箱"政策,保费补贴对贸易扭曲作用最小,不受补贴总额限制。从国际发展趋势来看,西方发达国家农业支持保护政策正在从传统的价格支持,逐步过渡到与农业生产和收入关联的农业保险"安全网"。例如,2014年美国出台新农业法案,大幅提高了农业保险支持力度和覆盖范围,呈现出明显的农业支持保护政策"绿箱"

---

① 许闲、张涵博、陈卓苗:《财政波动风险与保险平滑机制:以地震灾害救助为例》,《财经研究》2016年第5期,第28—42页。

化趋势。

2014年8月,国务院发布的《国务院关于加快发展现代保险服务业的若干意见》(以下简称《意见》)明确指出建立"巨灾保险体系","将保险纳入灾害事故防范救助体系",并"逐步形成财政支持下的多层次巨灾风险分散机制"。

(二)我国农业保险发展存在的问题

1. 产品难以满足需求

近年来,随着农村土地经营权流转制度的快速推广,各地出现了一批以规模化和现代化为主要特征的专业农业经营者——新型农业经营主体,我国的农业经营主体结构也就变成了小农户和新型农业经营主体并存的"二元结构"。目前,这两种农业经营主体的保险需求都没有得到满足。

(1)小农户为农业保险付费的意愿很低。原因有两方面:一方面是受小农户保险意识、收入水平等因素制约不愿意购买;另一方面,小农户生产规模小,投入成本较低,外出打工使农业收入在总收入中的比重和重要程度不断下降,偶尔的农业损失对小农户收入也造不成太大影响,因此小农户对农业生产损失不是很重视,不愿意支付保费。

(2)新型农业经营主体的保障需求难以满足。与小农户不同的是,农业现代化和规模化生产使新型农业经营主体的风险范围更加广泛、风险类型更加多样,风险损失更加巨大。直接物化成本在新型农业经营主体生产成本中所占比例较小,人工成本、土地租金和融资成本等间接成本比例较高。因此,目前我国农业保险"保成本"的保障程度对于新型农业经营主体而言,不能充分转嫁风险损失,保险需求难以有效满足。

2. 补贴制度尚待完善

我国中央政府自 2007 年开始对农业保险进行保费补贴试点，目前已经在全国各省市全面推开。尽管农业保险补贴制度极大地推进了我国农业保险的快速发展，但目前仍存在一些不完善的方面，制约了农业保险的进一步发展。

（1）补贴方式较少。世界各国对农业保险的补贴方式主要有对农户的保费补贴、对保险公司的经营管理费用补贴、再保险支持、国有农业保险公司的资本金支持、农业巨灾风险基金和税收优惠等六种。目前，我国对农业保险的财政补贴方式比较单一，在全国大多数省份普遍只有保费补贴和税收优惠，而且税收优惠幅度也不大。根据 2016 年实施的《营业税改征增值税试点过渡政策的规定》，农业保险主要免征了增值税，所得税优惠幅度很小。农业保险补贴方式比较单一，对农业保险经营机构承担的较高经营成本弥补较少，影响其农业保险供给热情及农业保险覆盖率。例如，由于缺乏再保险和农业巨灾风险基金支持，农业巨灾损失完全由保险公司独自承担，一些保险公司对扩大农险经营规模有所顾虑。

（2）补贴范围狭窄。根据 2016 年 12 月财政部发布的《中央财政农业保险费补贴管理办法》规定，中央财政补贴的农业保险品种包括玉米、水稻、小麦、棉花、马铃薯、油料作物、糖料作物、青稞、能繁母猪、奶牛、育肥猪保险、森林保险、牦牛、藏系羊、天然橡胶共 15 种，而我国的农作物品种数以百计，除上述外的大部分农作物依然处于风险完全裸露的状态，与美国 150 多个农作物补贴品种相比，仍有较大差距，补贴范围比较狭窄。

（3）补贴规模较小。目前，我国政策性农业保险 80% 左右的保费都是由各级政府补贴提供的，因此，政府补贴规模在一定程度上决定了农业保险规模。我国农业保险补贴规模是否足够大,可以和农业保险第一大国美国进行比较得知。美国联邦政府农业保险补贴(含保费补贴和经营管理费用补贴)占美国农业GDP的比例大概是3.4%。如果按这个比例来算,我国2016年农业GDP为63670.7亿元,农业保险补贴总额大约为2165亿元。但实际上,2016年中央财政拨付农业保险保费补贴金额为158.30亿元,仅占2165亿元的7.30%。可见,我国农业保险补贴的总规模还比较小,这与我国农业保险覆盖率低、补贴范围狭窄、保障水平较低有很大关系。

(4)补贴层级不合理。目前我国农业保险保费补贴采取的是"四级财政补贴联动"机制,即农民缴足保费、市县财政补贴到位之后,中央和省级财政补贴才会随之配套落实。这种制度设计的初衷是为了鼓励地方政府投入资金发展农业保险,同时也起到防止地方政府"钓鱼"的道德风险。但这种制度设计也使各地农业保险覆盖面直接与地(市)、县的财力相关,制约了一些财力匮乏地区农业保险的发展速度。因为县级财政一般担负着10%—20%的保费补贴配套任务,农业保险覆盖面越大,县级财政的保费补贴负担越沉重,因此一些财力匮乏的地(市)、县没有能力而且也不愿意扩大农业保险试验。[①] 此外,"四级财政补贴联动"机制也容易形成地区间的不公平,经济欠发达及农业比重较高的地区由于地方财政实力不足,导致上级财政补贴不到位或到位不及时,容易产生补贴累退效应。

3. 市场准入有待规范

2008年,我国经营农业保险的公司主要有中国人民财产保险

---

① 冯文丽:《中美农业保险补贴制度比较及启示》,第六届2011中国保险教育论坛,2011年。

股份有限公司、中华联合财产保险股份有限公司、安华农业保险股份有限公司、安信农业保险股份有限公司、阳光农业相互保险公司、国元农业保险股份有限公司和安盟保险成都分公司等7家,这7家公司当时的市场份额达到96%以上。

近年来,由于政府保费补贴等政策扶持,加之农业保险没有受到太多巨灾的冲击,经营比较稳定,与机动车辆保险、企业财产保险和家庭财产保险等亏损险种相比而言,农业保险的经营效益较好。以2013年为例,我国机动车辆财产保险的承保利润率为-0.72%,企业财产保险为-9.21%,家庭财产保险为-0.28%,而农业保险的承保利润率则为8.34%。很多原来对农业保险避之不及的公司也开始进入或准备进入农险市场。截至2016年底,经保监会批准获得农业保险经营资格的公司共有31家,还有很多保险公司正在申请农业保险经营资格。目前,我国除西藏和青海两个省区外,其余各省市均有两个或两个以上的保险机构经营农业保险,有些省市甚至有八九家公司同台竞争,还有不少保险中介也加入进来,竞争比较激烈。

经济学原理中有个被广为接受的结论:一个市场如果独家垄断,可能会效率低下。但对于农业保险这种比较特殊的政策性保险,交由市场完全竞争,可能也不是最好的选择。据课题组在国内农业保险市场的调研,在农业保险主体较多的一些省份,各机构为争夺并不饱满的农业保险业务展开了激烈竞争,产生了一些不良影响。例如,一些想获得农业保险经营资格或者想取得更大农业保险市场份额的保险公司对监管机构和地方政府竞相展开了"寻租竞争";各经营主体竞相在业务比较稀薄的地区重复设立机构网点,造成社会资源的浪费;各经营主体竞相提高基层代理人员的手续费,以恶意竞争手段争抢业务,造成了经营成本上升、经营秩序混乱的现象。①

4.业务经营不够规范

尽管保监会对农业保险有"五公开、三到户"（"惠农政策公开、承保情况公开、理赔结果公开、服务标准公开、监管要求公开"和"承保到户、定损到户、理赔到户"）的服务规范要求，但一些地区仍采取由乡镇政府或村委会统一投保农业保险、统收保费或垫交保费的方式，这种做法虽然操作简便，成本低，但事先并没有征得参保农户同意，很多农户也不知道自己投保，遭灾后也不知道索赔，甚至赔款落入代为投保的部门也毫不知情，这容易造成虚假投保、套取国家补贴的结果。另外，在理赔方面，一些保险公司没有按照保监会要求做到定损到户、公开理赔结果和理赔到户，而是直接把赔款打包支付给乡政府或行政村，造成赔款分配不公或被截留贪污。例如，2016 年 9 月，保监会在官网连续发出 16 张罚单，针对 5 家保险公司累计开出达 457 万元的罚款，主要原因为农险业务领域弄虚作假，未执行备案条款费率等问题。

5.基层寻租现象严重

《农业保险条例》把农业保险的经营原则确定为"政府引导、市场运作、自主自愿、协同推进"，其中"协同推进"就需要基层政府有关部门从多个层面协助农业保险交易达成。但在基层政府"协同推进"农业保险的过程中，也出现了一些地方政府过度干预农业保险的行为及寻租活动，具体表现为：

（1）政府与保险公司合谋，骗取巨额财政补贴。一些基层农业保险公司在政府官员授意下，虚报农作物承保面积，做假保单，

---

① 冯文丽、庹国柱：《我国农业保险市场经营主体数量控制》，《征信》2013 年第 9 期，第 71—74 页。

骗取各级政府财政补贴,然后由当地政府和保险公司进行瓜分。例如,审计署 2012 年第 2 号公告显示,2007—2009 年,中国人民财产保险股份有限公司湖南祁阳、汨罗支公司以及中华联合财产保险公司汨罗支公司 3 家保险机构,与当地政府相关部门联手,骗取农业保险财政补贴资金共计 3700 多万元,编造假赔案套取赔款 3600 多万元。

(2)政府官员过度干预农业保险市场竞争活动。例如,在某地农业保险招标活动中,一名政府官员在评标前一天召见 A 公司负责人并详细询问标底,然后将其标底透露给 A 公司的竞争对手 B 公司并使其中标。再如,某地保险监管官员通知当地做农业保险的 A 公司领导,要求其将某种业务停办,让给加入本地农险经营行业的 B 公司。

(3)政府授权保险中介"批发"农险业务。例如,某地政府部门授权一家"上下运作"的保险中介公司,由其对想进入当地农险市场的四五家保险公司分配市场资源,并收取每年保费收入的 10%—15%作为佣金。这家保险中介公司仅靠"批发"农业保险业务一年坐收佣金一亿多元。①

(4)政府向保险公司提出"协议赔付"的无理要求。一些基层政府在没有发生巨灾的年份,认为保险公司赚得太多,向保险公司提出"协议赔付"的无理要求。例如,某地当年农险保费收入有 1 亿元,当地政府认为 8000 万元来自财政补贴,当年农险实际赔款为 3000 万元,保险公司赚得太多,因此要求保险公司"协议赔付"5000 万元。至于协议赔付款与实际赔款之间的 2000 万元差额流

---

① 庹国柱:《农险寻租:不得不说的故事》,2013 年 9 月 27 日,http://insurance. hexun.com/2013-09-27/158361278.html。

向何方,无人得知。[1]

6.巨灾风险威胁较大

农业巨灾风险的损失巨额性、灾害群发性和高度相关性特征使得农业保险人承担了比一般保险人更大的系统性风险。根据Miranda 和 Glauber(1997)的统计模型模拟测算,农业保险人面临的系统性风险是经营一般业务保险人的 10 倍左右。[2] 农业保险经营机构始终面临农业巨灾风险的威胁,这是全球农业保险经营的普遍难题。例如,加拿大曼尼托巴省在 1986 年和 1988 年遭遇两次大旱灾,将之前 26 年的农业保险利润结余全部耗尽。

在我国,由于没有中央一级和省一级农业保险大灾风险分散制度,农业保险损失完全由保险公司独立承担,经营机构面临的巨灾风险威胁也很大。例如,2007 年某省发生了中等强度干旱灾害,农业保险承保责任范围内的损失约 15 亿元,但全部的农业保险费收入仅有 6.8 亿元,省政府拿出 1 亿元财政资金支付超赔责任后再也无力支付;同年,某自治区也发生了类似问题,当年农险保费总收入为 3.4 亿元,但保险损失却高达 12 亿元;[3]2008 年,中国南方的冰雪灾害造成农业损失 42.88 亿元,农业保险的赔付率一度接近 400%;[4]2015 年,人保财险公司在四川泸州开办杂交水

[1]　黄薇:《农业险寻租利益揭秘:虚报承保面积骗取财政补贴》,《上海证券报》2013 年 9 月 10 日。

[2]　Mario J. Miranda & Joseph W. Glauber, "Systemic Risk, Reinsurance, and the Failure of Crop Insurance Markets", *American Journal of Agriculture Economics*, 1997(2), pp.209-212.

[3]　王德宝、王国军:《我国农业保险的发展成就、存在问题及对策建议》,《金融与经济》2014 年第 5 期,第 78—84 页。

[4]　王和、王俊:《中国农业保险巨灾风险管理体系研究》,中国金融出版社 2013 年版。

稻制种保险,保险期内遭遇连续阴雨天制种失败,当年赔款 1522 万元,简单赔款率接近 1000%。

保险公司在没有大灾风险分散机制的背景下经营农业保险,遇到巨灾损失,要么破产,要么不足额赔付,出现不规范的"自动封顶赔付"、"减额赔付"甚至赖账不赔的情况,把严肃的保险合同变成了废纸,侵害了投保人的合法权益和保险机构的信用声誉,也影响了农业保险的可持续发展。①

(三)优化农业保险制度的对策建议

通过对美国、加拿大、日本、西班牙和澳大利亚等五国农业巨灾风险管理制度的比较研究可以看出,农业保险是各个国家农业巨灾风险管理体系的基础,具有举足轻重的作用。因此,优化农业保险制度,夯实农业巨灾风险管理的市场机制基础,是完善我国农业巨灾风险管理制度的根本前提。

1. 探索"普惠制巨灾保险+高保障收入保险"

现在及未来很长一段时间,我国农业生产主体将是小农户与新型农业经营主体并存的"二元格局",目前两者对现有的农业保险产品均不满意:小农户尤其贫困农户认为保费负担太重;新型农业经营主体则认为保障程度太低,"赔偿不解渴";经营农业保险的保险公司也认为对小农户一家一户收费困难,无法操作。

因此,建议可以借鉴美国经验,实行"普惠制巨灾保险+高保障收入保险"的农业保险产品结构,对于涉及国家粮食安全的重要农作物实行普惠制巨灾保险,承保风险较少,仅承保旱灾、洪水

---

① 庹国柱:《农业保险需要建立大灾风险管理制度》,《中国保险》2013 年第 1 期,第 30—33 页。

和台风等少数风险,保障程度较低,仅以恢复再生产为目的,但保费便宜,由国家全额补贴,通过财政部门直接拨付给经办保险公司,出现符合条件的巨灾损失后,保险公司直接赔偿,解决了"小农户嫌保费贵、保险公司收费难"的问题;在此基础上,推出高保障收入保险,承保风险较多,包括自然风险甚至市场风险,保障程度也高,最低达到正常年份收入水平的50%以上,但保费相对也贵,政府的保费补贴比例随保障程度提高而降低。"高保障收入保险"可以解决新型农业经营主体"赔偿不解渴"的问题。两种产品的基本特征构想如表9-1所示:

表9-1　普惠制巨灾保险和高保障收入保险的基本特征

产品类型	承保风险	保障程度	费率水平	补贴比例
普惠制巨灾保险	旱灾、洪水、台风等少数巨灾	保成本,能够进行再生产	费率较低	中央政府全额承担保费补贴
高保障收入保险	自然灾害、市场风险	保收入,保障收入达到正常年份收入的50%以上	费率较高	中央政府和省政府根据保障程度提供保费补贴,保障程度越高,补贴比例越低

2. 完善农业保险补贴制度

(1)增加农业保险补贴方式

对于我国农业保险补贴方式较少、影响农业保险经营机构供给热情的问题,建议我国借鉴其他国家经验,在条件成熟时,根据国情增加以下农业保险补贴方式。

①增加经营管理费用补贴方式。目前,由于我国农业保险刚刚起步,农业保险经营规范建设尚不健全,加之近几年没有大的巨灾,农业保险的经营效益还较好,各家财产保险公司争办农业保险的热情空前高涨,似乎可以不用考虑经营管理费用补贴。但根据

国际经验,当农业保险利润率和保险行业平均利润率趋同时,如果还没有经营管理费用补贴,保险机构从事农业保险的积极性就会很小,因为经营利润都差不多,但农业保险的经营风险却大很多。因此,当我国农业保险的利润率和行业平均利润率趋于一致时,需要考虑利用经营管理费用补贴来调动保险公司经营农业保险的积极性。

②增加农业保险大灾风险基金支持方式。可以考虑建立中央和地方财政支持的两级农业保险大灾风险基金,增强农业保险经营主体应对农业巨灾损失的能力,具体构建思路见后文详述。

③加大税收优惠力度。根据 2013 年 12 月 8 日财政部发布的《农业保险大灾风险准备金管理办法》规定,保险机构当期计提的保费准备金,在成本中列支,可免征所得税,当年省税所得为保费收入的 1%—10%,保费准备金累计的省税所得为当年自留保费。保险机构当期计提的利润准备金,在所有者权益项下列示,要交所得税。与其他国家农业保险一切税负全免的税收优惠力度相比,税收优惠力度较小。建议借鉴美国、日本、菲律宾等国家的做法,对政策性农业保险免征一切税负,以提高保险公司经营农业保险的积极性。①

(2)扩大农业保险补贴规模

①扩大农业保险补贴范围。根据《关于加快发展现代保险服务业的若干意见》中所提的"中央支持保大宗、保成本,地方支持保特色、保产量,有条件的保价格、保收入"的原则,在扩大农业保险补贴范围方面建议:第一,各省对已经形成生产规模和品牌效应的特色农产品的保险需求进行积极调研,对农户需求较大、增收效

---

① 苏晓鹏、冯文丽:《论农业保险的税收优惠政策》,《税务研究》2014 年第 4 期,第 92—94 页。

果显著的特色农产品,积极试办由地方财政补贴的农业保险;第二,对经济落后省份采用"N+1"模式扩大补贴范围,"N"指对国计民生、粮食安全具有重要战略意义的中央财政补贴品种,"1"则是指经济落后省份根据农业产业发展方向、农户种养偏好和脱贫攻坚需要选择一种规模较大的特色品种,纳入中央财政保费补贴范围给予支持。因为对于经济落后省份而言,完全由其承担特色农产品的保费补贴,可能无法承受,容易产生补贴累退效应。

②提高农业保险保障水平。针对目前我国农业保险仅保物化成本、保障水平太低、吸引力不强的问题,建议由"保成本"逐渐过渡到"保产量"和"保收入",对"高保障收入保险"提供符合国家财力水平的保费补贴,提高农业保险的吸引力。

(3)减少农业保险补贴层级

鉴于我国四级财政"层层补贴、配套联动"机制对农业保险高速发展产生的不利影响,建议我国应借鉴国际经验,逐步减少或取消市县级财政补贴比例,实施仅由中央和省级财政对农业保险进行补贴的做法。①

(4)实施差异化财政补贴

在我国,各省的经济实力不同,担任的粮食生产任务轻重也有所差异,因此不应采取全国"一刀切"的补贴比例,应综合考虑各地农业生产的重要性程度、经济发展水平和财政承担能力,实行差异化保费补贴比例。例如,对中西部经济欠发达地区和产粮大省,中央财政保费补贴比例应进一步提高。②

---

① 冯文丽、苏晓鹏:《我国政策性农业保险补贴制度分析》,2012年中国保险与风险管理国际年会论文集,2012年。

② 冯文丽、苏晓鹏:《我国农业保险"高补贴低覆盖"问题分析》,《南方金融》2012年第3期,第70—73页。

3.建立农业保险市场准入和退出制度

针对目前我国农业保险市场众多主体纷纷涌入、竞争比较激烈、有可能会严重扰乱农业保险市场秩序的现实问题,提出以下对策:

(1)在一定时间内控制农业保险经营主体数量。《农业保险条例》规定,"农业保险实行政府引导、市场运作、自主自愿和协同推进的原则"。根据西方经济学原理,完全竞争的市场是高效的;从理论上来讲,"市场运作"的农业保险市场应该对所有保险公司开放。但对于农业保险这种政策性保险,"完全竞争高效论"可能并不一定正确。尤其对仅有十几年农业保险试办经验的我国而言,完全放开农业保险市场应该谨慎,有必要在一定时间内限制农业保险市场准入。第一,刚起步的农业保险市场主体太多会有很多弊端:如经营主体过度争夺市场,容易引发寻租现象;容易造成基层网点重复建设,浪费社会资源;竞争格局动荡不定,导致经营主体缺乏网点建设和市场培育的积极性;农险经营难度较大,不是任何财险公司都具有技术实力。第二,国外也有限制农业保险主体的成功案例。例如,美国有1000多家财险公司,但有资格经营政策性农险业务的公司仅有19家;加拿大十个省各有一家政府设立的政策性农业保险公司独家经营农业保险;在国内的上海、安徽和黑龙江等地区,经营农业保险的主体并不多,但这些地区的农业保险发展水平在全国却名列前茅。

(2)根据农业GDP比例设定各省农业保险经营机构的数量。用农业GDP占GDP总量的比例作为农业保险市场主体容量的判断依据,该比例较高的省份,说明农业比较重要,可以多准入几家农业保险经营主体;反之,则可以少准入,例如一两家。

(3)对于已有多家主体的农险市场可以划区经营。可以借鉴成都市划区经营或分险种经营的方式,减少无谓竞争的成本耗费;

避免各家机构之间的恶意竞争,鼓励各家机构潜心经营和产品创新;消除保险机构对竞争格局变动的担忧,加大市场培育和基层网点建设的投入。

(4)保监部门应制定明确的市场准入条件和退出机制。为促进农业保险的长远健康发展,建议保监部门制定经营农业保险的基本要求,不仅考量资本实力,还要考察专业化服务水平和管理能力,如服务网络、理赔快慢、防灾防损能力、农业数据积累和信息处理能力等,杜绝不符合条件的经营主体进入农业保险市场;同时,对已经进入农险市场的主体,如果出现违规经营、偿付能力不足、服务质量不高等现象,应及时清退出场,以维护农业保险市场良好的经营秩序。近些年,监管机构在农业保险准入资格方面也做了一些探索。2013 年,保监会印发《关于加强农业保险业务经营资格管理的通知》,对农业保险市场准入条件和程序予以规范;2014年,国务院召开农业保险专题会议,提出要进一步提高农业保险准入门槛,改革完善农业保险市场准入制度;2017 年,保监会积极推进农业保险市场准入制度改革,起草了《关于改革农业保险市场准入制度的通知》,并三次征求相关部委和保险行业的意见。[1]

4.严格监控农业保险的违法违规行为

对于农业保险经营活动中出现的寻租行为,整治比较复杂,要分别对保险公司和基层政府加强监控。

(1)严格监控保险公司的违法违规行为。2013 年 9 月,保监会发布了《关于进一步加强农业保险业务监管规范农业保险市场秩序的紧急通知》,规定了将严厉打击的五种农业保险违法违规

---

[1]　冯文丽、庹国柱:《我国农业保险市场经营主体数量控制》,《征信》2013 年第 9 期,第 71—74 页。

行为:①欺骗投保农户或以不正当手段强迫农户投保;②擅自更改或变相更改条款费率;③以虚构保险合同、虚报承保数量和编报虚假赔案等方式骗取国家财政补贴资金;④从政策性农业保险保费中提取手续费或佣金;⑤封顶赔付、平均赔付、少赔、拖延赔付和无理拒赔。对于上述五种违法违规行为,有依法取消经营农业保险业务资格、撤销直接责任高管人员任职资格、高管监管谈话并责令限期整改等处罚措施。

(2)严格监控基层政府的违法违规行为。在农业保险经营中,需要监控基层政府的四种违法违规行为:①基层政府直接控制或委托保险中介控制农险市场资源,破坏市场规则;②基层政府部门在农业保险招投标活动中的违规操作行为;③基层政府干预保险承保和理赔活动,损害保险合同当事人的利益;④以各种手段套取各级财政补贴资金。目前,监控基层政府在农业保险中的违法违规行为存在以下难点:第一,监管主体的问题。保监部门只能监管保险公司,而不能监管基层政府,到底应该由谁来监管基层政府的农业保险违法违规行为存在困惑。第二,监管依据的问题。以上四种基层政府在农业保险经营活动中的违法违规情况,只有第四种情况可以依据《农业保险条例》第三十条由财政部门问责,而前三种情况目前尚存监管真空。因此,对于基层政府在农业保险中的违法违规行为,应尽快指定相关部门进行监管,并制定相应的监管规范。①

5.构建农业保险大灾风险分散制度

农业保险大灾风险分散制度,实际上是为农业保险经营机构

---

① 黄蕾:《农业保险寻租现象呈蔓延之势　基层政府干预折射监管真空》,《上海证券报》2013 年 9 月 10 日。

在常规风险责任准备基金不足以支付巨灾损失赔款时提供的一整套融资预案。如果缺乏这种融资预案,在发生农业巨灾损失和巨额赔付的情况下,农业保险机构就可能会出现破产或发生较大赔付困难。

在美国和加拿大等农业保险比较发达的国家,农业保险法都对农业保险经营的大灾风险分散制度具有明确规定。例如,美国的《联邦农作物保险法》规定,在发生大灾时,责任准备金不足以支付赔款,可以发行债券来解决赔款问题,或者向政府所属的"商品信贷公司"借款加以解决,"商品信贷公司"类似于我国的政策性银行。加拿大联邦和省《农作物保险法》都规定,灾害损失较小的年份可以将节余积累作为特别准备金,在责任准备金和历年结余积累不足支付当年赔款时,农业保险公司可以向联邦财政部和省财政厅借款来履行合同的赔款责任。[①]

我国可以借鉴美国和加拿大的经验,构建符合我国国情的农业保险大灾风险分散制度,详情请见第七章。

二、继续推广天气指数保险

(一)天气指数保险在农业巨灾风险管理中的优势

近两年,国家对天气指数保险的发展越来越重视,从保障民生的角度确定了天气指数保险的地位。2014 年 8 月国务院发布的《关于发展现代保险服务业的若干意见》(以下简称"保险新国十条")指出:"探索天气指数保险等新兴产品和服务,丰富农业保险

---

① 庹国柱:《农业保险需要大灾风险管理制度》,《中国保险》2013 年第 1 期,第 30—33 页。

风险管理工具";2016 年中央一号文件《关于落实发展新理念加快农业现代化 实现全面小康目标的若干意见》提出,"探索开展重要农产品目标价格保险,以及收入保险、天气指数保险试点"。

天气指数保险是指把一个或几个气候条件(如气温、降水、风速等)对农作物损害程度指数化,每个指数都有对应的农作物产量和损益,保险合同以这种指数为基础,当指数达到一定水平并对农产品造成一定影响时,投保人就可以获得相应标准的赔偿。

例如,某公司研发的小麦天气指数保险,包括干旱指数、倒春寒指数、干热风指数和阴雨指数。其中干旱指数条款规定,每年自 3 月 11 日至 4 月 30 日期间日降雨量的累计值,记为干旱指数,干旱指数与赔款之间的关系见表 9-2。

表 9-2 某保险公司干旱指数与赔款公式

干旱指数	每亩赔付公式
干旱指数≤5 毫米	(35 毫米-干旱指数)×3.5 元/亩
5 毫米 < 干旱指数≤15 毫米	(35 毫米-干旱指数)×3 元/亩
15 毫米 < 干旱指数 < 35 毫米	(35 毫米-干旱指数)×2.5 元/亩
干旱指数≥35 毫米	不赔付

与传统农业保险相比,天气指数保险的最大特点是标准化。同一风险区划内的投保人以相同费率投保,能否赔款以及赔款多少取决于实际指数与约定指数的偏差,而实际指数又依据独立客观的气象部门的数据计算,与个别投保人的产量无关,因此,同一风险区划内的所有投保人获得相同额度的赔款。在农业巨灾风险管理方面,天气指数保险具有很多农业保险无法比拟的优势(见表 9-3):

(1)天气指数保险标准化和透明度较高。天气指数保险的赔偿是基于独立可验证的天气指数触发,标准化和透明度比农业保险要高。

（2）天气指数保险能够有效规避信息不对称风险。根据天气指数保险合同规定,保险赔付与被保险人的个人产量无关,只要天气指数达到赔偿标准,同一风险区域内的所有被保险人均可以获得相同赔付,这种被保险人无法作弊的赔付标准极大地解决了信息不对称问题。

（3）天气指数保险的管理成本较低。天气指数保险管理成本远低于农业保险,原因为:第一,天气指数保险合同是标准化合同,可以对所有参保人进行批处理;第二,天气指数保险的赔偿与单个产量无关,不需要监督被保险人行为;第三,天气指数保险赔付不需要复杂的定损过程,仅需要依据从气象部门获得的气象数据就可迅速理赔。

（4）天气指数保险合同流动性较强。标准化和透明度较高的天气指数保险合同在再保险市场和资本市场上具有很强的流动性,因此可以为农业巨灾筹集更多的补偿资金。

（5）天气指数保险的教育成本较低。天气指数保险的赔付标准简单易懂,政府和相关部门对农民的教育成本比较低。①

表 9-3　天气指数保险与传统农业保险的利弊比较

项　　目	天气指数保险（利）	传统农业保险（弊）
合同特征	标准化程度高,利益客观透明。	非标准化,利益不透明。
信息不对称	可以有效规避。	信息不对称问题突出。

---

① 冯文丽、杨美:《天气指数保险:我国农业巨灾风险管理工具创新》,《金融与经济》2011 年第 6 期,第 92—95 页。

项　目	天气指数保险(利)	传统农业保险(弊)
管理成本	可对保险标的进行批处理,管理成本低。	逐一核实保险标的,管理成本高。
保单流通性	标准化保单,流通性好。	非标准化保单,流通性差。
教育成本	赔付标准简单,教育成本较低。	赔付标准复杂,教育成本较高。

因此,自2007年我国首款天气指数保险由安信农业保险公司开发上市以后,各家保险公司纷纷开始试验,尤其2014年以后如雨后春笋般涌现,包括蜂业气象指数保险、藻类养殖风力指数保险、牧草干旱指数保险、大闸蟹气温指数保险、水产养殖台风指数保险、海带养殖风灾指数保险,等等。

(二)我国天气指数保险实践中存在的困难

1. 存在基差风险

由于天气指数保险根据实际天气指数与约定天气指数之间的偏差进行赔付,同一风险区划内的所有投保人,均按统一费率承保,也按相同标准赔付。但在同一次灾害事故中,村与村之间、村民之间的受灾程度不同,天气指数保险均按同一标准赔偿,容易出现有的农户没有受灾也得到赔款,有的农户受灾大但赔款不足以弥补损失,这容易让农户感觉不公平,想不通。

2. 产品研发的技术要求较高

研发一款天气指数保险首先要分析该地区主要的灾难因素,比如干旱、洪涝、冻灾、阴雨等;其次,根据历史产量数据和气象数据,找出农作物损失程度与一种或几种天气状况间的相关关系,建立数量关系模型;再次,将这种数量关系转化为简单易懂的保险合同条款。这个研发过程对专业知识和精算技术要求均较高。

3. 产品研发存在数据瓶颈

天气指数保险产品设计最关键环节是要精确计算天气指数与农作物产量的关联度,这对气象数据和产量及损失数据都提出了较高要求。一般来说,平均 20 平方公里内保证有一个符合国际标准的气象观测站,才能为建立灾害强度与损失模型提供完整的数据,而且研发天气指数保险需要有 30 年以上的数据。目前,我国气象观测站的数量、标准及历史气象数据和损失数据都很难达到天气指数保险研发的要求,容易造成天气指数和作物实际损失之间关系计算不准确,带来较大偏误,导致赔付率偏高或偏低。

4. 产品研发成本较高

我国幅员辽阔,地形地貌复杂,天气对农作物的损失影响迥异,很难像传统农业保险那样有统一的保单。因此,需要对不同地区、不同作物和不同风险因素的天气指数保险分别厘定费率,进行保单设计,从而导致研发成本较高,保险公司开发和推广的积极性较低。

5. 天气指数保险适用范围有限

并非所有风险、所有区域、所有作物都适合天气指数保险。例如,一些难以指数化的自然灾害(如病害、虫害),一些不具可保性的高风险区域,或农作物产量受天气影响很小而且灌溉系统非常发达的区域,都不适合开展天气指数保险。这也是天气指数保险尽管优点很多,却没有成为全球普适性保险产品的原因。

6. 容易累积局部风险

从我国已经开展的天气指数保险产品来看,大多在小范围地域试点和销售,气象条件具有同质性,容易累积局部风险。

7. 缺乏相关的支持政策

传统的农业保险,尤其是关系国计民生的重要农作物和牲畜,很多都列入了中央财政保费补贴目录,但天气指数保险的补贴政策还不能完全落实,推广起来难度较大。①

(三)我国推广天气指数保险的对策

1. 完善相关法规和制度

目前,我国尚无专门的法规和制度对天气指数保险这种新型产品进行监管、保护和扶持。建议我国应加快相关法规和制度的建设,保证消费者在天气指数保险产品买卖中免受利益侵害,避免保险人承保高度相关性风险,对天气指数保险产品创新进行知识产权保护,对能否获得政府补贴进行明确规定等。

2. 探索发展普惠制巨灾指数保险

如前所述,我国农业保险产品结构如果按照"普惠制巨灾保险+高保障收入保险"的思路来发展,在普惠制巨灾保险层面,一方面可以探索旱灾、洪水、地震等传统农业巨灾保险,另一方面也可以探索巨灾指数保险。

近年,黑龙江省在农业财政巨灾指数保险方面有了一些尝试,做法和经验值得推广和借鉴。农业财政巨灾指数保险是指由政府出资向保险公司购买巨灾指数保险产品,当合同约定的巨灾风险发生后,保险公司按照合同约定给予贫困地区财政救灾资金赔偿。

2014 年 12 月,《黑龙江省人民政府关于促进全省金融保险业发展若干政策措施的意见》强调,"探索建立农业巨灾指数保险,

---

① 冯文丽、苏晓鹏:《我国天气指数保险探索》,《中国金融》2016 年第 8 期,第 62—64 页。

利用杠杆撬动作用,放大各级政府财政救灾资金规模,提高政府救灾能力"。据此,在黑龙江省财政厅、防汛办、保监局、农委、民政厅等机构的支持下,瑞士再保险公司联合阳光农业相互保险公司,为黑龙江省政府设计了"黑龙江省农业财政巨灾指数保险"首批覆盖 28 个省级贫困县的试点方案。2016 年 7 月 1 日,阳光农业相互保险公司分别与黑龙江省财政厅、瑞士再保险公司签订农业财政巨灾指数保险单及再保险合同,标志着黑龙江省农业财政巨灾指数保险试点正式启动运行。

该保险的投保主体和被保险人为黑龙江省财政厅,保险区域和受益人为 28 个贫困县,由阳光农业相互保险公司承保,以 80%的比例分保给瑞士再保险公司。保险险种包括干旱指数保险、低温指数保险、降水过多指数保险、洪水淹没范围指数保险,总保费1 亿元,保障额度 23.24 亿元。保险赔付仅依据双方事前论证和同意的灾害指数触发报告,即流域洪水过水面指数、降雨过多指数、干旱指数、积温指数,当这些灾害的强度达到和超过预设的指数阈值且得到正式报告时,保险公司即刻向保单被保险人省财政厅支付保险赔付金,使相关保险受益贫困县及时得到保险转移支付资金,用于灾难救助和灾后重建,避免灾害致贫返贫的情况出现,同时缓解甚至解除上级财政转移支付的难题和压力,用保险机制平滑财政年度资金预算,有效解决财政救灾资金"无灾不能用、有灾不够用"的问题。[①]

3. 加强天气指数保险研发的数据积累及开放度

在天气指数保险产品研发过程中,需要有保险区域长期积累

---

① 马广媚、赵修彬:《黑龙江启动农业财政巨灾指数保险试点》,《中国保险报》2016 年 8 月 1 日。

的气候数据与农业数据,并要选择正确的模型计算各种天气指数与农作物产量之间的关联度,才能建立天气指数与保险赔款之间的数量关系。因此,高质量的气候数据和产量数据对天气指数保险产品研发至关重要。目前,依靠我国现有的气象组织体系、气象观测网及气象技术,基本能够满足天气指数研发的气象数据要求。但是,一定区域长期的农作物产量数据积累还要进一步加强。另外,在加强气象数据和产量数据长期积累的同时,还要提高这些数据对保险公司产品研发的开放度。

4. 大力支持产品研发

天气指数保险研发技术、数据要求和研发成本都比较高,一些公司想大力发展但心有余而力不足。建议成立一个由政府相关部门、保险公司、高校和研究机构组成的比较权威的农业保险研究中心,一方面为保险公司的天气指数产品研发提供智力支持,一方面也能保证条款费率设计的公平公正性,保护消费者权益。

5. 简化天气指数保险条款

天气指数保险是农业保险的一种创新形式,在我国尚属于新生事物,很多农民的认可接受程度较低。为提高农户对天气指数保险的认知度与投保率,国内保险公司在研发天气指数保险产品时,要注意应将天气指数保险条款设计得尽量简单易懂,便于投保农户理解与接受。可借鉴安徽国元农业保险公司小麦天气指数保险的做法,为一定风险区域内的农户提供相同的天气指数保险产品,一旦天气指数达到赔付标准,对所有被保险人支付赔款。

6. 控制基差风险

合理确定风险区划,准确评估气象指数与农作物或养殖品经济损失之间的相关关系,并且将这种相关关系转化为通俗易懂的指数保险条款,使天气指数保险的保障更加准确和充分。同时,要根据试点情况对理赔触发条件及时修正,使其更加公平和完善。

7.分散区域性风险

对于天气指数保险面临的局部累积风险,可以通过再保险、农业巨灾风险基金等传统方式进行分散;可以利用天气指数保险的标准化特征,设计基于天气指数保险的巨灾风险债券,通过资本市场分散天气指数保险累积的局部风险;还可以通过损失融资的方式帮助天气指数保险公司应对巨灾风险。[①]

三、积极发展农业再保险

再保险是"保险的保险",是国际保险市场上一种最典型的巨灾风险分散方式,赋予大数法则更深层次的内涵,使巨灾风险能够跨时间和空间实现分散,因此被称为"巨灾保险的枢纽和核心",可以减少保险公司的巨额索赔责任,降低破产风险。1985 年的墨西哥大地震,1988 年的吉尔伯特飓风,最后赔偿责任的 98% 以上都是由国际再保险集团承担的,"9·11"恐怖事件 60% —70% 的损失赔偿也是由全球再保险市场支付。[②] 在"社会化"农业巨灾风险分担体系中,农业再保险发挥着不可或缺的重要作用。

(一)农业再保险在农业巨灾风险管理中的积极作用

1.可以分散农业保险公司面临的巨灾风险

目前,在我国经营农业保险的众多保险公司中,除了人保和中

---

① 冯文丽、苏晓鹏:《我国天气指数保险探索》,《中国金融》2016 年第 8 期,第 62—64 页。

② 严万全:《小议农业大灾风险分散机制与再保险制度安排》,《上海保险》 2014 年第 6 期,第 18—21 页。

华联合在全国拥有大量的分支机构外,其他公司经营的区域性特征非常明显,比如上海安信农业保险公司的经营区域主要集中在上海地区。这种经营方式容易使农业保险公司分散巨灾风险受到限制。一旦巨灾发生,地理区域的高度集中性使保险公司面临的巨额赔款可能会远超当年的保费收入和储备资金,财务稳定性受到破坏,甚至还会导致破产。农业再保险则可以打破这种地理区域限制,在全国乃至全球分散保险人面临的巨灾风险。

2. 可以保证农业保险的可持续发展

目前,我国农业保险的参保农户、承保标的、承保风险和承保区域都在不断增加,保险公司所承载的风险规模也在不断扩大。如果出现巨灾赔偿事故,保险公司不能按照保险合同一次性赔偿巨灾损失,其稳健运营将会受到威胁,耗时10多年打下的农业保险基础也会被动摇。农业再保险通过在全国乃至全球分散农业保险人面临的巨灾风险,利用其他地方的保险资源进行赔付,可以保证农业保险的可持续发展。

(二)我国农业再保险发展现状和问题

1. 我国农业再保险发展现状

2014年末,由中国再保险公司和中国人保财等23家财险公司共同发起组织建立了中国农业保险再保险共同体(简称"农共体"),搭建了国内农业保险风险分散集成的平台,提升了农业保险行业的承保能力和风险管理水平,为完善我国农业巨灾风险管理机制创造了良好条件。我国农业再保险的发展成绩主要有:

(1)基本能够满足行业的分保需求。到2016年底,"农共体"成员数量已扩充为25家成员公司和9家观察员公司,承保能力已扩展到3000亿元,足以为行业提供充足稳定的承保能力。

(2)稳定了国内农业再保险市场价格。"农共体"扩大了国内农业再保险的市场供给,改善了长期以来国内农业再保险市场"供不应求"局面。据统计,2015年我国农业风险敞口虽然增长了10%—15%,但是国内农业再保险价格没有呈现大幅上涨,与往年持平。

(3)有效补偿农业大灾损失。"农共体"成立以来,截至2016年底,累计承担风险责任超过3500亿元,累计支付赔款达93亿元,尤其在2016年东北特大干旱、南方特大洪涝等极端天气灾害事件中,"农共体"支付的赔款是合约保费的7.6倍以上,为化解区域性风险、确保农业保险体系平稳运行等方面发挥了重要的基石作用。

(4)促进了农业保险产品和服务创新。"农共体"为北京生猪价格指数保险、上海绿叶菜价格保险、山东大蒜目标价格保险等创新型业务提供产品设计和再保险支持。

2. 我国农业再保险发展存在的问题

(1)农业再保险市场发展水平仍然较低。目前,国际再保险公司在我国农险市场上的占有率达到了近一半,保费外流现象严重。同时,受国内农业保险直保市场主要"保成本"的影响,农业再保险也存在保障程度不高的问题。

(2)"农共体"连续两年出现亏损。由于近年来农业保险经营风险快速累积,分出业务的选择性和波动性较大,再加上一些区域性极端天气灾害影响,"农共体"业务整体赔付率大幅上升,连续两年出现亏损,在正常年景未能实现有效盈余积累,不利于应对农业大灾风险能力的提升,也不利于"农共体"长期稳定运行。

(3)农业再保险还存在监管真空。目前,无论是《保险法》,还是《农业保险条例》,都没有对农业再保险的经营规则和合同管理进行明确规定,不利于建立规范有序的农业再保险市场秩序,也不利于财政资金的安全合规使用。

(4)与其他巨灾风险补偿机制还没有形成体系。如前所述,当发生农业巨灾的时候,农业再保险应与农业保险、农业保险大灾风险准备金、巨灾债券、巨灾彩票等其他市场化工具一起发挥损失补偿作用。但目前,我国尚未建立国家层面的大灾风险基金,公司层面的大灾风险准备金规模比较小,巨灾债券才刚开始探索,巨灾彩票还尚未出现,仍然是农业再保险"孤独地"承担着农业巨灾风险的分散任务。

(5)"农共体"内部治理机制有待提高。"农共体"成立之时,24家发起公司共同签署了《中国农业保险再保险共同体章程》,审议通过了"农共体"相关规章制度,并推选中国人民财产保险股份有限公司作为"农共体"成员大会第一届轮值主席,明确中国财产再保险有限责任公司作为"农共体"管理机构。目前,农共体成员公司和观察员公司总计达到了34家,中国人民财产保险公司等直保公司与中国财产再保险公司之间存在一定的利益冲突,各家直保公司的业务规模和话语权等也存在差异,直保公司是否存在道德危险等问题都要在长期发展中去观察和解决。

(三)我国发展农业再保险的对策建议

1. 明确将"农共体"纳入"社会化"农业巨灾风险分担体系

如前所述,我国"社会化"农业巨灾风险分担体系由农户、保险公司、再保险公司或共保公司、省级政府、中央政府及资本市场投资者组成。"农共体"的成立,填补了我国农业再保险承担主体的空白,因此应将其明确纳入"社会化"农业巨灾风险分担体系,使其发挥"中流砥柱"作用。

2. 对农业再保险提供财政支持

Miranda 和 Clauber(1997)的实证研究结果表明,农业保险公司面临的系统性风险是普通财产保险公司的 10 倍左右,是农场间风险(风险独立时)的 20 — 50 倍。因此,系统性风险使投保人的风险组合失效,需要由农业保险原保险人购买再保险分散系统性风险。但是,商业性再保险公司和农业保险公司具有同样的结构缺陷,即只能处理多样化风险而不是系统性风险,对农业保险所面临的系统性风险无力承担或不愿意承担。例如,2012 年美国干旱造成 300 多亿美元的赔偿责任,保费全部赔完后亏损仍达 180 亿美元左右,远远超出了商业性保险公司的承受能力。从美国和日本等国家的制度安排来看,农业再保险都是这些国家农业保险体系不可或缺的重要组成部分,受到了国家财政的大力支持。因此,建议将我国农业再保险纳入政策性农业保险体系,给予政策支持,比如对"农共体"进行经营管理费用补贴,实施税收优惠政策等。

3. 加强农业再保险信息基础设施建设

农业再保险的健康发展,离不开农业风险的准确评估和农业保险费率的精确厘定,而这些都离不开农业基础信息和基础数据的长期积累。如前所述,在我国中央政府层面可能建立的农业风险管理机构具有农业风险管理信息基础设施建设的功能,可以与财政部、农业部、林业部、国土资源部、保监会和民政部等部门建立信息共享机制,摆脱"数据小农意识",打通部门"信息孤岛",把农户生产、财政补贴、土地信息、灾害信息、损失程度、保险赔偿、民政救济等信息整合起来为农业再保险发展服务。

4. 加强农业再保险的立法和监管

为了保证农业再保险市场的长期健康稳定发展,政府必须尽快结束农业再保险"游戏规则"缺失的现状,出台必要的法律法规对农业再保险的运营进行规范。短期内可由保监会出台《农业再保险管理规定》，对农业再保险经营主体、再保险方式、责任范围、合同的主要内容、财政支持措施、农业再保险在农业巨灾风险管理体系中的角色和职责等进行规定，建立起农业再保险市场良性发展的行业规则和规范。待条件成熟时再出台更高级别的法规。[1]

四、探索应用巨灾债券

巨灾债券通常是指保险公司或再保险公司在资本市场上发行的、与特定的巨灾损失相连接、为巨灾赔付筹集资金的债券。巨灾债券一般由专门机构（SPV）发行，由资本市场上的投资者购买。巨灾债券合同中明确规定了面值、期限和息票率。与一般债券不同的是，合同还规定了一个触发机制，即当触发事件发生时，投资者损失本金或利息，保险公司用投资者损失的本金或利息弥补其巨灾保险的损失。一般来说，触发事件有三类：（1）直接保险人的实际损失；（2）总损失数据，如产业损失指数；（3）技术参数（参数触发），如地震的规模和地点等。[2]

农业巨灾债券的触发机制取决于一定期限内农业巨灾是否发生。如果农业巨灾未发生，发行人偿还本金和利息；如果农业巨灾发生，发行人则可以延期支付或免除部分债券本利，甚至可以免除全部本利。发行巨灾债券的保险人或再保险人拿本该支付给债券投资者的钱用于支付赔款。

---

[1] 何小伟、刘佳琪、肖宇澄：《我国农业再保险体系的完善研究》，《中国保险》2016年第10期，第28—32页。

[2] 沈蕾：《农业巨灾风险的资本市场解决方案——巨灾债券》，《山西财经大学学报》2006年第2期，第69—72页。

在实际运作中,农业巨灾债券的主要参与人包括投资者、保险公司和债券的发行人(SPV)。保险公司通过设定特殊目的公司SPV,把保险公司承保的农业保险打包作为一项资产,以此资产为基础发行巨灾风险债券。[①]

2015 年,我国第一只以地震风险为保障对象的巨灾债券在境外市场成功发行。该债券由中再集团旗下全资子公司中再产险作为发起人,发行主体为设在百慕大的特殊目的机构(SPV)Panda Re,募集金额 5000 万美元。中再集团和中再产险以再保险转分的方式,将其所承保的部分中国大陆地区地震风险分保给特殊目的机构 Panda Re,再由 Panda Re 在境外资本市场发行巨灾债券进行融资,以融资本金为这部分风险提供全额抵押的保险保障。

(一)巨灾债券在农业巨灾风险管理中的优势

如前所述,在我国农业保险大灾风险分担体系中,保险公司对于赔付率超过 500%的极端、少见的高层次巨灾损失,可以通过发行巨灾债券进行损失融资,这对保险公司、债券投资者、农业保险投保人及政府都能带来很多好处。

1. 可以为高层次巨灾损失筹集赔付资金

对于赔付率超过 500%的少见的重大巨灾损失,由保险和再保险层级赔付 150%的损失,省级和中央级农业保险大灾风险基金承担 150%—500%的损失,超过部分利用农业巨灾债券筹集到的资金进行赔付,从而为保险公司的重大巨灾损失寻找到了资金来源渠道。

---

① 赵雄:《我国农业巨灾风险分散机制研究》,重庆大学学位论文,2013 年。

2. 可以为投资者提供一种全新的投资品种

从投资者角度看,与其他金融工具受社会、经济、政治和信用风险等因素影响不同,巨灾债券主要受自然因素影响,这个特点使巨灾债券具有对冲其他投资风险的作用,因此对于希望通过产品组合分散风险的投资者来讲,很有吸引力。

3. 可以在国际范围内分散巨灾风险

投资者把所有资产都集中在一个国家或地区,可能会产生很高的相关性。如果我国发行巨灾债券,对其他国家投资者可能会产生较大的吸引力。因为购买我国的巨灾债券,不仅可以对冲其他金融工具风险,还可以分散国家风险,这使保险公司在更广阔的国际范围内分散巨灾风险。

4. 保险公司面临的信用风险较小

与保险公司购买再保险补充偿付能力、可能遭遇再保险公司无法偿付极端灾害损失的信用风险相比,保险公司发行巨灾债券融资因有特殊目的公司的抵押担保,信用风险相对较小。

5. 可以降低保险公司的还款负担

从巨灾债券发行人——保险公司角度来看,巨灾债券逐年还款而非一次性赔付,可以减轻保险公司的偿债负担。[1]

(二)我国探索应用巨灾债券的对策

1. 建立特殊目的公司 SPV

通过发行巨灾债券把农业巨灾风险引入资本市场的过程中,最关键的环节是建立 SPV 公司,由其购买需要债券化的农业巨灾保险保单并入自己的资产池,然后面向资本市场公开发行巨灾债

---

[1] 王和、何华、吴成丕:《巨灾风险分担机制研究》,中国金融出版社 2013 年版。

券,募集资金。为了保证 SPV 的独立性以及防范信用风险,SPV 不得经营除农业巨灾债券以外的业务、不得拥有除农业巨灾债券以外的债务。[1]

2.建立健全相关法规

农业巨灾债券作为跨域保险市场和资本市场的一种创新金融工具,目前在国内还没有发行过,现有的法律法规对特殊目的公司的设立还存在一些障碍。因此建议我国在借鉴国外经验的基础上,遵循特别法优先于普通法的原则,制定专门的《特殊目的再保险机构法》,对巨灾债券的性质、特殊目的再保险机构的组织形式、经营范围、偿付能力、税收优惠、监管主体及职责、信息披露、信用评级和风险监控等问题进行明确规范。

3.选择本金保障型巨灾债券

农业巨灾债券根据本金保障方式不同可分为本金保障型和本金无保障型两种。本金保障型巨灾债券,无论巨灾事件是否发生都不影响本金返还,因此风险较小。综合考虑我国投资者的投资习惯、风险认知水平、风险承受能力及整体的投资环境,发展初期我国应发行本金保障型农业巨灾债券。

4.选择单一财产损失的巨灾债券

巨灾债券根据保险的标的多寡可分为单一财产损失巨灾债券和多种财产混合损失巨灾债券。在巨灾债券发展初期,我国应探索发行单一财产损失巨灾债券,如针对农业保险公司承保的特定地区的水稻或小麦单一标的来设计巨灾债券。

5.选择单一风险巨灾债券

巨灾债券根据风险多寡可分为单一风险巨灾债券和多风险巨

---

[1]　刘晶、方华:《我国农业巨灾债券的模式研究》,《农村金融研究》2016 年第 9 期,第 69—72 页。

灾债券。我国也可借鉴国际巨灾债券发行的一般路径,即初期选择发行特定地区单一风险农业巨灾债券,待累积丰富的经验后,再推出多风险农业巨灾债券。

6.设计透明度较高的巨灾债券

由于我国目前农业巨灾风险的评估技术比较落后,道德风险防范能力较差,因此在初期应发行透明度高、易于理解和接受的参数触发型农业巨灾债券。

7.发行 3 年期巨灾债券

就债券期限选择而言,我国发行 3 年期农业巨灾债券比较合理。如果发行 1 年期的,期限太短,发行新债券的频率太高,程序烦琐,成本较高;但如果发行 5 年期的或 5 年以上的,期限又太长,巨灾风险发生频率较高,风险较大,对投资者的吸引力将变小,从而增加了农业巨灾债券的发行难度。①

五、探索应用巨灾彩票

根据国务院批准的《彩票管理条例》中彩票的定义,可将巨灾彩票定义为"为了筹集巨灾保险基金,弥补巨灾保险赔付不足而特许发行、依法销售,自然人自愿购买,并按照特定规则获得中奖机会的凭证"。

(一)巨灾彩票在农业巨灾风险管理中的优势

发行巨灾彩票,主要是为中央级农业保险大灾风险基金筹集

---

① 张长利:《发行农业巨灾债券的思考与建议》,《征信》2013 年第 11 期,第 81—85 页。

资金,其在农业巨灾风险管理中的优势有:

1. 巨灾彩票的公益性质适合农业巨灾风险的"准公共风险"特性

国家发行彩票的主要目的就是为社会筹集公益资金,用于"扶老、助残、救孤、济困"及其他公益事业。农业巨灾风险是"准公共风险",农业巨灾风险管理活动本身就具有一定公益性。具体来说,发行农业巨灾彩票的目的,是为了给中央级农业保险大灾风险基金筹集资金,弥补保险公司的偿付能力,保证农户遭受巨灾损失后能尽快恢复生产,保障农业生产的稳定性和粮食安全,因此农业巨灾彩票具有公益性质,适合农业巨灾风险"准公共风险"的特性。

2. 巨灾彩票市场的投资者具有较强的风险承担能力

彩票市场一个显著的特点是,投入和回报极不对称。投入少量资金购买彩票的结果有两个,要么不中奖,损失少量资金;要么中奖获得成千上万倍的回报。正是彩票市场的这个投入不多、以小博大的特点,吸引了广大彩民积极自愿地承担风险,而又不会导致其倾家荡产,因而彩票市场上投资者的风险偏好很理性,风险承担能力也较强。因此,利用巨灾彩票的广泛社会性,可以为中央级农业保险大灾风险基金筹集大量资金,并且具有较强的持续性。

3. 巨灾彩票的"自愿税"特点适合为农业巨灾损失筹资

从经济学角度来讲,政府发行巨灾彩票其实是一种"自愿税",即彩民自愿缴纳给政府、不需要任何经济回报的政府无偿收入。农业巨灾风险是"准公共风险",全社会居民通过购买巨灾彩票缴纳"自愿税",为农业巨灾风险损失补偿提供资金,一来合情合理,二来也比强制摊派更容易被居民接受。

4. 巨灾彩票客观上实现了保险的基本职能

保险的基本职能是分散危险,补偿损失。巨灾彩票的运行机制与保险类似,都是通过大数法则为巨灾损失筹集损失补偿资金。虽然对于彩民来说,购买彩票的主观目的是为了获得高额奖金,而非为农业巨灾损失筹资,但只要彩民购买了巨灾彩票,客观上就会增加农业保险大灾风险基金,为农业巨灾损失补偿做出贡献,达到了殊途同归的效果。这与保险通过收取保费分散风险、补偿损失的功能类似。

5. 巨灾彩票的筹资效果优于社会捐款

巨灾彩票和社会捐款虽然都能为巨灾损失筹集资金,但巨灾彩票的筹资效果优于社会捐款。(1)巨灾彩票筹资的计划性更强。捐款是一种单向的捐赠行为,广大居民愿不愿捐款,捐多少,什么时候捐,没有任何计划,具有很大的随意性,因而为农业巨灾筹集补偿资金具有很大的不确定性;而巨灾彩票是否发行,发多少,什么时候发,都可以做出明确的计划,因此筹资的确定性更强。(2)巨灾彩票筹资的可持续性更强。捐款没有任何回报,很多情况下捐款人的捐款数目受舆论压力和行政摊派的影响,容易造成公众压力和反感,从而不具有可持续性;巨灾彩票则是人们用货币购买的一种中奖权利的有价凭证,彩票的回报性激发了人们的主动购买行为,而且买不买、买多少、什么时候买都完全由个人决定,不会受舆论压力和行政摊派的影响,更容易被公众接受。

6. 利用巨灾彩票进行农业巨灾损失筹资的其他优势

利用巨灾彩票为农业巨灾损失筹资的优势还体现在:(1)巨灾彩票筹资比较稳定,因为该市场几乎不受经济周期和资本市场波动的影响;(2)巨灾彩票产品开发过程简单,对外部条件的依赖较小;(3)运营巨灾彩票主要采用信息技术,成本很低;(4)巨灾彩票的监管系统相对简单和透明,便于公众监督;(5)巨灾彩票一般都会受到国家政策支持,具有较高的信用。

(二)我国探索应用巨灾彩票的具体思路

1.明确巨灾彩票的参与主体

参与主体包括发行主体、投资者和彩票代销机构。(1)发行主体。可由财政部指定一家现有的机构作为巨灾彩票的运行机构,该机构通过财政部向国务院提交巨灾彩票的有关发行材料,如彩票发行范围、发行量、发行期限、品种规则、开奖和兑奖操作流程等,并经审核同意后,方可按相关法律法规发行巨灾彩票。巨灾彩票封闭运行和管理,募集到的资金注入中央级农业保险大灾风险基金。(2)投资者。只要符合法律规定的自然人都可以购买巨灾彩票。(3)彩票代销机构。借助保险公司、商业银行和邮局等彩票自销或代销机构完成巨灾彩票销售。

2.选择巨灾彩票的最佳类型

彩票类型可以采取即开型纸质彩票和视频彩票两种,这两种彩票各有优势,方便彩民根据自己的喜好进行选择。即开型彩票销售场地灵活,方便公众随时随地购买,更易于被大众接受;视频彩票具有全程无纸化、视频互动、集中销售、即中即兑和统一奖池五个方面的优势。

3.设计合理的巨灾彩票面值

彩票面值的确定应考虑社会平均收入水平、消费能力等因素。根据网络调查,绝大多数调查者认为可以接受5元及以上的赈灾彩票价格。因此,建议彩票面值定在5元,一方面能被广大彩民普遍接受,另一方面可以迅速地募集灾后补偿资金。

4. 设定科学的彩票返奖率

由于巨灾彩票是为了给农业巨灾损失募集补偿资金,其性质是专项募捐,因此可以设计较低的返奖率,例如 50%。即开型纸质彩票的发行费用较高,因此需要将发行成本控制在 10%以内,巨灾彩票的资金募集率才能达到 40%,为农业巨灾风险基金筹集更多资金。

5. 确定巨灾彩票的发行额度

巨灾彩票的发行量由中央级农业保险大灾风险基金的缺口来确定其发行总量。有关部门也可根据各地区城乡居民储蓄存款余额、人均年收入状况以及农业巨灾损失情况分配巨灾彩票的发行额度。①

---

① 于一多:《巨灾彩票:巨灾风险管理工具的创新》,《上海保险》2011 年第 12 期,第 36—38 页。

第十章 普惠制农业巨灾保险费率测算

——以旱灾保险为例

如第九章所述,如果未来我国农业保险采取"普惠制巨灾保险+高保障收入保险"的产品结构,就有必要研究这两类农业保险产品的费率厘定问题,为以后的农业保险制度改革做好技术储备。

我国幅员辽阔,各地的自然条件、风险因素、灾害发生概率差异较大,如果在全国范围内实行"一价制"的巨灾保险费率,会引起灾害程度较轻地区投保农户的不满,引起灾害程度较重地区农户的逆选择行为。因此,需要选择数据要求不高、简单易行的费率测算方法,合理测算各地的巨灾保险费率,以体现差异化的风险水平。本章以旱灾保险为例,研究普惠制农业巨灾保险的费率厘定问题。

一、旱灾保险费率计算方法选择

(一)常见的农业保险费率计算方法

在农业保险实务中,目前存在非指数产品和指数产品两种。非指数产品的费率厘定方法主要有赔付率模型和产量模型,指数产品的费率厘定方法主要有指数模型法。

1. 赔付率模型

根据财产保险的赔付率定价方法,可以得到农业保险的赔付率定价公式:

$$R = \frac{W}{T} \cdot R_0 \tag{10.1}$$

该模型在应用时需要以下步骤:(1)模拟灾害事件是否发生;(2)如果发生灾害,模拟有多大的种植面积受灾;(3)模拟受灾面积的受损程度;(4)模拟保单的经验赔付率;(5)根据目标赔付率推算保费。该模型在实际应用中的定价公式为:

$$保费 = \frac{受灾概率×受灾面积×有效保额×损失率}{目标赔付率} \tag{10.2}$$

由此计算的保费除以保额就可以得到相应的费率。

模型是基于随机模拟的,因此算法中的每一个项目均是随机变量而不是确定的值。在实际计算中,要根据相关数据估计出模型中的每一个变量的值,从而确定其费率。

2. 产量模型

产量模型的主要依据是实际产量的变化,首先设定一个保险产量,当实际产量低于保险产量时就会得到相应的赔付,具体实施过程为:(1)历史产量数据的去趋势化处理;(2)经验分析与建模估参;(3)结合保险条款进行费率厘定。其定价基本公式如下:

$$保费 = \frac{产量概率×单位产量保额×(保险产量-实际产量)}{保险产量} \tag{10.3}$$

由此得到的保费除以保额就可以计算出相应的费率。

3. 指数模型

气象指数模型是指把一个或几个气候条件对农作物损害程度

指数化,每个指数都有对应的农作物产量和损益,保险合同以这种指数为基础,当指数达到一定水平并对农产品造成一定的影响时,投保人就可以获得相应标准的赔偿。[①] 以某水稻种植的天气指数保险为例,其赔偿规则如下:

(1)自 5 月 15 日开始,至 8 月 31 日止的累计降雨量低于 230 毫米时,按照 230 毫米与此时期累计降雨量之差计算每亩赔偿金额,每差 1 毫米赔偿 1.2 元,每亩最高赔偿 150 元,那么,每亩的赔偿金额为:

$$Min[150,(230-累计降雨量)\times1.2] \tag{10.4}$$

(2)自 9 月 1 日开始,至 10 月 15 日止的累计降雨量低于 15 毫米时,每亩赔偿金额为:

$$Min[100,(15-累计降雨量)\times6.7] \tag{10.5}$$

类似这种方法,可以根据水稻实际生产过程的需水量来制订详细的规则。累计降雨量等天气情况以省气象局发布的保险标的所在乡镇气象站记录数据为依据。采用该方法计算费率比较简单,只需要根据历史经验数据估计出降水量低于保险合同规定的降水量的概率,再乘以赔偿金额即可以得出保费。

(二)选择产量模型作为旱灾保险费率计算方法

对上述赔付率模型、产量模型和指数模型进行综合分析后,选择产量模型作为旱灾保险费率的计算方法。原因在于:

(1)赔付率模型不适宜旱灾保险试办初期的费率厘定。赔付率模型其实就是经验费率法,需要知道保险公司若干年赔付率等

---

① 冯文丽、杨美:《天气指数保险:我国农业巨灾风险管理工具创新》,《金融与经济》2011 年第 6 期,第 92—95 页。

经营数据来进行计算。但由于我国很少有保险公司单独开办过旱灾保险,此类数据无法收集,即使保险公司有这些数据,一般出于商业保密等原因也不愿意提供。

（2）指数模型所需的气象数据较难获得。在天气指数保险的设计中,为了减少基差风险,气象参量要求国际标准化气象站距离投保农田不应超过 20 公里,目前还很难获得如此小范围的气象数据。但对于旱灾指数保险的费率测算问题,将在后续研究中继续跟进。

（3）产量模型数据需求简单。产量模型根据历史产量模拟趋势产量,然后根据趋势产量和实际产量之间的差异计算损失率。此类方法只需要历史产量,数据需求比较简单,在短时间内能够搜集到。因此,选择产量模型计算旱灾保险费率。

二、旱灾保险费率计算思路与计算方法

（一）旱灾保险费率计算思路

旱灾保险费率测算包括以下六步:

（1）计算趋势单产产量和气象单产产量。运用直线滑动平均法建立趋势拟合方程,将某地区历年的农作物实际单产产量分离为该区农作物历年的趋势单产产量和气象单产产量。其中,趋势单产产量是正常条件下农作物生产可达到的理论产量,该指标会随着作物品种的更新换代、耕作栽培技术的改进、生产管理水平的提高而相应提高。气象单产产量是作物生长期间由于气象条件偏离正常状态造成农作物实际单产产量对理论单产产量的偏离值。

实际单产产量＝趋势单产产量+气象单产产量　　　　（10.6）

(2)计算各年灾损率。根据上一步趋势拟合方程计算出的趋势单产产量和气象单产产量,可计算出不同受灾年份农作物单产产量的灾损率。

$$灾损率=气象单产产量/趋势单产产量 \qquad (10.7)$$

(3)分析单产产量与作物生长期间降水量的相关性。已有的大量理论研究表明,二者具有显著的正相关关系。如果费率测算地区的实际单产产量和作物生长期间的降水量高度正相关,说明农作物生长期间最普遍、最严重的气象灾害即为干旱灾害,灾损率基本能代表旱灾损失率。否则,还需要进一步分析旱灾损失率在灾损率中所占的比例。

(4)计算平均灾损率。将旱灾造成减产的若干年份的灾损率相加(未减产年份的灾损率赋值为零),除以样本年数,即可得到平均灾损率。

(5)计算平均抗旱率。旱灾发生后,各地区在水利部门的领导下,都会采取各种措施减少旱灾导致的作物损失。因此,抗旱率是指当年抗旱挽回粮食产量与粮食总产量之比。平均抗旱率则是观测期每年抗旱率的平均值。

$$抗旱率=抗灾挽回粮食产量/粮食总产量 \qquad (10.8)$$

(6)计算旱灾保险的纯费率。在上一步平均灾损率的基础上减去平均抗旱率,就可以得到农作物旱灾保险的纯费率。

$$纯费率=平均灾损率-平均抗旱率 \qquad (10.9)$$

(二)旱灾保险费率计算方法——趋势产量直线滑动平均模拟法

这是一种线性回归模型与滑动平均相结合的模拟方法,它将农作物产量的时间序列在某个阶段内的变化看作线性函数,呈一直线。随着阶段的连续滑动,直线不断变换位置,后延滑动,从而反映产量历史演变的趋势变化。依次求取各阶段的直线回归模型,各时间点上直线滑动回归模拟值的平均值,即为其趋势产量。这种产量趋势模拟方法的优点在于不必主观假定(或判断)产量历史演变的曲线类型,也可不损失样本序列的年数,是一种较好的趋势模拟方法。若某阶段的线性趋势方程为:

$$y_i = a_i + b_i t \tag{10.10}$$

式中:

i=n-K+1,为方程个数;

K 为滑动步长;

n 为样本序列个数;

t 为时间序号。

当 i=1 时,t=1,2,3,…,K

当 i=2 时,t=2,3,4,…,K+1

……

当 i=n-K+1 时,t=n-K+1,n-K+2,n-K+3,…,n

计算每个方程在 t 点上的函数值 $y_i(t)$,这样每个 t 点上分别有 q 个函数值,q 的多少与 n、K 有关。

当 K≤n/2,则 q=1,2,3,…,K,…,K,…,3,2,1;q 连续为 K 的个数等于 n-2(K+1);

当 K>n/2,则 q=1,2,3,…,n-K+1,…,n-K+1,…,3,2,1;q 连续为 n-K+1 的个数等于 2K-n。

然后再求算每个 t 点上 q 个函数值的平均值:

$$\bar{y}_j(t) = \frac{1}{q} \sum_{j=i}^{q} y_j(t) \quad (j=1,2,…,q) \tag{10.11}$$

连接各点的 $\overline{y_j(t)}$ ，即可表示产量的历史演变趋势。其特征取决于 K 的取值大小，只有当 K 足够大的时候，趋势产量才能消除短周期波动的影响。一般 K 值可取 10 年或更长。本标准规定K 值取 11 年。[①]

三、典型地区旱灾保险费率计算

经过调研，综合考虑旱灾对农作物产量的敏感性、地区的跨度性、费率的可比性及数据的可得性等多方面因素，将典型地区确定为安徽五河县、甘肃灵台县和静宁县三个地区，把测算旱灾保险费率的农作物都统一选为玉米。

（一）安徽五河县玉米旱灾保险费率计算

1. 安徽五河县概况

五河县地处皖东北淮河中下游，因境内淮、浍、漴、潼、沱五水汇聚而得名。全县总面积 1428.57 平方公里，人口 66.7 万，辖 14个乡镇，1 个省级经济开发区（城南工业区）、1 个省级自然保护区、1 个省级森林公园、216 个村（居）。五河县盛产小麦、大豆、水稻、棉花、花生等农产品，是全国商品粮生产基地。

2. 费率测算的数据来源

如表 10-1 所示，五河县近 20 年玉米实际单产数据来自五河县农业局，玉米生长期降水量来自五河县气象局。

---

① 张小峰、史平、王欣：《气候因子与汉中粮食生产的关系》，《陕西农业科学》2010 年第 4 期，第 115—116 页。

表 10-1　1994—2013 年五河县玉米实际单产及其生长期降水量

序号	年份	实际单产（公斤/亩）	玉米生长期降水量（毫米）			
			6月	7月	8月	9月
1	1994	347.32	104.0	75.7	65.4	106.3
2	1995	373.45	99.1	182.2	143.5	15.4
3	1996	268.68	129.5	249.0	23.9	57.3
4	1997	323.37	159.8	510.2	134.7	60.5
5	1998	373.32	237.0	275.7	209.2	0.6
6	1999	303.32	86.3	124.4	78.6	31.7
7	2000	352.08	402.2	192.0	100.8	133.3
8	2001	380.47	118.2	57.5	327.6	20.7
9	2002	389.93	64.7	235.7	234.0	35.5
10	2003	164.07	172.4	309.2	211.2	52.2
11	2004	382.67	99.1	110.1	138.6	73.8
12	2005	171.10	78.2	414.1	269.6	108.7
13	2006	325.07	185.1	291.1	81.9	105.9
14	2007	267.16	64.3	759.3	188.0	149.2
15	2008	350.12	97.7	352.4	115.0	34.2
16	2009	326.11	121.4	189.1	40.0	156.6
17	2010	328.00	74.4	54.1	118.8	232.9
18	2011	328.84	111.3	295.7	477.5	54.1
19	2012	311.73	53.7	181.5	210.4	52.3
20	2013	288.18	94.3	87.6	71.3	261.7

数据来源：五河县气象局和农业局。

3.计算平均灾损率

如前所述，平均灾损率的计算思路为：运用直线滑动平均法建立趋势拟合方程，将五河县 20 年的玉米实际单产产量分离为历年的玉米趋势单产产量和气象单产产量,气象单产产量与趋势单产产量之比就是灾损率。

第一步,建立趋势拟合方程。选取滑动步长为11,建立10个趋势拟合方程如下:

$$y_1 = 343.738 - 1.855t$$
$$y_2 = 366.950 - 8.394t$$
$$y_3 = 341.629 - 4.907t$$
$$y_4 = 368.011 - 9.327t$$
$$y_5 = 356.356 - 6.979t$$
$$y_6 = 329.637 - 3.241t$$
$$y_7 = 329.272 - 2.806t$$
$$y_8 = 309.710 + 0.102t$$
$$y_9 = 280.120 + 3.992t$$
$$y_{10} = 247.105 + 7.953t$$

第二步,计算玉米趋势单产、气象单产和灾损率。计算各时间点在10个直线滑动回归方程的模拟值,其平均结果即为趋势值。五河县玉米趋势单产、气象单产和灾损率如表10-2所示。灾损率为负值代表该年是减产年份。

表 10-2　1994—2013 年五河县玉米趋势单产、气象单产和灾损率

序号	年份	实际单产 (公斤/亩)	趋势单产 (公斤/亩)	气象单产 (公斤/亩)	灾损率 (%)
1	1994	347.32	341.883	5.436844	1.59
2	1995	373.45	349.292	24.15915	6.92
3	1996	268.68	341.6857	−73.0097	−21.37
4	1997	323.37	342.1463	−18.7784	−5.49
5	1998	373.32	338.6958	34.6226	10.22

序号	年份	实际单产 （公斤/亩）	趋势单产 （公斤/亩）	气象单产 （公斤/亩）	灾损率 （%）
6	1999	303.32	331.4022	−28.0779	−8.47
7	2000	352.08	325.7394	26.33876	8.09
8	2001	380.47	319.0599	61.40857	19.25
9	2002	389.93	311.0204	78.90626	25.37
10	2003	164.07	302.0827	−138.008	−45.69
11	2004	382.67	299.5365	83.12899	27.75
12	2005	171.10	294.2694	−123.17	−41.86
13	2006	325.07	294.8245	30.2471	10.26
14	2007	267.16	294.3769	−27.2217	−9.25
15	2008	350.12	299.0408	51.08317	17.08
16	2009	326.11	304.1316	21.97712	7.23
17	2010	328.00	308.9783	19.01764	6.16
18	2011	328.84	316.518	12.31993	3.89
19	2012	311.73	325.3335	−13.6041	−4.18
20	2013	288.18	334.588	−46.4119	−13.87

第三步,计算平均灾损率。将减产8年的灾损率相加,除以样本年数,即可得到平均灾损率7.51%。

4. 玉米实际单产与生长期降水量相关性检验

五河县玉米实际单产产量与生长期降水量相关性检验结果显示,两者相关性不显著。但是,通过将实际单产产量与这四个月的平均降水量和逐月降水量分别进行相关性分析后发现,7月份的降水量与实际单产产量有一定相关性。具体数据如表10-3所示,x为7月份降水量,y为实际单产产量。

表 10-3 五河县玉米实际单产与 7 月份降水量相关性检验结果

模型	R	R 方	调整 R 方	标准估计的误差	
1	.396[a]	.157	.110	58.97533	
Anovab					
模型	平方和	df	均方	F	Sig.
	回归	11636.936	1	11636.936	3.346	.084a
1	残差	62605.622	18	3478.090		
	总计	74242.558	19			

注:a. 预测变量:(常量),x;

　　b. 因变量:y。

5. 计算平均抗旱率

通过多方努力,仍然没有获得五河县近 20 年抗旱挽回粮食产量的数据。因此,平均抗旱率暂时无法计算,待日后有机会获取数据后再补充完全。

6. 计算旱灾保险纯费率

在算出平均灾损率和平均抗旱率后,根据纯费率=平均灾损率-平均抗旱率(公式 10.9),就可以得出旱灾保险的纯费率。但是,由于缺乏数据,五河县平均抗旱率无法计算,只能暂用平均灾损率 7.51% 代表纯费率。不过,将五河县不包含抗旱效果的费率水平和其他两个县包含抗旱效果的费率水平进行比较,可以从某种角度看出抗旱措施的重要性及效果。

7. 结果说明

在五河县 20 年的原始数据中,由于玉米实际单产与降水量相关程度较低,因此,计算出的 7.51% 的灾损率,可能并非单由旱灾引起,该保险费率能否作为旱灾保险费率还有待进一步论证。

(二)甘肃静宁县玉米旱灾保险费率计算

1. 甘肃静宁县概况

静宁县位于甘肃东部,总面积 2193 平方公里,总耕地 147.3 万亩,山旱地占 92%。为暖温带半湿润半干旱气候,年均气温 7.4℃,年均降水量 423.6 毫米,可靠值 285 毫米,蒸发量 1512 毫米,降水时空分布不均,自然降水利用率低。境内有葫芦河干流和 9 条支流,大多数季节性断流,年径流量仅 1.74 亿立方米。有东峡水库等 14 座中小型水库,蓄水量严重不足,全县人均水资源占有量 240.5 立方米,仅为全国和全省平均水平的 1/8 和 1/5,生态环境脆弱,自然条件严酷,是典型的旱作农业县,也是国家扶贫开发工作重点县。

2. 费率测算的数据来源

如表 10-4 所示,静宁县近 20 年玉米实际单产数据来自静宁县统计局,玉米生长期降水量来自静宁县气象局。

表 10-4 1994—2013 年静宁县玉米实际单产及其生长期降水量

序号	年份	实际单产（公斤/亩）	玉米生长期降水量（毫米）				
			5月	6月	7月	8月	9月
1	1994	247.80	7.9	144.0	52.9	62.2	35.9
2	1995	241.10	3.8	25.3	87.2	87.1	31.0
3	1996	248.80	22.1	73.5	121.9	24.2	61.8
4	1997	288.80	15.6	24.3	84.8	86.8	44.6
5	1998	285.30	79.5	15.5	87.3	85.8	23.6
6	1999	392.92	52.7	70.5	133.2	21.0	30.1
7	2000	450.09	15.8	101.0	25.5	117.1	66.1
8	2001	459.00	15.1	37.8	48.8	52.0	122.3
9	2002	464.50	65.6	78.1	32.1	28.8	40.8

续表

序号	年份	实际单产（公斤/亩）	玉米生长期降水量（毫米）				
			5月	6月	7月	8月	9月
10	2003	482.50	64.7	40.0	118.8	202.8	87.1
11	2004	492.03	37.8	59.6	80.5	114.9	87.6
12	2005	493.14	77.5	76.9	115.4	71.0	59.5
13	2006	561.49	79.9	48.9	61.4	53.4	84.7
14	2007	598.02	17.9	65.4	67.5	83.3	61.6
15	2008	566.54	8.6	73.3	76.1	50.2	106.6
16	2009	608.80	28.6	8.7	86.8	72.1	36.6
17	2010	666.29	74.6	56.7	45.2	79.2	47.4
18	2011	771.69	22.5	32.5	106.2	86.9	100.1
19	2012	787.45	88.7	65.9	73.4	82.9	79.1
20	2013	805.35	80.4	50.2	45.3	80.9	86.2

数据来源:静宁县统计局和气象局。

3. 计算平均灾损率

第一步,建立趋势拟合方程。选取滑动步长为 11,20 年数据可建立 10 个趋势拟合方程,具体如下所示:

$$y_1 = 186.311 + 30.355t$$

$$y_2 = 214.087 + 29.443t$$

$$y_3 = 245.621 + 29.042t$$

$$y_4 = 284.768 + 27.808t$$

$$y_5 = 331.96 + 24.151t$$

$$y_6 = 388.082 + 19.699t$$

$$y_7 = 406.392 + 20.789t$$

$$y_8 = 396.541 + 27.304t$$

$$y_9 = 397.641 + 32.097t$$

$$y_{10} = 411.102 + 35.018t$$

第二步,计算玉米趋势单产、气象单产和灾损率。静宁县近 20 年玉米趋势单产、气象单产和灾损率如表 10-5 所示。灾损率为负值的年份代表减产年份。

表 10-5 1994—2013 年静宁县玉米趋势单产、气象单产和灾损率

序号	年份	实际单产(公斤/亩)	趋势单产(公斤/亩)	气象单产(公斤/亩)	灾损率(%)
1	1994	247.8	216.666	31.13	14.37
2	1995	241.1	245.2755	−4.18	−1.70
3	1996	248.8	275.004	−26.20	−9.53
4	1997	288.8	306.607	−17.81	−5.81
5	1998	285.3	339.8374	−54.54	−16.05
6	1999	392.92	374.6278	18.29	4.88
7	2000	450.09	405.0637	45.03	11.12
8	2001	459	430.0723	28.93	6.73
9	2002	464.5	453.2119	11.29	2.49
10	2003	482.5	476.5715	5.93	1.24
11	2004	492.03	504.1421	−12.11	−2.40
12	2005	493.14	529.6173	−36.48	−6.89
13	2006	561.49	555.563	5.93	1.07
14	2007	598.02	580.8981	17.12	2.95
15	2008	566.54	605.7815	−39.24	−6.48
16	2009	608.8	634.395	−25.60	−4.03
17	2010	666.29	670.603	−4.31	−0.64
18	2011	771.69	713.92	57.77	8.09
19	2012	787.45	755.995	31.46	4.16
20	2013	805.35	796.3	9.05	1.14

第三步,计算平均灾损率。将减产9年的灾损率相加,除以样本年数,即可得到平均灾损率2.68%。

4. 玉米实际单产与生长期降水量相关性检验

静宁县玉米实际单产产量与生长期降水量相关性检验结果显示,该地区降水量与实际单产产量的相关性较显著,其中相关性最显著的是5月和9月降水量,具体数据如表10-6所示,其中x为5月和9月降水量均值,y为实际单产产量。静宁县玉米实际单产量和降水量相关性显著,说明旱灾是造成玉米减产的主要灾害,灾损率可以代表旱灾损失率。

表10-6　静宁县玉米实际单产与5月、9月降水量相关性检验结果

模型		R	R 方	调整 R 方	标准估计的误差
1		.670a	.449	.419	136.42979
Anovab					
模型		平方和	df	均方	F	Sig.
1	回归	273313.893	1	273313.893	14.684	.001a
	残差	335035.599	18	18613.089		
	总计	608349.493	19			

注:a. 预测变量:(常量),x;

　b. 因变量:y。

5. 计算平均抗旱率

表10-7是从甘肃省水利部门获取的静宁县近20年抗旱挽回的粮食损失及粮食总产量。根据抗旱率=抗灾挽回粮食产量/粮食总产量(公式10.8),即可算出1994—2013年每年的抗旱率。对近20年的抗旱率求平均值即可得出平均抗旱率。由于2013年静宁县粮食总产量数据缺失,因此仅计算出了19年的平均抗旱率

为 1.07%。

表 10-7　1994—2013 年静宁县抗旱率

年份	抗旱挽回粮食损失（万吨）	粮食总产量（万吨）	抗旱率（%）
1994	0.04	12.40	0.32
1995	0.018	10.42	0.17
1996	0.02	13.69	0.15
1997	0.04	13.72	0.29
1998	0.60	15.21	3.94
1999	0.008	14.97	0.05
2000	0.20	11.48	1.74
2001	0.02	15.00	0.13
2002	0.026	15.30	0.17
2003	0.12	14.75	0.81
2004	0.02	14.96	0.13
2005	1.60	15.00	10.67
2006	0.01	15.21	0.07
2007	0.04	15.26	0.26
2008	0.012	15.61	0.08
2009	0.006	15	0.04
2010	0.05	17	0.29
2011	0.08	15	0.53
2012	0.08	16	0.50
2013	0.8	—	—
19 年平均抗旱率			1.07

6.计算旱灾保险的纯费率

在获取平均灾损率和平均抗旱率的数据后,根据公式(10.9)

纯费率=平均灾损率-平均抗旱率,即可得出静宁县旱灾保险的纯费率为1.61%。

(三)甘肃灵台县玉米旱灾保险费率计算

1. 甘肃灵台县概况

灵台县位于陇东黄土高原南缘,东南与陕西长武、彬县、麟游、千阳、陇县接壤,西北与本省崇信、泾川县毗邻。全境东西长78公里,南北宽40公里,总面积2038平方公里,属黄土高原沟壑区。地势西北高、东南低,海拔在890—1520米之间,年平均气温8.6℃,最高气温35.8℃,最低气温-23.2℃。年平均降水量654.4毫米,降雨分布不均匀,7月、8月、9月三个月降水量占全年降水量的55.5%。

2. 费率测算的数据来源

如表10-8所示,灵台县近20年玉米实际单产数据来自灵台县统计局,玉米生长期降水量来于灵台县气象局。

表10-8 1994—2013年灵台县玉米实际单产及其生长期降水量

序号	年份	实际单产（公斤/亩）	玉米生长降水量（0.1毫米）				
			5月	6月	7月	8月	9月
1	1994	197.06	45	1931	648	689	292
2	1995	117.31	33	403	1016	1613	130
3	1996	375.90	373	1046	3173	700	396
4	1997	279.64	102	81	839	1006	568
5	1998	294.54	1289	241	1449	827	157
6	1999	316.26	751	276	1932	97	395
7	2000	282.75	91	1008	186	1000	472

序号	年份	实际单产（公斤/亩）	玉米生长降水量（0.1毫米）				
			5月	6月	7月	8月	9月
8	2001	286.75	90	777	1127	1140	1576
9	2002	333.67	609	1653	579	1146	725
10	2003	351.58	812	260	1079	1504	1404
11	2004	365.74	327	431	656	1021	1195
12	2005	367.08	543	643	1636	607	617
13	2006	361.00	802	452	679	1308	800
14	2007	359.50	113	620	626	523	780
15	2008	368.00	134	536	521	550	960
16	2009	370.00	343	188	838	1114	336
17	2010	362.99	548	446	2332	773	930
18	2011	437.79	436	183	996	1054	2248
19	2012	440.00	468	809	420	1203	810
20	2013	493.56	835	968	2377	964	1477

数据来源：灵台县统计局和气象局。

3.计算平均灾损率

第一步，建立趋势拟合方程。选取滑动步长为11，20年数据可建立10个趋势拟合方程，具体如下所示：

$$y_1 = 200.679 + 15.057t$$

$$y_2 = 226.142 + 13.389t$$

$$y_3 = 295.333 + 5.549t$$

$$y_4 = 269.953 + 9.531t$$

$$y_5 = 282.386 + 8.798t$$

$$y_6 = 293.043 + 8.165t$$

$y_7 = 300.008 + 7.712t$

$y_8 = 309.938 + 8.406t$

$y_9 = 326.245 + 8.01t$

$y_{10} = 321.555 + 11.214t$。

第二步,计算玉米趋势单产、气象单产和灾损率。灵台县近20年玉米趋势单产、气象单产和灾损率如表10-9所示。灾损率为负值的年份代表减产年份。

表10-9 1994—2013年灵台县玉米趋势单产、气象单产和灾损率

序号	年份	实际单产 (公斤/亩)	趋势单产 (公斤/亩)	气象单产 (公斤/亩)	灾损率 (%)
1	1994	197.06	215.736	-18.68	-8.66
2	1995	117.31	235.162	-117.85	-50.11
3	1996	375.90	266.5507	109.35	41.02
4	1997	279.64	278.2828	1.36	0.49
5	1998	294.54	289.5682	4.98	1.72
6	1999	316.26	300.2288	16.03	5.34
7	2000	282.75	309.9403	-27.19	-8.77
8	2001	286.75	319.5159	-32.76	-10.25
9	2002	333.67	329.6654	4.01	1.22
10	2003	351.58	338.4375	13.14	3.88
11	2004	365.74	348.0206	17.72	5.09
12	2005	367.08	354.9638	12.12	3.41
13	2006	361.00	361.0798	-0.08	-0.02
14	2007	359.50	370.586	-11.09	-2.99
15	2008	368.00	378.6022	-10.60	-2.80
16	2009	370.00	387.1912	-17.19	-4.44
17	2010	362.99	397.11	-34.12	-8.59

序号	年份	实际单产 （公斤/亩）	趋势单产 （公斤/亩）	气象单产 （公斤/亩）	灾损率 （%）
18	2011	437.79	410.41	27.38	6.67
19	2012	440.00	424.025	15.98	3.77
20	2013	493.56	444.909	48.65	10.94

第三步,计算平均灾损率。将减产9年的灾损率相加,除以样本年数,即可得到平均灾损率4.83%。

4. 玉米实际单产与生长期降水量相关性检验

灵台县玉米实际单产产量与生长期降水量相关性检验结果显示,该地区降水量与实际单产产量的相关性较显著,其中相关性最显著的是5月和9月降水量,具体数据如表10-10所示,其中x为5月和9月总降水量,y为实际单产产量。

表 10-10　灵台县玉米实际单产与5月、9月降水量相关性检验结果

模型	R	R方	调整R方	标准估计的误差
1	.683a	.467	.437	62.37135
Anovab				
模型		平方和	df	均方	F	Sig.

模型		平方和	df	均方	F	Sig.
1	回归	61346.611	1	61346.611	15.770	.001a
	残差	70023.337	18	3890.185		
	总计	131369.948	19			

注:a. 预测变量:(常量),x;

　　b. 因变量:y。

灵台县玉米实际单产量和降水量相关性显著,说明旱灾是造成玉米减产的主要灾害,灾损率可以代表旱灾损失率。

5.计算平均抗旱率

表10-11是从甘肃省水利部门获取的灵台县近20年抗旱挽回的粮食损失及粮食总产量。根据抗旱率=抗灾挽回粮食产量/粮食总产量(公式10.8),即可算出1994—2013年每年的抗旱率。对这20年的抗旱率求平均值即可得出平均抗旱率为2.84%。

表10-11　1994—2013年灵台县抗旱率

年份	抗旱挽回粮食损失(万吨)	粮食总产量(万吨)	抗旱率(%)
1994	0.01	10.4	0.10
1995	0.02	6.5	0.31
1996	0.04	12.1	0.33
1997	0.08	13.12	0.61
1998	1.112	14.31	7.77
1999	1.42	14.38	9.87
2000	0.90	12.95	6.95
2001	1.65	13.72	12.03
2002	0.0123	13.91	0.09
2003	0.45	13.10	3.44
2004	0.42	14.62	2.87
2005	0.20	15.36	1.30
2006	0.14	15.08	0.93
2007	0.10	15.11	0.66
2008	0.60	15.34	3.91
2009	0.16	15.40	1.04
2010	0.42	16.21	2.59
2011	0.022	17.50	0.13

年份	抗旱挽回粮食损失（万吨）	粮食总产量（万吨）	抗旱率（%）
2012	0.022	18.37	0.12
2013	0.32	19.00	1.68
平均			2.84

数据来源：甘肃水利厅。

6.计算旱灾保险的纯费率

在获取灵台县平均灾损率和平均抗旱率的数据后，根据公式纯费率＝平均灾损率－平均抗旱率（公式10.9），就可以得出灵台县旱灾保险的纯费率为1.99%。

四、结论与建议

根据五河、静宁和灵台三县1994—2013年玉米实际单产产量、玉米生长期间的降水量、抗旱挽回粮食损失及粮食总产量等数据，采用趋势拟合方程计算出了三县的玉米趋势单产、旱灾单产和灾损率等数据，对玉米实际单产产量和玉米生长期间的降水量做了相关分析，在此基础上得出以下结论和政策建议。

（一）玉米实际单产与生长期降水量呈正相关关系

根据对三县玉米实际单产产量与其生长期降水量之间的相关性分析结果显示，玉米实际单产产量与降水量之间的相关性比较显著。尽管五河县玉米实际单产产量与生长期降水量的相关性不显著，但7月的降水量与实际单产产量有一定相关性。由此可见，干旱对玉米生产造成了比较严重的灾害影响，需采取相应的管理手段来避免或转嫁干旱灾害对玉米生产造成的经济损失。

(二)各地灾损率差异很大,有必要进行费率分区

如表 10-12 所示,五河、灵台和静宁三县的平均灾损率分别为 7.51%、4.83% 和 2.68%。五河县灾损率是静宁县的 2.80 倍,是灵台县的 1.55 倍;灵台县灾损率是静宁县的 1.80 倍。可见,地区间灾损率差异很大,这与我国地域辽阔、地理条件差异较大、各地降水量分布极不均衡及旱灾风险威胁程度不同的现实情况非常吻合。因此,有必要在后续研究中对我国旱灾保险费率分区进行深入研究。

表 10-12 五河、静宁、灵台三县平均灾损率、平均抗旱率和纯费率

地区	平均灾损率	平均抗旱率	纯费率
五河县	7.51%	——	7.51%
灵台县	4.83%	2.84%	1.99%
静宁县	2.68%	1.07%	1.61%

(三)水利部门抗旱活动降低旱灾保险费率效果显著

如表 10-12 所示,灵台县和静宁县的平均抗旱率分别为 2.84% 和 1.07%,对降低纯费率的作用非常显著,分别使两县的纯费率降低了 58.80% 和 39.92%。由此可见,在发展旱灾保险转嫁旱灾损失的同时,由水利部门积极采取抗旱措施也是降低旱灾损失的一个重要举措。

第十一章　高保障收入保险
费率测算

——以玉米保险为例

如前所述,我国农业保险未来如果采取"普惠制巨灾保险+高保障收入保险"的产品结构,需要对收入保险费率测算这个高难度技术问题进行提前研究和储备。

一、玉米收入保险的意义

收入保险可以利用农作物产量和价格之间的负相关关系,实现"对冲效应",使不可保的价格风险变得可保,为农户提供更全面的风险保障,保证农民获得稳定的种粮收益;收入保险也符合国际农业保险和农业支持政策的发展趋势,对我国粮食安全和粮食价格形成机制的市场化改革具有深远意义。[1][2] 因此,近两年中央政府对收入保险高度重视,2016 年的中央一号文件中提出,要完善农业保险制度,探索开展重要农产品目标价格保险,以及收入保险、天气指数保险试点;2017 年中央一号文件则更加明确地提出要探索建立农产品收入保险制度。

虽然,我国的玉米生产出现了短暂的结构性问题,但玉米作为

---

[1]　朱俊生、庹国柱:《农业保险与农产品价格改革》,《中国金融》2016 年第 20 期,第 73—75 页。

[2]　庹国柱、朱俊生:《论收入保险对完善农产品价格形成机制改革的重要性》,《保险研究》2016 年第 6 期,第 3—11 页。

主要粮食作物、经济作物和能量饲料的重要地位不会改变。因此，在玉米去库存、结构调整和市场化改革过程中应注意维护优势玉米种植区农民的种粮收益和种粮积极性，确保玉米的长期有效供给，保证国家的粮食安全。玉米收入保险，将直接的临储价格、价格补贴转变为对收入保险的保费补贴，可以实现粮食价格市场化改革与保护农民利益并重，同时更加符合 WTO 规则的要求，对保证我国粮食安全具有极为深远的战略意义。

河北省的地理位置和光热、土质等条件都很适合种植玉米，河北省也是我国重要的玉米主产区，玉米播种面积和产量都比较大。2015 年，河北省玉米播种面积 3248.10 千公顷，占全国玉米总播种面积的 8.52%；玉米产量为 1670.4 万吨，占全国玉米总产量的 7.44%。玉米产量保险在河北省农业保险发展中也占有重要地位。2015 年河北省粮食作物保费收入为 14.83 亿元，其中玉米保费收入为 10.15 亿元，占比最高，达 69.00%。玉米产量保险培养了农户的风险管理和保险意识，为玉米种植所面临的自然风险提供了保障，同时也使保险公司积累了客户资源和数据资料。在当前玉米库存积压、结构调整和价格形成机制改革的大环境下，玉米生产不仅面临自然风险，还将面临较大的市场风险。保障程度较低且只保自然风险的玉米产量保险，已难以满足农户尤其是新型农业经营主体全面风险管理的需求。因此，探索研究河北省玉米收入保险的定价方法及发展对策，可以为河北省乃至全国逐渐开展玉米收入保险提供技术支撑和决策参考。

二、收入保险费率测算的研究动态

准确估计收入分布对于收入保险定价至关重要。收入取决于产量和价格的分布及二者间的相关关系。有多种方法可以确定两个随机变量之间的相关关系,如线性回归法、多元经验分布法等,但这些传统的方法都存在一定缺陷,如线性回归法无法衡量变量间的非线性关系。Copula方法不仅可以灵活地选择边缘分布的形式,还可以度量随机变量间非线性的相依结构关系(Ghosh和Woodard等,2011)。[1] 因此,随着美国农作物收入保险的发展,Copula逐渐被运用于收入保险的定价研究。

在美国的Copula方法定价研究的边缘分布选择上,单产常选择Weibull和Beta分布,价格常用的假设为Normal和Log-Normal分布。而Hernan A.Tejeda和Barry K.Goodwin(2008)[2]通过Vuong检验,发现Burr分布能更好地捕捉和反映粮食价格数据的右偏性和厚尾特征,能更好地对数据进行拟合估计。

在Copula方法选择上,较为常用的为Normal Copula的形式。Hernan A.Tejeda和Barry K.Goodwin(2008)以玉米和大豆的数据为例,比较了Frank Copula和Normal Copula的估计结果,发现在Frank Copula下,产量和价格的负相关关系较为明显。Ghosh和Woodard等(2011)[3]提出了混合Copula估计的方法,并以玉米的团体收入风险保险(GRIP)为例,比较了单一Copula估计和混合

---

[1] S.Ghosh, J.D.Woodard & D.V.Vedenov, "Efficient Estimation of Copula Mixture Model: An Application to the Rating of Crop Revenue Insurance", *Agricultural and Applied Economics Association*, 2011.

[2] H.A.Tejeda & B.K.Goodwin, "Modeling Crop prices through a Burr distribution and Analysis of Correlation between Crop Prices and Yields using a Copula method", *Access & Download Statistics*, 2008, pp.1-39.

[3] S.Ghosh, J.D.Woodard & D.V.Vedenov, "Efficient Estimation of Copula Mixture Model: An Application to the Rating of Crop Revenue Insurance", *Agricultural and Applied Economics Association*, 2011.

Copula 估计结果。Barry Goodwin 和 Ashley Hungerford(2015)[1]提出了在 Vine Copula 模型的结构下将多种风险的多元 Copula 模型分解成一系列成对的、二元 Copula 模型的组合模型拟合方法,并以美国伊利诺伊州四个县的玉米和大豆为例,将高斯 Copula、t-Copula、C-Vine Copula 和 D-Vine Copula 模型下的拟合和定价结果进行了比较,发现 Vine Copula 模型有更大的极大似然值和更小的 AIC 和 BIC 值,即模型拟合效果更好。

国内目前关于收入保险的定价研究也大都采用 Copula 的方法。谢凤杰(2011)最早运用 Copula 方法对安徽省阜阳市的玉米、大豆和小麦进行了收入保险定价研究。[2] 张峭(2014)、[3]温施童(2016)、[4]袁祥州(2016)[5]和吴银毫(2017)[6]等也都选择了 Copula 定价方法,区别主要在于边缘分布和 Copula 的形式选择与确定方法方面。

本文在已有国内外研究基础上,通过 Copula 方法对河北省玉米收入保险进行定价研究,在边缘分布选择上,选择常见的分布进

[1] B.K.Goodwin & A.Hungerford,"Copula-Based Models of Systemic Risk in U.S. Agriculture：Implications for Crop Insurance and Reinsurance Contracts", *American Journal of Agricultural Economics*,2015(3),pp.879—896.

[2] 谢凤杰:《作物保险定价模型与实证研究》,大连理工大学学位论文,2011 年;谢凤杰、王尔大、朱阳:《基于 Copula 方法的作物收入保险定价研究——以安徽省阜阳市为例》,《农业技术经济》2011 年第 4 期,第 41—49 页。

[3] 张峭、王克、李越、汪必旺:《中国主粮作物收入保险试点的必要性及可行方案——以河北省小麦为例》,《农业展望》2015 年第 7 期,第 18—24 页。

[4] 温施童:《中国农产品收入保险及定价研究——以黑龙江省大豆为例》,华东师范大学学位论文,2016 年。

[5] 袁祥州:《中国粮农风险管理与收入保险制度研究》,华中农业大学学位论文,2016 年。

[6] 吴银毫:《我国经济作物收入保险定价研究——以阿克苏棉花为例》,《金融理论与实践》2017 年第 1 期,第 102—106 页。

行拟合,并根据拟合优度检验结果选取最优分布;在 Copula 选择上,也选择常见的 5 种 Copula 形式,通过平方欧式距离最小原则来确定最优 Copula 形式。

三、收入保险费率测算方法和测算思路

(一)Copula 方法

1. Copula 定义

Nelsen(1999)对 Copula 函数提出了比较严格的定义,即 Copula 函数是把随机变量 $X_1, X_2, \ldots, X_N$ 的联合分布函数 $F(x_1, x_2, \ldots, x_N)$ 与各自的边缘分布函数 $F_1(x_1), F_2(x_2), \ldots, F_N(x_N)$ 相连接的函数,即函数 $C(u_1, u_2, \ldots, u_N)$,使 $F(x_1, x_2, \ldots, x_N) = C[F_1(x_1), (x_2), \ldots, F_N(x_N)]$。 (11.1)

2. Sklar 定理

令 $F(x_1, x_2, \ldots, x_N)$ 为具有边缘分布 $F_1(x_1), \ldots, F_N(x_N)$ 的 N 元联合分布函数,则存在一个 Copula 函数 $C(u_1, u_2, \ldots, u_N)$ 满足公式(11.1)。若 $F_1(x_1), F_2(x_2), \ldots, F_N(x_N)$ 是连续函数,则 $C(u_1, u_2, \ldots, u_N)$ 唯一确定。反之,若 $F_1(x_1), F_2(x_2), \ldots, F_N(x_N)$ 为一元分布函数,则公式(11.1)确定的 F 函数即为边缘分布 $F_1(.), \ldots, F_N(.)$ 的联合分布函数。

由上述 Copula 定义和 Sklar 定理可以看出,Copula 可以连接变量的边缘分布,确定变量间的联合分布形式,进而度量变量间的非线性、非对称等相依关系。

3. Kendall 秩相关系数 τ

设 $(X_1, Y_1), (X_2, Y_2)$ 是相互独立并与 (X, Y) 具有相同分布的二维随机向量,用 $P((X_1 - X_2)(Y_1 - Y_2) > 0)$ 表示它们的和谐概

率;相反用 $P((X_1-X_2)(Y_1-Y_2)<0)$ 表示 X,Y 不和谐概率,这两个概率的差称为 X 与 Y 的 Kendall 秩相关系数 τ。[1] Kendall 秩相关系数 τ 可以用来反映随机变量间的相关关系,相同的边缘分布下,选择的 Copula 方法不同,计算的 Kendall 秩相关系数 τ 的值也不同。

4. Copula 种类及特征

Copula 种类较多,常见的为椭圆 Copula 函数和阿基米德 Copula 函数两大类。椭圆 Copula 中常用的为正态 Copula 和 t-Copula 函数;阿基米德 Copula 中的 Gumbel Copula、Frank Copula 和 Clayton Copula 为常用的二元 Copula 函数。

在尾部特征上,二元 Frank Copula、正态 Copula 和 t-Copula 函数具有对称的尾部,因此无法捕捉变量间的非对称相关关系,且二元 Frank Copula、正态 Copula 的尾部相关系数为 0,尾部渐近独立;t-Copula 函数则尾部较厚,适用于尾部相关的随机变量。二元 Gumbel Copula、Clayton Copula 则具有非对称的尾部相关性,前者上尾相关,下尾独立;后者下尾相关,上尾渐近独立。

(二)蒙特卡罗模拟法(Monte Carlo)

蒙特卡罗方法又称统计实验方法或者随机抽样法,即通过随机数进行相关的模拟计算,来解决一些难以通过传统解析方法求解的复杂问题。[2] 在蒙特卡罗方法的随机模拟中,随机模拟的反函数方法起到了重要作用。

---

① 谢中华:《MATLAB 统计分析与应用:40 个案例分析》,北京航空航天大学出版社 2015 年版。
② 李亚:《非寿险精算的数理统计应用》,华中师范大学学位论文,2015 年。

若 Y 服从 U(0,1),对于任意的分布函数 F(x),令 X = F⁻¹
(Y),则 X 是服从分布函数为 F(x)的随机变量,因此,在均匀分布
随机数的基础上,可以产生服从任何分布的随机数。①

(三)测算思路

首先,在边缘分布的选择上,结合单产和价格数据特点及已有
研究结果,各选取 5 种分布,通过 AD 检验、KS 检验和卡方检验来
确定最优的边缘分布形式。

其次,在 Copula 选择上,选取椭圆 Copula 和阿基米德 Copula
两大类别中常见的 5 种 Copula 形式,通过最小平方欧式距离来选
取最优的价格与单产的联合分布形式。

最后,在确定的联合分布及边缘分布形式的基础上,进行蒙特
卡罗随机模拟,生成 10000 对单产和价格的随机数,并将二者相乘
作为河北省玉米收入的样本数据进行定价计算。

四、河北省玉米收入保险数据处理和费率测算

(一)河北省玉米单产数据处理与拟合分布

1. 数据处理

选取 1981—2015 年的河北省玉米单产数据,数据来源为中国
种植业信息网。首先通过 Eviews 6.0 软件采用 ADF 单位根检验
方法对原序列 Y 进行平稳性检验。表 11-1 的检验结果显示应接
受存在单位根的原假设,即原单产序列 Y 不平稳。

---

① 高超、王明生:《关于分布函数的反函数的一些结果》,《中北大学学报》(自
然科学版)2006 年第 2 期,第 153—155 页。

表 11-1 原单产序列 Y 及处理后 RSV 序列平稳性检验结果

序列	ADF 统计量值	1%显著水平 临界值	5%显著水平 临界值	10%显著水平 临界值	P 值	检验 结果
Y	−2.829772	−4.252879	−3.548490	−3.207094	0.1971	不平稳
RSV	−5.032817	−4.262735	−3.552973	−3.209642	0.0015	平稳

因此,采用直线滑动平均法(LMA)对单产序列进行趋势分解,步长选择 11。趋势分解后的单产原序列(Y)、趋势项(YT)和随机波动项(YC)如图 11-1 所示。用河北省玉米单产的 RSV 序列代表单产的随机波动情况(RSV=YC/YT),RSV 序列如图 11-2 所示。表 11-1 中 RSV 序列的检验结果显示玉米单产的 RSV 序列为平稳的序列。

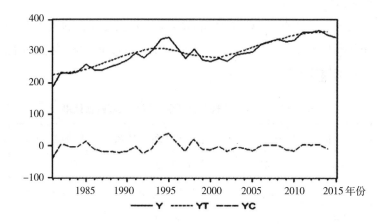

图 11-1 河北省 1981—2015 年玉米实际单产、趋势单产、随机波动序列

2. 边缘分布确定

借鉴已有的研究结论,选取 Normal、Weibull、Beta、Logistic 和

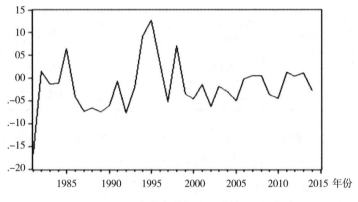

图 11-2　玉米单产数据处理后的 RSV 序列

Gamma 等多种常见分布作为候选的分布模型。通过 Easyfit5.6 软件对玉米单产数据进行拟合,并通过 K-S 检验、AD 检验和卡方检验来选择最优的分布形式。

表 11-2 的拟合优度检验结果均显示数据处理后的玉米单产序列服从 Logistic 分布,图 11-3 也显示出 Logistic 比其他分布能更好地拟合玉米单产数据。

表 11-2　玉米单产概率密度函数拟合优度检验结果

分布	K-S 检验	排名	AD 检验	排名	卡方检验	排名
Logistic	0.10474	1	0.39835	1	0.15324	1
Gamma(3P)	0.11633	2	0.52026	2	0.57955	4
Beta	0.12295	3	0.56342	3	0.45458	2
Normal	0.12705	4	0.59927	4	0.51725	3
Weibull(3P)	0.13759	5	0.78785	5	0.81493	5

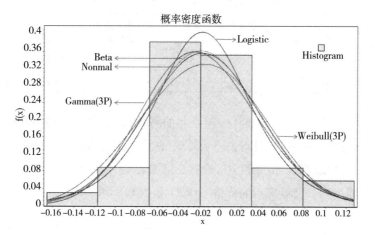

图 11-3　玉米单产概率密度函数拟合结果

玉米单产 RSV 序列的概率密度函数如公式(11-2)所示：

$$f(x) = \frac{\exp(-z)}{\sigma(1 + \exp(-z))^2} \tag{11-2}$$

其中,$z = \dfrac{x - \mu}{\sigma}$;$\sigma = 0.03009$;$\mu = -0.01724$。

(二)河北省玉米价格数据处理与拟合分布

1. 数据处理

考虑到数据可得性及价格与产量数据之间的匹配性,选取1981—2015 年河北省玉米每 50 公斤主产品的平均出售价格数据,用该数据除以 50 得出每公斤平均出售价格作为原序列价格 P。数据来源为各年度《全国农产品成本收益资料汇编》。通过Eviews 6.0 对数据进行平稳性检验,结果如表 11-3 所示,玉米价格的原序列不平稳。

表 11-3　原价格序列 P 及处理后 P1 序列平稳性检验结果

序列	ADF 统计量值	1%显著水平临界值	5%显著水平临界值	10%显著水平临界值	P 值	检验结果
P	-2.413854	-4.252879	-3.548490	-3.207094	0.3663	不平稳
P1	-4.673349	-3.646342	-2.954021	-2.615817	0.0007	平稳

因此,首先通过1981—2015 年的河北省居民消费价格指数对玉米价格原序列 P 进行去通胀处理,在此基础上再进行一阶差分后得到平稳的价格序列 P1,检验结果如表 11-3 所示。玉米价格的原序列 P 及处理后的价格序列 P1 如图 11-4 所示。

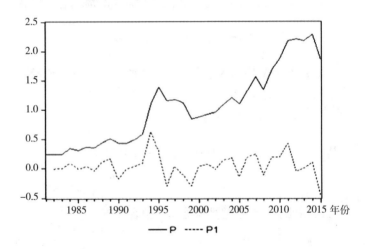

图 11-4　河北省 1981—2015 年玉米价格原序列 P 及数据处理后序列 P1

2.边缘分布确定

根据已有的研究以及价格数据特点,选取 Normal、Lognormal、Logistic、Log-Logistic 和 Burr 等几种常见分布模型作为价格序列的候选分布,通过 Easyfit 5.6 进行相应拟合优度检验,检验结果如表 11-4 所示:卡方检验与 AD 和 K-S 检验的结果不一致,但 AD 检验相对比较稳健,故 Log-Logistic(3P)分布能更好地拟合价格的 P1 序列。玉米价格概率密度函数拟合结果如图 11-5 所示。

表 11-4 玉米价格概率密度函数拟合优度检验结果

分布	K-S 检验	排名	AD 检验	排名	卡方检验	排名
Log-Logistic (3P)	0.09221	1	0.26953	1	0.0038	2
Burr(4P)	0.09664	2	0.27907	2	0.00298	1
Logistic	0.09754	3	0.3197	3	0.04565	3
Normal	0.11594	4	0.5464	4	0.41595	5
Lognormal (3P)	0.12091	5	0.55199	5	0.32928	4

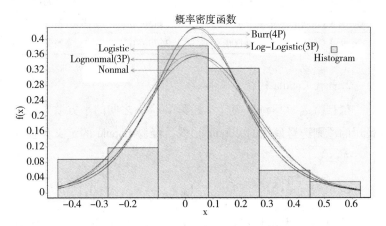

图 11-5 玉米价格概率密度函数拟合结果

玉米价格序列 P1 的概率密度函数如公式(11-3)所示:

$$f(x) = \frac{\alpha}{\beta}\left(\frac{\chi - \gamma}{\beta}\right)^{\alpha-1}\left(1 + \left(\frac{\chi - \gamma}{\beta}\right)^{\alpha}\right)^{-2} \qquad (11-3)$$

其中, $\alpha = 83.817$; $\beta = 8.8317$; $\gamma = -8.7863$。

（三）Copula 估计与选择

1. Copula 估计与 Kendall 秩相关系数 τ

利用 MatlabR2010b 中的 copulafit 函数对河北省玉米的单产 RSV 序列和价格 P1 序列进行 Normal Copula、Frank Copula、Gumbel Copula 及 t-Copula 估计，通过 copulastat 函数计算 Copula 的 Kendall 秩相关系数 τ，估计结果如表 11-5 所示。

表 11-5　Copula 估计结果及平方欧式距离

Copula 函数形式	参数(θ)	Kendall 秩相关系 τ	平方欧式距离
t-Copula	-0.1442	-0.0921	0.016309417
Frank Copula	-0.8277	-0.0913	0.014919726
Normal Copula	-0.1181	-0.0754	0.013871602
Clayton Copula	1.4509e-006	7.2543e-007	0.012199782
Gumbel Copula	1.0000	1.3575e-006	0.012199776

2. 最优 Copula 选择

根据所选的 Copula 与样本经验 Copula 之间的平方欧式距离最短的原则选择最优的 Copula 形式。经验 Copula 的定义如公式（11-4）：[①]

$$\hat{C}(u,v) = \frac{1}{n} \sum_{i=1}^{n} \left[I_{[F_n(x_i) \le u]} I_{[G_n(y_i) \le v]} \right] \quad u,v \in [0,1] \quad (11-4)$$

其中，$I_{[.]}$ 为示性函数，当 $F_n(x_i) \le u$ 时，$I_{[F_n(x_i) \le u]} = 1$；否则 $I_{[F_n(x_i) \le u]} = 0$。

样本数据的经验 Copula 分布函数图如图 11-6 所示。

---

① 谢中华：《MATLAB 统计分析与应用：40 个案例分析》，北京航空航天大学出版社 2015 年版。

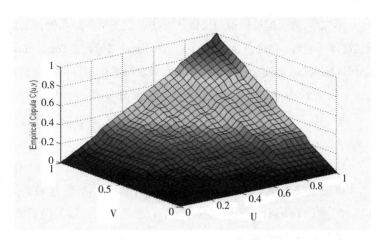

图 11-6　经验 Copula 分布函数图

从表 11-5 中计算的各 Copula 的平方欧式距离结果可以看出,参数为 1.0000 的 Gumbel Copula 的平方欧式距离最小,因此对原序列的拟合效果相对更好。

(四)蒙特卡罗模拟玉米收入样本数据

上文虽然确定了河北省玉米单产和价格的 Copula 联合分布形式及参数,但 Copula 的密度函数形式比较复杂,难以直接进行费率厘定。因此,在已确定的河北省玉米单产和价格 Gumbel Copula 联合分布及其参数基础上,通过蒙特卡罗模拟方法,模拟出 10000 对服从所确定边缘分布的产量和价格数据,并将二者相乘作为河北省玉米收入的样本数据,在此基础上进行费率厘定。具体步骤如下:

第一步,在上述确定的参数为 1.0000 的 Gumbel Copula 基础上,通过 MatlabR2010b 软件中的 copularnd 函数生成服从 [0,1] 均匀分布的随机变量 u.v 各 10000 个。

第二步,通过随机模拟的反函数方法求取玉米单产和价格的随机数,即 $x = F_1^{-1}(u)$,$y = F_2^{-1}(v)$。在 Excel 中通过 LogisticInv、Log-LogisticInv 公式及各自边缘分布参数求得单产和价格的随机数 x、y,x 服从 Logistic 分布;y 服从 Log-Logistic 分布。

第三步,将 x、y 相乘即可得到河北省玉米收入的样本数据。

(五)测算结果

将玉米收入样本数据的平均值作为期望收入值 $\dot{Y}$,通过公式(11-5)和(11-6)计算不同保障水平(α)玉米收入保险的纯费率,计算结果如表 11-6 所示。

预期损失 Expected loss $= \text{Prob}(y < \alpha\dot{Y})[\alpha\dot{Y} - E(y \mid y < \alpha\dot{Y})]$ (11-5)

纯保险费率 $r = \dfrac{\text{Expected loss}}{\alpha\hat{Y}}$ (11-6)

表 11-6　河北省玉米收入保险纯费率厘定结果

保障水平(α)	费率(r)
100%	4.83%
90%	4.36%
80%	3.88%
70%	3.40%

五、结论与建议

(一)结论

经数据处理后的河北省玉米单产序列和价格序列分别服从

Logistic 分布和 Log-Logistic(3P)分布,最终确定了参数为 1. 0000,
Kendall 秩相关系数为 1. 3575e-006 的 Gumbel Copula 的联合分布
形式。从 Gumbel Copula 的 Kendall 秩相关系数值来看,河北省玉
米价格和单产历史数据之间不是完全独立的,呈现出一种"弱正
相关"关系,而非负相关关系,这可能与我国粮食市场环境有关。
我国粮食市场定价机制形成时间较晚,粮食价格的市场化程度较
低,受政策影响较多,尤其是我国玉米价格还更多受到了 2007 年
开始的临时收储政策的影响。

此外,需要明确说明的是,因数据获得困难,数据选取有缺陷,
本研究仅具有方法论意义,研究结果不具有实际应用价值,以免误
导保险公司定价决策。(1)本研究存在数据选取缺陷。一是费率
测算时采用的是河北省统计数据而非单个农户索赔数据,根据这
个产量序列模拟的经验分布无法代表农户索赔的概率分布,只有
在以全省为单位承保和按照全省平均产量计算赔偿时才有意义;
二是由于我国玉米、小麦、水稻、大豆、棉花等大宗作物的价格一直
是政府定价,只是在近年实行"价补分开"政策后部分地区价格才
开始随行就市,这种价格序列不是市场随机波动价格,严格来说不
能用随机模型来模拟其概率统计分布,因此计算出来的各种分布
模型及其参数,没有实际应用价值。(2)保险公司根据此方法测
算实际应用费率时必须进行数据优化,收集和积累县、乡、村或者
农户等更小单位的历史单产数据和真正反映市场价格的随机价格
变动数据,或者相应的替代方法和数据。

(二)建议

在当前玉米生产结构调整、规模化生产以及价格机制市场化
改革进程中,迫切需要玉米收入保险为玉米生产发挥保驾护航作

用。作为玉米重要主产区的河北省更应积极探索和研究,为开展玉米收入保险创造有利条件。

1. 加强数据积累

科学公平的费率测算对玉米收入保险的可持续开展具有重要意义。费率测算所需数据积累越多、越具体,定价结果也越准确,农户的保费负担越公平,保险公司经营管理也就越稳健。因此,应尽量搜集和积累市、县、乡级玉米单产和价格数据,形成数据库,为玉米收入保险进一步的风险区划和费率测算提供条件。

2. 优化产品设计

合理的产品设计和运作可以有效控制玉米收入保险的道德风险和经营损失,如保障价格水平应选择预期性和价格发现功能较好的价格数据。因此,应借鉴其他国家收入保险在目标收入、保障水平、赔偿处理上的实践经验,做好产品设计工作。

3. 建立大灾风险管理机制

价格风险具有系统性特征,尤其是在自然风险与市场风险的对冲效应不显著的环境下,更应重视逐步建立玉米收入保险的大灾风险分散机制。美国的农作物收入保险主要通过联邦政府提供的成本低廉、操作简单的标准再保险协议进行风险分散。我国也应在政府支持下完善再保险制度,建立多层级的玉米收入保险大灾风险准备金制度以应对可能遭遇的巨额赔付。

4. 推动玉米规模化种植

规模化种植是提高我国玉米种植收益和国际竞争力的重要途径。规模化种植和农业保险的发展是相互推动的。规模化种植主体对生产经营风险更加敏感,对农业保险产生内生需求,支付能力和支付意愿更强烈,从而可以推动收入保险和整个农业保险产品及服务的创新发展。另外,收入保险可以稳定规模化玉米种植者的预期收入,帮助其进行全面的风险管理,为土地流转和规模种植保驾护航。因此河北省应合理布局玉米生产,推动玉米规模化和优质化种植,为开展高保障程度的玉米收入保险创造良好的环境和条件。①

---

① 冯文丽、郭亚慧:《基于 Copula 方法的河北省玉米收入保险费率测算》,《保险研究》2017 年第 8 期。

第十二章 农业保险大灾风险基金制度设计及规模测算

如第八章所述,我国应建立"社会化"农业巨灾风险分担体系、形成"多层级"农业巨灾损失补偿体系、搭建"多渠道"补偿资金保障体系,其中提及保险公司层面、省级政府层面和中央政府层面应分别建立农业保险大灾风险准备金和农业保险大灾风险基金。本章将对农业保险大灾风险基金制度进行设计,对农业保险大灾风险基金的规模进行定量测算,以期为有关部门制度设计提供参考。

一、农业保险大灾风险界定

对农业保险而言,仅有一般的巨灾风险和农业巨灾风险的界定还是不够的。在农业保险中,讨论大灾风险或者巨灾风险,仅限于自然灾害损失大小本身,其制度意义还是有限的。对农业保险经营来说,除了自然灾害本身损失大小外,还有自身偿付能力问题,在自己偿付能力限度内的保险风险损失,因为保险经营者可控,就不是大灾或巨灾,只有超出保险经营者偿付能力限度、可能会引起公司破产的风险,才是大灾或巨灾风险。我国目前是以省为单位来推行农业保险,每个省有多家保险公司或者互助合作保险组织经营农业保险和涉农保险。对于保险赔款的承受能力,除了保险经营机构的偿付能力之外,还有一省整体承受力的问题,因为有一些省在保险公司承担保险责任的基础上由政府承担部分或者无限保险责任。

因此,公司层面和省级层面对农业保险风险损失的承担能力,就成为界定农业保险大灾风险和设计农业保险大灾风险分散制度(或风险管理制度)的主要依据。

基于此,将我国农业保险大灾风险和大灾风险管理制度,从农业保险经营的视角界定如下:

发生超过农业保险经营机构和本地农业保险风险责任承担能力的风险损失的可能性,就是农业保险大灾风险;为农业保险经营机构和地方大灾风险所做的一系列风险分散转移的制度安排,就是农业保险大灾风险管理制度。

显然,本文界定的农业保险大灾风险(或巨灾风险)与前面根据自然灾害风险损失规模和强度定义的大灾风险是有联系的。但并非只有依据风险损失大小所界定的巨灾风险才能造成保险经营机构和本地区农业保险经营的大灾风险,可能依据风险损失大小所界定的一般风险也可能造成这里界定的大灾风险事故的发生。下述研究就是基于这种对于农业保险大灾风险的界定。

二、我国农业保险大灾风险
分散制度选择

从国际上来看,农业保险大灾风险分散制度有两种安排方式:
(1)两层式农业保险大灾风险分散制度:第一层由保险公司购买再保险,第二层是其他融资方式,如向政府借债、向金融机构融资或发行巨灾债券等。美国的农业保险大灾风险分散制度就是两层式安排。(2)三层式农业保险大灾风险分散制度:第一层是保险公司购买再保险,第二层是建立当地和(或)中央的巨灾风险基金,第三层是其他风险融资计划。

在构建农业保险大灾风险分散制度时有两点需要注意:第一,巨灾风险基金并非必须要建立,而只是一种选择。例如,加拿大在省政府和联邦政府层面,都没有建立巨灾风险基金,但各省的农作物保险公司在公司层面建立了巨灾准备金,由正常年份的责任准备金结余形成,可无限累积,不缴纳任何税。遇到大灾损失且当年准备金不足时可以动用这个基金。当公司层面的巨灾准备金还不足以支付赔款时,可以向财政借款。第二,农业保险大灾风险分散制度并不要求事先准备好"真金白银",而只是一种融资预案,是一种多元化的融资授权。

对于我国而言,可能选择三层式农业保险大灾风险安排方式更为恰当。这主要是因为自 2007 年以来,很多学者关于建立农业保险大灾风险分散制度的建议都集中在巨灾风险基金问题上,很少有其他的融资安排建议,这可能对大多数人而言更容易接受。[1]

三、我国建立农业保险大灾风险基金的原则和方式

如上所述,如果我国选择三层式农业保险大灾风险分散制度,其制度核心则是要建立农业保险大灾风险基金。农业保险大灾风

---

[1] 庹国柱:《农业保险需要建立大灾风险管理制度》,《中国保险》2013 年第 1 期,第 30—33 页。

险基金是一种在再保险之外建立的应付巨灾风险的责任准备金，巨灾损失发生后，由该基金在一定范围内支付再保险限额之上的风险责任。

(一)农业保险大灾风险基金的建立原则

第一，财政支持原则。大灾风险基金是政策性农业保险经营机构应付大灾损失赔偿责任的一种责任准备金，资金需要量非常大，仅依靠各省财政及各家农业保险经营机构来筹集将很难实现，因此，中央财政和(或)各省财政应成为基金的主要筹资人。

第二，风险共担原则。建立大灾风险基金的目的，是为了解决全国和各省农业保险大灾损失超赔责任的补偿问题，因此有必要按照风险成本的大小分担准备金的损失成本，以增加各参与单位的责任意识。

第三，风险匹配原则。风险匹配原则是指各参与单位对基金出资额要与其可能获得超赔补偿的概率和额度大体相当，即巨灾风险概率高或损失补偿额大的参与单位，要多缴纳基金数额。

第四，有限补偿原则。有限补偿原则是指大灾风险基金由于基金总额有限，不可能无限制承担农业保险的超赔责任，只能补偿各参与单位一定比例的超赔损失。超过部分的损失，要由各参与单位另寻资金来源渠道，例如发行巨灾风险债券或从金融机构贷款等。

第五，持续经营原则。商业性农业保险的经营目标是保险机构追逐利润最大化，因此商业性农业保险及其大灾风险分散制度可以只根据利润大小自由进退，不用考虑可持续性。但政策性农业保险的政策目标是保障农业的可持续发展，保障国家的粮食安全，因此农业保险及其大灾风险基金都必须具有可持续性。

（二）农业保险大灾风险基金的建构方式

农业保险大灾风险基金的构建方式包括基金管理主体、基金层级、基金筹集方式和基金规模等方面。

1. 基金管理主体

基金管理主体是指由谁来管理该基金。我们认为，基金管理主体的选择有两种思路。第一种思路是建立专门机构管理，即建立类似保险保障基金公司那样的专门机构，专业化管理和运用全国或各省的农业保险大灾风险基金；第二种思路是委托其他机构代管，例如，中央政府基金层面，可以考虑委托现成的保险保障基金公司代管和运用基金，各省政府基金层面，可与"社保基金"共用一个机构，单独立账管理和运用该基金。

2. 基金层级

基金层级是指设立几级农业保险大灾风险基金。目前，在我国农业保险刚刚起步、各省分散决策选择农业保险经营模式的条件下，基金层级不宜设立过多，仅设中央和省两级即可。否则，如果层级过多，基层基金规模不大，但监督和管理的成本却很高，经济上不合算。

（1）省级基金。省级农业保险大灾风险基金是指在省内保险公司承担的赔偿责任范围之外、由省级政府承担的一定额度的风险责任。值得注意的是，省级政府并不是承担无限制超赔责任，有一定的责任限额。省级政府开始承担责任的阀值及限额并没有什么客观标准，例如北京的阀值是简单赔付率160%，浙江则是200%。我们建议，保险公司承担150%赔付率以内的责任，超过150%以上的150%的赔偿责任，由本省的巨灾风险准备金赔偿，即省级大灾风险基金承担赔付率在150%—300%的风险责任。在省级基金承担超赔责任时，也可以采取"共保"思路，由基金与保险公司共同承担风险责任,例如保险公司承担 10%—20%,基金承担 80%—90%。

(2)中央级基金。中央级农业保险大灾风险基金是指在省级政府承担的赔偿责任范围之外、由中央政府承担的一定额度的风险责任。同样,中央政府承担的风险责任也有一定的责任限额。我们建议,中央政府承担超过 300%以上 200%的赔偿责任,即如果赔偿责任超过了省级政府承担的 150%—300%,则超过部分 300%—500%的责任由中央政府承担。

需要注意的是,保险公司承担 150%以下、省级政府承担 150%—300%、中央政府承担 300%—500%赔付率的损失都是假设数据,这三方主体具体应承担多少损失,还需积累更多实践数据进一步准确测算。

3.基金筹集方式

基金筹集方式是指基金由谁出资,中央级基金和省级基金需要分别考虑。中央级基金可由中央政府和省政府共同出资;省级基金可以由省政府独立出资,也可以由省政府和保险公司共同出资,也可以由保险公司独立出资。

四、我国农业保险大灾风险
基金规模测算

目前,我国学界、业界及政府部门对建立农业保险大灾风险基金的重要性和迫切性已达成共识,普遍认为需要尽早建立大灾风险基金为农业保险保驾护航,然而,自 2007 年中央一号文件中首次提及建立农业保险大灾分散制度以来,我国农业保险大灾风险基金制度迟迟未能建立。我们认为,一个很重要的原因是:相关

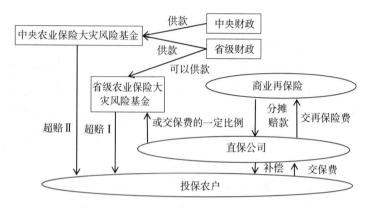

图 12-1 农业保险大灾风险基金筹集关系框图

部门对农业保险大灾风险基金需要多大的"盘子"、中央和省级政府的责、权、利如何划分"心里没底",而相关研究没有及时跟上。因此,本文对建立中央大灾风险基金的规模及资金筹集进行测算,以期为政府有关部门进行政策设计提供一些定量和数据上的支撑。

(一)测算的具体目标和基本假设

本文对我国大灾风险基金测算的具体目标是:(1)在现行"保成本"的农业保险政策下,假定各省承担的赔付责任上限为农业保险①赔付率200%、300%和500%,则中央大灾风险基金需要对各省摊赔的金额是多少? (2)根据风险匹配原则,在承担赔付率不超过200%、300%和500%的风险责任时,各省需要向中央大灾风险准备金缴纳多少"保费"? (3)为防范20年或50年一遇的大

---

① 测算中仅考虑了种植业保险,因此这里的农业保险等同于农作物保险,下同。

灾,中央大灾风险基金需要多大规模才能保证我国农业保险不会破产?

　　本文对中央大灾风险基金的测算是建立在一定假设基础之上的。这些基本假设是:(1)各省均采用现行"保成本"的农作物保险政策;(2)各省农作物保险均"应保尽保",即各省所有农作物都在保障范围之内;(3)可以忽略不同农作物(小麦、玉米、水稻等)在保额和费率方面的差异,在大灾风险基金规模测算中假定在省内不同类型农作物具有相同的保额和保费;(4)各省农业保险赔付的免赔率和起赔点不尽相同,为简单起见,统一假定各省农作物保险实行绝对免赔,免赔率为20%。

(二)测算的思路和方法

　　由于农业保险实际理赔数据的缺失和不足[①],因此本文利用农作物损失模拟数据对中央大灾风险基金的规模进行测算。具体测算思路可分为如下几个步骤。

　　1. 利用历史数据估算各省农作物因灾损失序列

　　由于在一个大的空间尺度内,部分农户的高风险可能会被其他低风险农户抵消或平滑,所以,利用大空间尺度的作物单产数据评估农户生产风险时会产生"数据空间加总和风险低估问题"(张峭,2010)。[②] 而我国民政部门统计的农作物灾情数据既包含丰富的农作物生产风险信息,同时又能克服风险低估问题,因此基于灾

[①]　由于我国政策性农业保险处于初期发展阶段,各项政策还不够完善,实际工作中许多省份农业保险都存在"协议赔付"和"赔付封顶"的现象,因此,保险公司的实际赔付率数据可能并不能反映真实风险大小。

[②]　张峭、王克、张希:《农作物灾损风险的评估方法研究》,《上海农业学报》2010年第26期,第22—26页。

情数据的评估方法成为评估作物因灾损失的另一种选择（王克，2013）。[①] 本文利用各省农作物灾情数据（成灾、受灾和绝收）来估算各省农作物因灾损失序列。

2. 利用参数方法对各省农作物损失的概率密度分布（pdf）进行拟合

在运用参数方法拟合作物风险分布时选择合适的参数分布模型至关重要，本文利用 AD 检验、K-S 检验和卡方检验进行选择，如三种检验结果一致，则以该结果为准；如三种检验结果不一致，但其中两种方法的检验结果相同，则以多数结果为准；如果三种方法的检验结果都不相同，则以 AD 检验结果为准。这是因为 AD 检验是三种检验方法中最为稳健的一种方法。

3. 利用蒙特卡洛模拟对各省农作物因灾损失生成 1000 个模拟损失值

利用蒙特卡洛模拟方法可以很好地弥补由于数据量小而产生的计算误差，因此，本文在拟合出各省农作物因灾损失概率密度分布以后，利用蒙特卡洛模拟方法为各省生成了 1000 个作物损失模拟值，并用该值作为后面农业保险赔付估算和中央大灾风险基金测算的依据，以此来提高最终计算结果的精度。各省农作物种植面积在 1000 次模拟中保持不变，为源数据最新一年的播种面积。

4. 根据农业保险条款对可能的保险赔付的估算

我们首先收集整理了全国 31 个省市种植业保险条款（保额、费率、免赔率），对于数据缺失的省份利用其相邻省份的保险条款进行代替，随后，根据农业保险条款，利用公式（12-1）对各省可能

---

① 王克、张峭：《农业生产风险评估方法的评述及展望》，《农业展望》2013 年第 2 期，第 38—43 页。

的农业保险赔付比率(即单位保额的赔付)进行估算:

$$Indm_{pt} = max(0, loss_{pt} - De_p) \qquad (12-1)$$

其中,$Indm_{pt}$为 p 省在第 t 年的农业保险赔付比率;$Loss_{pt}$为 p 省在第 t 年的作物损失率;De_p为 p 省的农业保险免赔率;需要说明的是,虽然本书假定各省农业保险绝对免赔率为 20%,但由于我国农业灾情统计本身就未将作物因灾减产 10% 的部分统计在内,相当于已经有了 10% 的免赔率,因此实际计算中 De=10%。

5. 对中央大灾风险基金可能摊赔额度的测算

在估算出各省农业保险赔付序列以后,根据公式(12-2)对中央在这三种情景下对各省的农业保险摊赔金额进行测算:

$$Pay_{Pt} = IValue_p * IA_p * max(0, Indm_{pt} - trigger_p * PRatio_p)$$
$$(12-2)$$

其中,Pay_{pt}为中央大灾风险基金对 p 省在第 t 年的摊赔;$IValue_p$为 p 省单位面积的保险金额;IA_p为 p 省的承保面积,本文假定在 1000 次模拟数值中 IA 保持不变;$Indm_{pt}$为 p 省在第 t 年的农业保险赔付率;$trigger_p$为 p 省承担的保险赔付责任上限,本文假定三种上限情景,分别为 200%、300% 和 500%;$PRatio_p$为 p 省的农业保险费率。

6. 对各省需向中央大灾风险基金缴纳的"保费"的测算

根据风险匹配原则,风险高的省份需要中央对其进行摊赔的额度和频次都要高于风险低的省份,因此风险高的省份自然也需向中央大灾风险基金缴纳较高的"保费"[①]。本文中,我们利用步骤 5 计算的摊赔序列 Pay 对各省需缴纳的"保费"(RP_p)进行了简单估计,估计方法如公式(12-3)所示:

---

① 这个费用是完全由该省自己交纳还是由中央财政部分或全部补贴,另行讨论。

$$RP_p = \frac{\sum_{t=1}^{1000} Pay_{pt}}{IValue_p * IA_p} \qquad (12-3)$$

7. 中央大灾风险准备金的规模测算

由于各省之间的灾害并不是同时发生的,同一年有些省份发生大灾而另一些没有,中央可利用各省大灾发生时间的不一致在时间上对风险进行分散,因此,在对中央大灾风险基金规模进行测算时不能直接将各省某灾害水平的损失进行加总。本文利用了全国农作物灾情数据来模拟全国农作物损失的概率密度分布,然后利用风险值(VaR)的方法得出中央大灾风险基金为应对某种程度灾害(20 年或 50 年一遇的灾害)时所需的资金规模。

(三)数据来源和测算结果

1. 数据来源

本文中农业灾情数据来自于中国统计年鉴和中国农村统计年鉴,数据起止时限为 1978 年至 2011 年;各省农业保险条款数据根据中国保监会资料和网络公开资料进行整理而得。

表 12-1　全国 31 个省、自治区农作物保险条款(2010 年)

地区	保险金额 (元/亩)	保费(%)	起赔线、免赔率
安徽	300	5	30%起赔
北京	500	7	
重庆	300	5	
福建	400	4	相对免赔 50%、绝对免赔 20%
甘肃	250	6	
广东	300	6	
广西	500	5	

续表

地区	保险金额（元/亩）	保费（%）	起赔线、免赔率
贵州	300	6	
云南	300	6	
海南	300	5	
河北	300	6	30%（含）起赔
河南	300	6	20%（含）起赔
黑龙江	150	10	30%起赔、免赔率30%
湖北	200	7	
湖南	300	6	30%起赔
吉林	200	8	30%起赔
江苏	500	5	旱灾、病虫免赔50%
江西	200	6	30%（含）起赔
辽宁	400	6	30%起赔
内蒙古	350	8	冰冻和旱灾40%起赔，其他20%起赔，免赔率10%
宁夏	300	6	
青海	300	8	30%（含）起赔、免赔率10%
山东	500	2	旱灾40%起赔、其他10%起赔
山西	300	5	协商
陕西	300	6	
上海	600	6	
四川	300	5	30%（含）起赔、免赔率10%
天津	300	5	
西藏	300	5	5%
新疆	500	6	
浙江	400	5	30%起赔

资料来源：根据中国保监会资料和网络公开资料整理。

2. 测算结果

表 12-2　各省农作物因灾损失率的概率密度分布

省份	最优参数分布函数	相关参数
安徽	Gamma	$\alpha=1.7417$　$\beta=0.0509$　$\gamma=0.02724$
北京	Logistic	$\sigma=0.02583$　$\mu=0.08333$
重庆	Loglogistic	$\alpha=2.9167$　$\beta=0.09706$　$\gamma=0.02249$
福建	Weibull	$\alpha=1.871$　$\beta=0.09088$　$\gamma=0.01109$
甘肃	Weibull	$\alpha=2.1793$　$\beta=0.15252$　$\gamma=0.03852$
广东	Loglogistic	$\alpha=4.2114$　$\beta=0.09208$　$\gamma=-0.00825$
广西	Loglogistic	$\alpha=8.8155$　$\beta=0.18542$　$\gamma=-0.083$
贵州	Weibull	$\alpha=1.6529$　$\beta=0.08428$　$\gamma=0.04197$
海南	Loglogistic	$\alpha=5.1048$　$\beta=0.21595$　$\gamma=-0.095674$
河北	BetaGeneral	$\alpha_1=1.3476$　$\alpha_2=1.4198$　$a=0.04598$　$b=0.20795$
黑龙江	Normal	$\sigma=0.0624$　$\mu=0.14656$
河南	Weibull	$\alpha=1.8405$　$\beta=0.0943$　$\gamma=0.02048$
湖北	Normal	$\sigma=0.05526$　$\mu=0.13715$
湖南	Loglogistic	$\alpha=7.8825$　$\beta=0.1972$　$\gamma=-0.07052$
江苏	Weibull	$\alpha=1.2496$　$\beta=0.07719$　$\gamma=0.02541$
江西	Loglogistic	$\alpha=4.4878$　$\beta=0.1049$　$\gamma=-0.00928$
吉林	Weibull	$\alpha=1.4449$　$\beta=0.16334$　$\gamma=0.03435$
辽宁	Lognormal	$\sigma=0.36891$　$\mu=-1.4525$　$\gamma=-0.07206$
全国	Weibull	$\alpha=3.6765$　$\beta=0.08624$　$\gamma=0.04764$
内蒙古	BetaGeneral	$\alpha_1=1.3855$　$\alpha_2=2.0488$　$a=0.07616$　$b=0.43803$
宁夏	Normal	$\sigma=0.07401$　$\mu=0.15181$
青海	Loglogistic	$\alpha=2.1577$　$\beta=0.08121$　$\gamma=0.05011$

续表

省份	最优参数 分布函数	相关参数
山东	BetaGeneral	$\alpha_1 = 3.058$ $\alpha_2 = 3.316$ $a = -4.3545E-4$ $b = 0.24731$
上海	BetaGeneral	$\alpha_1 = 0.205$ $\alpha_2 = 2.133$ $a = 4.8622E-15$ $b = 0.33585$
陕西	Weibull	$\alpha = 2.3019$ $\beta = 0.13757$ $\gamma = 0.0504$
山西	Logistic	$\sigma = 0.04441$ $\mu = 0.20694$
四川	BetaGeneral	$\alpha_1 = 1.9365$ $\alpha_2 = 2.7039$ $a = 0.02601$ $b = 0.18371$
天津	Weibull	$\alpha = 2.0416$ $\beta = 0.14664$ $\gamma = -0.00967$
新疆	Logistic	$\sigma = 0.02351$ $\mu = 0.0772$
西藏	InvGauss	$\lambda = 0.35364$ $\mu = 0.12157$ $\gamma = -0.03085$
云南	Logistic	$\sigma = 0.02358$ $\mu = 0.10304$
浙江	Weibull	$\alpha = 1.6455$ $\beta = 0.08418$ $\gamma = 0.01505$

表 12-3 中央大灾基金对各省农业保险的摊赔金额

(单位:亿元)

省份	赔付责任	按现行条款计算			按全国统一条款计算		
		>200%	>300%	>500%	>200%	>300%	>500%
安徽	平均摊赔	2.67	1.16	0.24	3.19	1.18	0.22
	最大摊赔	196.00	176.00	135.33	313.33	272.67	191.33
北京	平均摊赔	0.001	0.000	0.000	0.00	0.00	0.00
	最大摊赔	1.25	0.00	0.00	1.70	0.34	0.00
重庆	平均摊赔	2.20	1.38	0.65	3.01	1.79	0.79
	最大摊赔	142.67	135.33	120.00	232.67	217.33	186.67

農業巨災風險管理制度研究

续表

省份	赔付责任	按现行条款计算			按全国统一条款计算		
		>200%	>300%	>500%	>200%	>300%	>500%
福建	平均摊赔	0.15	0.03	0.00	0.04	0.00	0.00
	最大摊赔	17.39	11.91	0.93	14.88	4.60	0.00
甘肃	平均摊赔	1.61	0.35	0.00	3.22	0.70	0.00
	最大摊赔	28.99	19.78	1.35	57.99	39.56	2.71
广东	平均摊赔	0.30	0.14	0.03	0.51	0.23	0.05
	最大摊赔	60.59	48.24	23.55	100.67	80.67	39.26
广西	平均摊赔	0.36	0.09	0.00	0.20	0.03	0.00
	最大摊赔	57.16	34.68	0.00	48.17	21.19	0.00
贵州	平均摊赔	0.20	0.02	0.00	0.34	0.03	0.00
	最大摊赔	22.84	9.28	0.00	38.07	15.47	0.00
海南	平均摊赔	0.51	0.29	0.11	0.67	0.35	0.12
	最大摊赔	36.61	34.72	30.95	59.75	55.98	48.43
河北	平均摊赔	0.00	0.00	0.00	0.00	0.00	0.00
	最大摊赔	0.00	0.00	0.00	0.00	0.00	0.00
黑龙江	平均摊赔	0.04	0.00	0.00	3.36	0.33	0.00
	最大摊赔	14.60	0.00	0.00	122.00	67.33	0.00
河南	平均摊赔	0.28	0.01	0.00	0.47	0.01	0.00
	最大摊赔	45.62	7.12	0.00	76.00	11.87	0.00
湖北	平均摊赔	0.16	0.00	0.00	0.98	0.05	0.00
	最大摊赔	21.15	4.33	0.00	64.90	28.86	0.00
湖南	平均摊赔	0.71	0.18	0.01	1.19	0.30	0.02
	最大摊赔	78.67	55.94	10.57	131.33	93.33	17.61

续表

省份 \ 赔付责任		按现行条款计算			按全国统一条款计算		
		>200%	>300%	>500%	>200%	>300%	>500%
江苏	平均摊赔	1.73	0.60	0.07	1.14	0.31	0.02
	最大摊赔	139.33	110.00	52.80	127.33	93.33	24.06
江西	平均摊赔	0.31	0.14	0.03	0.78	0.34	0.08
	最大摊赔	52.29	42.42	22.66	130.67	106.00	56.66
吉林	平均摊赔	2.73	1.02	0.10	10.73	5.39	1.14
	最大摊赔	62.16	49.63	24.56	171.33	147.33	100.67
辽宁	平均摊赔	5.53	2.59	0.54	6.91	3.24	0.68
	最大摊赔	123.33	108.67	78.67	154.00	135.33	98.00
内蒙古	平均摊赔	7.57	1.30	0.00	19.44	7.64	0.11
	最大摊赔	63.28	33.42	0.00	112.00	80.00	15.75
宁夏	平均摊赔	0.41	0.07	0.00	0.68	0.12	0.01
	最大摊赔	13.63	10.22	3.42	22.71	17.04	5.70
青海	平均摊赔	0.55	0.38	0.23	1.14	0.83	0.52
	最大摊赔	84.00	82.00	78.67	142.00	139.33	134.67
山东	平均摊赔	8.07	3.78	0.34	0.04	0.00	0.00
	最大摊赔	79.33	63.33	30.74	14.44	0.00	0.00
上海	平均摊赔	0.01	0.00	0.00	0.01	0.00	0.00
	最大摊赔	2.33	0.17	0.00	1.94	0.14	0.00
陕西	平均摊赔	1.35	0.19	0.00	2.26	0.32	0.00
	最大摊赔	28.26	16.97	0.00	47.10	28.28	0.00
山西	平均摊赔	5.77	2.43	0.31	6.95	2.25	0.18
	最大摊赔	61.89	53.34	36.26	97.33	80.67	46.19

续表

省份 \ 赔付责任		按现行条款计算			按全国统一条款计算		
		>200%	>300%	>500%	>200%	>300%	>500%
四川	平均摊赔	0.00	0.00	0.00	0.00	0.00	0.00
	最大摊赔	0.00	0.00	0.00	0.00	0.00	0.00
天津	平均摊赔	0.11	0.03	0.00	0.11	0.02	0.00
	最大摊赔	4.60	3.55	1.44	6.96	4.86	0.65
新疆	平均摊赔	0.01	0.00	0.00	0.01	0.00	0.00
	最大摊赔	5.27	0.00	0.00	5.27	0.00	0.00
西藏	平均摊赔	0.06	0.03	0.01	0.07	0.03	0.01
	最大摊赔	4.05	3.51	2.43	6.39	5.31	3.15
云南	平均摊赔	0.01	0.00	0.00	0.02	0.00	0.00
	最大摊赔	7.63	0.00	0.00	12.71	0.00	0.00
浙江	平均摊赔	0.10	0.01	0.00	0.06	0.00	0.00
	最大摊赔	14.65	7.26	0.00	14.61	3.53	0.00
合计	平均摊赔	43.53	16.21	2.69	67.52	25.51	3.95
	最大摊赔	1469.58	1121.83	654.33	2328.27	1750.36	971.49

注:1. 全国统一条款为假定情景,主要是为了便于各省比较。全国统一条款的保额为500元,费率为6%。

2. 表中200%、300%、500%分别代表大灾风险基金起赔线,即当该省赔付率超过200%、300%或者500%的责任,由中央大灾风险基金赔付,下同。

3. 根据样本所做模拟,河北和四川两省没有出现超过200%赔付率的情况,所以没有摊赔。

表12-4 各省需向中央缴纳的再保险费率

(单位保额,单位:千分之一)

省份	按现行各省条款计算			按全国统一条款计算		
	>200%	>300%	>500%	>200%	>300%	>500%
安徽	6.578	4.716	2.861	1.743	0.592	0.328
北京	0.055	0.105	0	0.015	0	0
重庆	14.311	11.748	8.956	7.001	4.238	3.099

续表

省份	按现行各省条款计算			按全国统一条款计算		
	>200%	>300%	>500%	>200%	>300%	>500%
福建	1.063	0.209	0.209	0.027	0.007	0
甘肃	10.484	10.484	2.293	2.293	0.013	0.013
广东	1.478	1.478	0.661	0.661	0.153	0.153
广西	0.806	0.453	0.194	0.072	0	0
贵州	0.893	0.893	0.076	0.076	0	0
海南	13.581	10.669	7.582	5.529	2.902	1.974
河北	0	0	0	0	0	0
黑龙江	0.142	3.669	0	0.363	0	0
河南	0.443	0.443	0.012	0.012	0	0
湖北	0.681	1.627	0.018	0.091	0	0
湖南	1.886	1.886	0.481	0.481	0.028	0.028
江苏	3.008	1.979	1.04	0.544	0.114	0.042
江西	1.891	1.891	0.825	0.825	0.205	0.205
吉林	17.419	27.382	6.51	13.753	0.638	2.9
辽宁	22.228	22.228	10.42	10.42	2.179	2.179
内蒙古	20.291	36.463	3.477	14.319	0	0.202
宁夏	7.217	7.217	1.321	1.321	0.06	0.06
青海	22.2	27.765	15.542	20.108	9.399	12.555
山东	9.904	0.047	4.638	0	0.422	0
上海	0.19	0.19	0.005	0.005	0	0
陕西	7.196	7.196	1.029	1.029	0	0
山西	33.779	24.395	14.224	7.913	1.832	0.629
四川	0	0	0	0	0	0
天津	5.279	3.225	1.448	0.612	0.086	0.018
新疆	0.018	0.018	0	0	0	0

续表

省份	按现行各省条款计算			按全国统一条款计算		
	>200%	>300%	>500%	>200%	>300%	>500%
西藏	5.239	3.908	2.524	1.637	0.604	0.292
云南	0.049	0.049	0	0	0	0
浙江	0.706	0.329	0.085	0.019	0	0

注:1.表中200%、300%、500%分别代表大灾风险基金起赔点,即如果选择200%、300%或500%作为起赔点时各省的"费率"。选择500%为起赔点时的费率远远小于选择200%为起赔点时的"费率"。

2.因为河北和四川两省在根据样本所做1000次模拟的计算中,没有发生超赔,所以从理论上说,他们没有超赔问题,也就不必向中央巨灾保险准备金缴纳"保险费"。

从表12-4可以看出,按各省现行条款和全国统一条款计算出的各省需缴纳的再保险费率差别很大,如按现行条款计算,山西省承担最高赔付率为200%的责任时需向中央大灾风险基金缴纳的再保险费率为3.3779%,而在全国统一条款下山西省需缴纳的再保险费率水平下降为0.7913%。其主要原因在于各省现行条款下直保费率及保额与全国统一条款下直保费率及保额有较大差别。

表12-5 中央大灾风险准备金需要的资金规模

(单位:亿元)

大灾水平	无保险	承担200%以上赔付责任时
20年一遇	4483	1197
50年一遇	4727	1440

注:表中数值是在农作物保险每亩保额500元,费率6%的假设情景水平下的测算结果。

　　测算表明,如果建立中央大灾风险基金,在 20 年一遇的灾损水平下,承担各省当年 200%以上赔付率超赔责任,基金规模需要 1197 亿元;在 50 年一遇的灾损水平下,承担 200%以上赔付率超赔责任,基金规模约需要 1440 亿元。当然,这个基金规模不可能一次到位,可以采取逐年拨付和提交的方式形成。具体操作方法将另外讨论。①

---

①　庹国柱、王克、张峭、张众:《中国农业保险大灾风险分散制度及大灾风险基金规模研究》,《保险研究》2013 年第 6 期,第 3—15 页。

参 考 文 献

一、中文文献

蔡梦阳：《我国农业巨灾风险管理中政府与市场的定位探讨》，《农业灾害研究》2012 年第 2 期，第 87—91 页。

曹倩、权锡鉴：《论政府在农业巨灾保险体系中的角色定位》，《金融发展研究》2011 年第 12 期，第 75—79 页。

柴化敏：《巨灾风险可保性与损失分担机制研究》，《未来与发展》2013 年第 3 期，第 45—50 页。

陈丽平：《强化政府责任　完善基本制度——解读新修改的环境保护法》，《法制日报》2014 年 4 月 25 日。

陈利、谢家智：《我国农业巨灾的生态经济影响与应对策略》，《生态经济》2012 年第 12 期，第 30—35 页。

程修森、王军：《发行农业巨灾风险债券的可行性研究——以新疆地区为例》，《云南财经大学学报》2012 年第 1 期，第 101—103 页。

程悠旸：《国外巨灾风险管理及对我国的启示》，《情报杂志》2011 年第 6 期，第 103—106 页。

池晶：《论政府在中国巨灾风险管理体系中的角色定位》，《社会科学战线》2010 年第 11 期，第 203—207 页。

邓国取、罗剑朝：《美国农业巨灾保险管理及其启示》，《中国地质大学学报》2006 年第 9 期，第 21—24 页。

邓国取：《中国农业巨灾保险制度研究》，西北农林科技大学学位论文,2006 年。

董思言、徐影、周波涛、侯美亭、李柔珂、於琍、张永香:《基于
CMIP5 模式的中国地区未来高温灾害风险变化预估》,《气候变化
研究进展》2014 年第 9 期,第 365—369 页。

窦玉沛:《防灾减灾救灾工作五年成就回顾和 2016 年重点工
作安排》,《中国应急管理》2016 年第 3 期,第 69—71 页。

范丽萍、张朋:《美国、加拿大、日本经验对中国农业巨灾风险
管理制度体系构建的启示》,《世界农业》2015 年第 11 期,第 24—
30 页。

范丽萍、张朋:《美国农业巨灾风险管理政策研究》,《世界农
业》2016 年第 6 期,第 97—103 页。

范丽萍、张朋:《农业巨灾风险的概念、特征及属性分析》,《世
界农业》2014 年第 11 期,第 105—108 页。

范丽萍:《OECD 典型国家农业巨灾风险管理制度研究》,中国
农业科学院博士学位论文,2015 年。

范丽萍:《澳大利亚农业巨灾风险管理政策研究》,《世界农
业》2014 年第 2 期,第 35—38 页。

范丽萍:《西班牙农业巨灾风险管理制度研究》,《世界农业》
2014 年第 4 期,第 152—157 页。

冯文丽、郭亚慧:《基于 Copula 方法的河北省玉米收入保险费
率测算》,《保险研究》2017 年第 8 期。

冯文丽、苏晓鹏:《构建我国多元化农业巨灾风险承担体系》,
《保险研究》2014 年第 5 期,第 31—37 页。

冯文丽、苏晓鹏:《美国农业保险制度变迁的经济分析》,《金
融教学与研究》2003 年第 1 期,第 63—65 页。

冯文丽、苏晓鹏:《我国农业保险"高补贴低覆盖"问题分析》,
《南方金融》2012 年第 3 期,第 70—73 页。

冯文丽、苏晓鹏:《我国天气指数保险探索》,《中国金融》2016
年第 8 期,第 62—64 页。

冯文丽、苏晓鹏:《我国政策性农业保险补贴制度分析》,2012年中国保险与风险管理国际年会论文集,2012年。

冯文丽、庹国柱:《我国农业保险市场经营主体数量控制》,《征信》2013年第9期,第71—74页。

冯文丽、王梅欣:《我国建立农业巨灾保险基金的对策》,《河北金融》2011年第4期,第6—8期。

冯文丽、奚丹慧:《我国农业巨灾风险管理模式选择及构建对策》,《上海保险》2011年第6期,第52—55页。

冯文丽、杨美:《天气指数保险:我国农业巨灾风险管理工具创新》,《金融与经济》2011年第6期,第92—95页。

冯文丽:《我国农业保险市场失灵与制度供给》,《金融研究》2004年第4期,第121—129页。

冯文丽:《中美农业保险补贴制度比较及启示》,第六届2011中国保险教育论坛,2011年。

冯文丽、史晓:《河北省农户农业保险投保意愿影响因素的实证分析》,《农村金融研究》2018年第6期。

冯学峰:《我国农业巨灾风险分散机制研究》,江苏大学学位论文,2011年。

高超、王明生:《关于分布函数的反函数的一些结果》,《中北大学学报》(自然科学版)2006年第2期,第153—155页。

郭建荣、陈盛伟:《农业巨灾风险管理的金融工具及其运作研究》,《农村经济与科技》2015年第3期,第108—111页。

国土资源部地质灾害应急技术指导中心:《全国地质灾害通报》(2016),2017年。

韩绵绵、马晓强:《农业巨灾风险管理的国际经验及其借鉴》,《改革》2008年第8期,第85—89页。

郝演苏:《关于我国农业巨灾保险体系的思考》,《农村金融研究》2010年第5期,第5—12页。

何小伟、刘佳琪、肖宇澄:《我国农业再保险体系的完善研究》,《中国保险》2016 年第 10 期,第 28—32 页。

胡实、莫兴国、林忠辉:《未来气候情景下我国北方地区干旱时空变化趋势》,《干旱区地理》2015 年第 3 期,第 239—247 页。

黄蕾:《农业保险寻租现象呈蔓延之势 基层政府干预折射监管真空》,《上海证券报》2013 年 9 月 10 日。

黄薇:《农业险寻租利益揭秘:虚报承保面积骗取财政补贴》,《上海证券报》2013 年 9 月 10 日。

黄伟群:《巨灾风险债券在农业风险管理中的应用研究——以广东省农业为例》,广东外语外贸大学学位论文,2015 年。

黄小敏:《论农业巨灾风险管理中的政府责任》,《农业经济》2011 年第 5 期,第 64—65 页。

黄英君、史才智:《农业巨灾保险机制研究评述》,《经济学动态》2012 年第 3 期,第 135—140 页。

黄英君:《政府与我国农业巨灾风险管理职责界定、理论依据与政策反思》,中国防灾减灾与经济社会发展论坛论文集,2010 年。

孔锋、吕丽莉、方建:《农业巨灾风险评估理论和方法研究综述和展望》,《保险研究》2016 年第 9 期,第 103—116 页。

李大垒、仲伟周:《我国农业巨灾保险的模式选择及政策建议》,《社会科学家》2009 年第 5 期,第 59—63 页。

李小勃、高伟:《制约我国农业巨灾保险体系建立的原因探析》,《农村金融研究》2010 年第 6 期,第 19—22 页。

李亚:《非寿险精算的数理统计应用》,华中师范大学学位论文,2015 年。

李炎杰:《关于农业巨灾风险解决办法的一点思考》,《金融经济》2007 年第 10 期,第 149—150 页。

刘晶、方华:《我国农业巨灾债券的模式研究》,《农村金融研究》2016 年第 9 期,第 69—72 页。

刘磊:《农业巨灾风险管理工具创新的研究》,西南大学学位论文,2007 年。

刘丽:《农业巨灾风险管理保障体系中政府责任研究》,安徽财经大学学位论文,2015 年。

刘小勇、孔慕兰、柳长顺:《关于建立旱灾保险制度的认识与思考》,《水利发展研究》2013 年第 4 期,第 6—9 页。

马广媚、赵修彬:《黑龙江启动农业财政巨灾指数保险试点》,《中国保险报》2016 年 8 月 1 日。

马煜寰、罗宇晨:《巨灾债券:最新发展、相关理论及我国的运用》,《金融观察》2012 年第 1 期,第 68—69 页。

蒲应龚、吕晓英:《加拿大农业巨灾风险分散体系及启示》,《世界农业》2015 年第 9 期,第 97—111 页。

秦大河:《中国极端天气气候事件和灾害风险管理与适应国家评估报告》,科学出版社 2015 年版。

邱波:《农业巨灾风险基金筹资研究》,《金融理论与实践》2016 年第 4 期,第 102—106 页。

沈蕾:《农业巨灾风险的资本市场解决方案——巨灾债券》,《山西财经大学学报》2006 年第 2 期,第 69—73 页。

沈蕾:《农业巨灾风险损失补偿机制研究——浙江案例》,《海南金融》2012 年第 8 期,第 80—84 页。

史培军、李曼:《巨灾风险转移新模式》,《中国金融》2014 年第 5 期,第 48—49 页。

苏晓鹏、冯文丽:《论农业保险的税收优惠政策》,《税务研究》2014 年第 4 期,第 92—94 页。

陶正如:《巨灾债券市场新进展》,《防灾科技学院学报》2013 年第 3 期,第 56—60 页。

庹国柱、王德宝:《我国农业巨灾风险补偿机制研究》,《农村金融研究》2010 年第 6 期,第 13—18 页。

庹国柱、王克、张峭、张众:《中国农业保险大灾风险分散制度及大灾风险基金规模研究》,《保险研究》2013 年第 6 期,第 13—

15 页。

庹国柱、朱俊生:《论收入保险对完善农产品价格形成机制改革的重要性》,《保险研究》2016 年第 6 期,第 3—11 页。

庹国柱:《农险寻租:不得不说的故事》,2013 年 9 月 27 日,http://insurance.hexun.com/2013-09-27/158361278.html。

庹国柱:《农业保险需要建立大灾风险管理制度》,《中国保险》2013 年第 1 期,第 30—33 页。

万开亮、龙文军:《农业保险主体风险管理行为分析》,《江西财经大学学报》2008 年第 3 期,第 42—46 页。

王德宝、王国军:《我国农业保险的发展成就、存在问题及对策建议》,《金融与经济》2014 年第 5 期,第 78—84 页。

王和、何华、吴成丕:《巨灾风险分担机制研究》,中国金融出版社 2013 年版。

王和、王俊:《中国农业保险巨灾风险管理体系研究》,中国金融出版社 2013 年版。

王和、王平:《中国地震保险研究》,中国金融出版社 2013 年版。

王和:《巨灾保险制度研究》,中国金融出版社 2013 年版。

王克、张峭:《美国、加拿大农业保险的经验和启示》,《农业展望》2007 年第 10 期,第 25—27 页。

王克、张峭:《农业生产风险评估方法的评述及展望》,《农业展望》2013 年第 2 期,第 38—43 页。

王晓易:《2016 年全球自然巨灾损失 1750 亿美元 保险赔付占近 30%》,《21 世纪经济报道》2017 年 1 月 15 日。

王鑫:《构建我国"彩票式巨灾保险"模式的设想》,《上海保险》2012 年第 10 期,第 39—41 页。

温施童:《中国农产品收入保险及定价研究——以黑龙江省大豆为例》,华东师范大学学位论文,2016 年。

闻岳春、王小青:《我国农业巨灾风险管理的现状及模式选择》,《金融改革》2012年第1期,第16—21页。

吴本健、汤佳雯、马九杰:《美国农业保险的发展:定价、影响及支持计划》,《世界农业》2016年第11期,第87—93页。

吴鹏:《WMO发布2011—2015年全球气候报告》,《中国气象报》2016年11月11日。

吴银毫:《我国经济作物收入保险定价研究——以阿克苏棉花为例》,《金融理论与实践》2017年第1期,第102—106页。

武翔宇、兰庆高:《利用气象指数保险管理农业巨灾》,《农村金融研究》2011年第8期,第65—67页。

谢凤杰、王尔大、朱阳:《基于Copula方法的作物收入保险定价研究——以安徽省阜阳市为例》,《农业技术经济》2011年第4期,第41—49页。

谢凤杰:《作物保险定价模型与实证研究》,大连理工大学学位论文,2011年。

谢家智、周振:《农业巨灾风险管理理论与实践》,西南师范大学出版社2014年版,第178—179页。

谢世清:《伙伴协作:巨灾保险制度中我国政府的理性模式选择》,《现代财经》2009年第6期,第50—54页。

谢中华:《MATLAB统计分析与应用:40个案例分析》,北京航空航天大学出版社2015年版。

徐影、张冰、周波涛、董思言、於琍、李柔珂:《基于CMIP5模式的中国地区未来洪涝灾害风险变化预估》,《气候变化研究进展》2014年第4期,第268—275页。

许闲、张涵博、陈卓苗:《财政波动风险与保险平滑机制:以地震灾害救助为例》,《财经研究》2016年第5期,第28—42页。

严寒冰、左臣伟:《我国农业巨灾风险基金发展问题研究》,《江西金融职工大学学报》2008年第12期,第24—26页。

严万全:《小议农业大灾风险分散机制与再保险制度安排》,《上海保险》2014年第6期,第18—21页。

于佳莉:《2.3亿灾后重建资金违规再次引发善款透明呼吁》,《公益时报》2010年2月3日。

于一多:《巨灾彩票:巨灾风险管理工具的创新》,《上海保险》2011年第11期,第33—38页。

余瑶:《我国新型农业经营主体数量达280万个》,《农民日报》2007年3月8日。

袁明:《我国农业巨灾风险管理机制创新研究》,西南大学学位论文,2009年。

袁祥州:《中国粮农风险管理与收入保险制度研究》,华中农业大学学位论文,2016年。

张国鹏、华静、王丽明、王玉斌:《美国农业风险管理体系及对中国的借鉴》,《世界农业》2015年第3期,第85—95页。

张靖霞:《基于有效性的我国农业巨灾风险管理方式演进路径探析》,《北方经济》2009年第4期,第11—13页。

张宁:《中国巨灾风险管理现状及模式设计》,《郑州师范教育》2013年第11期,第53—57期。

张峭、王克、李越、汪必旺:《中国主粮作物收入保险试点的必要性及可行方案——以河北省小麦为例》,《农业展望》2015年第7期,第18—24页。

张峭、王克、汪必旺、李越:《农业风险综合管理:一个理论框架》,《农业展望》2016年第3期,第59—65页。

张峭、王克、张希:《农作物灾损风险的评估方法研究》,《上海农业学报》2010年第26期,第22—26页。

张峭、王克:《中国农业风险综合管理》,中国农业科学技术出版社2015年版。

张峭:《中国农作物生产风险评估及区划理论与实践》,中国农业科学技术出版社2013年版。

张小峰、史平、王欣:《气候因子与汉中粮食生产的关系》,《陕西农业科学》2010年第4期,第115—116页。

张雪芳：《对通过发行彩票建立巨灾风险基金的思考》，《财政研究》2006 年第 11 期，第 35—36 页。

张长利：《发行农业巨灾债券的思考与建议》，《征信》2013 年第 11 期，第 82—85 页。

张长利：《农业巨灾风险管理中的国家责任》，《保险研究》2014 年第 3 期，第 101—115 页。

赵雄：《我国农业巨灾风险分散机制研究》，重庆大学学位论文，2013 年。

政务报道组：《山洪灾害防治非工程措施发挥显著防灾减灾效益》，《中国水利报》2016 年 6 月 30 日。

中华人民共和国国家统计局：《中华人民共和国 2017 年国民经济和社会发展统计公报》，2018 年 2 月 28 日，http://www.stats.gov.cn/tjsj/zxfb/201802/t20180228_1585631.html。

中华人民共和国国务院：《国务院办公厅关于印发国家综合防灾减灾规划（2016—2020 年）的通知》，2017 年 2 月 10 日。

周明、于渤：《巨灾衍生品：规避巨灾导致的经济风险》，《经济与管理》2008 年第 1 期，第 55—56 页。

周振、边耀平：《农业巨灾风险管理模式——国际比较、借鉴及思考》，《农村金融研究》2009 年第 7 期，第 18—23 页。

周振、谢家智：《农业巨灾风险、农民行为与意愿：一个调查分析》，《农村金融研究》2010 年第 6 期，第 23—28 页。

周振：《我国农业巨灾风险管理有效性评价与机制设计》，西南大学学位论文，2011 年。

朱俊生、庹国柱：《农业保险与农产品价格改革》，《中国金融》2016 年第 20 期，第 73—75 页。

朱满德、袁祥州、江东坡：《加拿大农业支持政策改革的效果及其启示》，《湖南农业大学学报（社会科学版）》2014 年第 10 期，第 61—69 页。

祝健、洪宗华：《反思农业巨灾保险改革 60 年：困境与思路》，

《经济参考研究》2009 年第 63 期,第 26—31 页。

《2016 年全国天气气候特征:平均气温偏高,降水量历史最多》,2016 年 12 月 29 日,http://society.people.com.cn/n1/2016/1229/c1008-28986885.html。

《5 次世界性特大旱灾》,2013 年 8 月 1 日,http://www.weather.com.cn/drought/ghzs/04/416402.shtml。

《WMO 发布 2016 年全球气候状况临时声明》,2016 年 12 月 2 日,http://ncc.cma.gov.cn/Website/。

二、英文文献

Ahmed,Osama & Teresa Serra,"Economic Analysis of the Introduction of Agricultural Revenue Insurance Contracts in Spain using Statistical Copulas",*Agricultural Economics* ,2015(46).

Ahsan,Syed M.A.G.Ali & N.John Kurian,"Toward a Theory of Agricultural Insurance",*American Journal of Agriculture Economics*,1982(3).

Antón,J. & S.Kimura,"Risk Management in Agriculture in Spain",*OECD Food,Agriculture and Fisheries Papers*,2011(43),OECD Publishing.

Antón,J.,S.Kimura & R.Martini,"Risk Management in Agriculture in Canada.OECD Food",*Agriculture and Fisheries Papers*,2011(40),OECD Publishing.

Antón,J.,S.Kimura & R.Martini,"Risk Management in Agriculture in Canada",*OECD Food,Agriculture and Fisheries Papers*,2011(40),OECD Publishing.

Bayer,J.L.& Stefan Hochrainer Stigler,"Financial Instruments for Disaster Risk Management and Climate Change Adaptation",*Climatic Change*,2015(133).

Chichilnisky, G., "An Axiomatic Approach to Choice under Uncertainty with Catastrophic Risks", *Resource and Energy Economics*, 2000(22).

Dwight, M. Jaffee & Thomas Russell, "Catastrophe Insurance, Capital Markets and Uninsurable Risks", *The Journal of Risk and Insurance*, 1997(164).

Ghosh, S., Woodard J.D.& Vedenov D.V., "Efficient Estimation of Copula Mixture Model: An Application to the Rating of Crop Revenue Insurance", *Agricultural and Applied Economics Association*, 2011.

Ghosh, S., Woodard J.D.& Vedenov D.V., "Efficient Estimation of Copula Mixture Model: An Application to the Rating of Crop Revenue Insurance", *Agricultural and Applied Economics Association*, 2011.

Goodwin, B.K.& Hungerford, A., "Copula-Based Models of Systemic Risk in U.S. Agriculture: Implications for Crop Insurance and Reinsurance Contracts", *American Journal of Agricultural Economics*, 2015(3).

Goshay, Robert & Riehard Sandor., "An Inquiry into the Feasibility of a Reinsurance Futures Market", *Journal of Business Finance*, 1973(2).

Kimura, S.& Antón J, "Risk Management in Agriculture in Australia", *OECD Food, Agriculture and Fisheries Papers*, 2011 (39), OECD Publishing.

Knight, T.O.& K.H.Coble, "Survey of U.S.Multiple Peril Crop Insurace Literature Since 1980", *Review of Agricultural Economics*, 1997(19).

Mattiacci, Giuseppe Dari & Michael, G.Faure, "The Economics of Disaster Relief", *Law & Policy*, 2015 The University of Denver/Colorado Seminary.

Miranda, Mario J.& Glauber, Joseph W., "Systemic Risk, Reinsurance,and the Failure of Crop Insurance Markets", *American Journal of Agriculture Economics*,1997(2).

Mishra,P.K.,*Agricultural Risk*,*Insurance and Income*:*A Study of the Impact and Design of Indian's Comprehensive Crop Insurance Scheme*,Aldershot:Avebury Publishing,1996.

Ryan,Isakson S.,"Derivatives for Development? Small – Farmer Vulnerability and the Financialization of Climate Risk Management", *Journal of Agrarian Change*,2015(4).

Tadesse,Million A.Bekele A.Shiferaw & Olaf Erenstein,"Weather Index Insurance for Managing Drought Risk in Smallholder Agriculture:Lessons and Policy Implications for Sub–Saharan Africa",*Agricultural and Food Economics*,2015(3).

Tangermann,Stefan,"Risk Management in Agriculture and the Future of the EU's Common Agricultural Policy",*ICTSD Programme on Agricultural Trade and Sustainable Development*,2011(6).

Tejeda,H.A & Goodwin,B.K.,"Modeling Crop prices through a Burr distribution and Analysis of Correlation between Crop Prices and Yields using a Copula method",*Access & Download Statistics*,2008.

Vose,D.,"Risk Analysis",*A Quantitative Guide*,New York:Wiley &Sons,2001.

Weaver,R.D & Taeho Kim,"Crop Insurance Contracting:Moral Hazard Cost through Simulation".*selected paper of American Agriculture Economics Association Annual Meeting*,2001.

Wright,B.D.& Hewitt,J.D.,*All Risk Crop Insurance*:*Lessons from Theory and Experience*,Giannini Foundation,Berkeley:California Agricultural Experiment Station,1994.

Youbaraj,Paudel,"A Comparative Study of Public–Private CatastropheInsurance Systems:Lessons from Current Practices",*The Geneva Papers*,2012(37).

附录：农业巨灾风险
调查问卷

亲爱的农民朋友,调查仅做学术研究之用,请放心填写,谢谢配合!

序号	问 题	选 项
1	您的地区：	＿＿＿＿省＿＿＿＿市＿＿＿＿县
2	您的性别：	A.男　B.女
3	您的年龄：	A.20岁以下　B.21—30岁　C.31—40岁 D.41—50岁　E.51—60岁　F.60岁以上
4	您的文化程度：	A.小学　B.初中　C.高中　D.专科　E.本科及以上
5	您的家庭年收入：	A.5万元以下　B.5—10万元　C.11—15万元 D.16—50万元　E.50万以上
6	您的生产种类：	A.种植＿＿＿＿（作物）　B.养殖＿＿＿＿（畜禽）
7	您的生产规模：	A.种植了＿＿亩　B.养殖了＿＿头
8	您的生产类型：	A.小规模农户　B.家庭农场　C.种养专业大户 D.农民合作组织　E.其他
9	您最担心何种灾害?	A.地震　B.洪水　C.台风　D.干旱　E.冰雹　F.其他

序号	问 题	选 项
10	近五年您所在地区是否遭灾?	A.是　B.否
11	遭灾后,您从何种渠道获得经济帮助?	A.用积蓄准备第二年生产　B.靠亲戚朋友帮助 C.买保险　　　D.等待政府救济 E.等待社会捐助　F.其他
12	您听说过农业保险吗?	A.听说过　B.没有 如果听说过,通过下列何种渠道听说的: A.政府宣传　B.保险公司推销　C.亲戚朋友或乡亲 D.广播、电视　E.外出打工　F.教育培训
13	您家买农业保险了吗?	A.购买　B.没有购买
14	您家为什么买农业保险?	A.能补偿灾害损失　B.有国家补贴保费 C.保险公司推销　D.村干部动员 E.别人买我也买　F.别人买了得到了赔款 G.其他原因
15	您家为什么没有买农业保险?	A.不知道有农业保险　B.保费太贵 C.遭灾的可能性小　D.保险太复杂,弄不明白 E.索赔太麻烦　F.保险公司赔得太少
16	您家想买什么保险?	A.粮食作物　B.经济作物　C.养殖的畜禽
17	您希望保险能补偿损失的多少?	A.90%以上　B.70%—90%　C.50%—70% D.30%—50%　E.30%以下
18	保险公司给您赔1000元,您能够且愿意支付的保费为多少?	A.10元以下　B.20元左右　C.30元左右 C.40元左右　D.50元左右　E.60元左右 F.70元左右　G.80元左右　H.100元以上

后　　记

　　该著作研究前后历时 6 年,是课题组全体成员共同智慧的结晶。我国农业保险知名专家庹国柱教授是课题组的重要成员,研究了中国农业保险大灾风险分散制度及大灾风险基金规模;河北经贸大学冯文丽教授为全书框架结构的搭建及撰写提出了宝贵建议,并承担了大量工作;河北经贸大学杨雪美副教授测算了旱灾保险费率;河北经贸大学郭亚慧同学测算了玉米收入保险的费率;河北经贸大学的史晓和康萌同学在农户的投保意识统计、投保意愿分析及保费承受能力分析等方面做了大量工作;河北经贸大学京津冀一体化发展协同创新中心和河北经贸大学金融重点学科为本书的出版提供了大力支持,在此一并表示衷心感谢!

　　农业巨灾风险管理制度研究,是一项跨学科的高难度研究工作,受我们知识结构和研究水平所限,书中难免有些不足和谬误,恳请各位读者批评指正。

责任编辑:杨　谭

图书在版编目(CIP)数据

农业巨灾风险管理制度研究/冯文丽,苏晓鹏 著. —北京:
人民出版社,2019.4
ISBN 978－7－01－020448－2

Ⅰ.①农… Ⅱ.①冯… ②苏… Ⅲ.①农业管理-风险管理-
研究-中国　Ⅳ.①F324

中国版本图书馆 CIP 数据核字(2019)第 033532 号

农业巨灾风险管理制度研究
NONGYE JUZAI FENGXIAN GUANLI ZHIDU YANJIU

冯文丽　苏晓鹏　著

人民出版社 出版发行
(100706　北京市东城区隆福寺街 99 号)

北京中科印刷有限公司印刷　新华书店经销

2019 年 4 月第 1 版　2019 年 4 月北京第 1 次印刷
开本:880 毫米×1230 毫米 1/32　印张:9.875
字数:240 千字

ISBN 978－7－01－020448－2　定价:39.00 元

邮购地址 100706　北京市东城区隆福寺街 99 号
人民东方图书销售中心　电话 (010)65250042　65289539